Fritz Bechtel

Über die Bezeichnungen der sinnlichen Wahrnehmungen in den indogermanischen Sprachen

Ein Beitrag zur Bedeutungsgeschichte

Fritz Bechtel

Über die Bezeichnungen der sinnlichen Wahrnehmungen in den indogermanischen Sprachen
Ein Beitrag zur Bedeutungsgeschichte

ISBN/EAN: 9783743654075

Hergestellt in Europa, USA, Kanada, Australien, Japan

Cover: Foto ©Thomas Meinert / pixelio.de

Weitere Bücher finden Sie auf **www.hansebooks.com**

Ueber die Bezeichnungen der sinnlichen Wahrnehmungen in den indogermanischen Sprachen.

Ein Beitrag zur Bedeutungsgeschichte

von

Fritz Bechtel.

„Die Sprache ist ein Wörterbuch
verblichener Metaphern."
Jean Paul.

WEIMAR
Hermann Böhlau
1879.

Weimar. — Hof-Buchdruckerei.

AN HERRN PROFESSOR DR. AUGUST FICK.

Lieber herr professor,

Sie haben die widmung dieses buches Sich gefallen lassen trotz aller der schwächen, die ihm anhaften und über die wir manchmal gesprochen haben. ich kann die wenigen worte, welche diese widmung enthalten sollen, an keinem schicklicheren tage schreiben, als an demjenigen, der Ihnen Ihre berufung zum akademischen lehrstuhle gebracht hat. drei jahre sind seit jenem tage verflossen; und was Sie mir in diesen drei jahren gewesen sind, würden Sie erfahren, wenn Sie, anstatt meine leistungen, das gefühl der dankbarkeit zu ermessen vermöchten, welches mich Ihnen verbindet. von der ersten stunde ab, die mich zu Ihnen geführt, haben Sie meiner so uneigennützig und liebevoll Sich angenommen, dass ich mich Ihnen gegenüber in einer schuld fühle, welche um so schwerer auf mir lasten muss, je mehr ich Ihrer güte mich unwürdig weiss. lediglich diese empfindung hat mich es wagen lassen, Ihnen, lieber herr professor, die widmung dieser blätter anzubieten. sehen Sie also keine zudringlichkeit darin, betrachten Sie es vielmehr als den ersten versuch eines schülers, welcher Sie schätzt und liebt, Ihnen zu danken, so gut er's kann.

Heiliger abend 1878.

Fritz Bechtel.

VORWORT.

Die folgenden blätter enthalten den versuch, das, was JGrimm in seinem bekannten aufsatze über die fünf sinne für's germanische ausgeführt hat, in umfassender weise, durch hereinziehung des materials aus den wichtigsten der bisher zugänglich gemachten idg. sprachen, zur darstellung zu bringen. sie nennen sich deshalb einen 'beitrag zur bedeutungslehre'. sie könnten, ohne unbescheiden zu sein, sogar einen 'ersten beitrag' sich nennen; denn, soweit meine kenntnis reicht, haben sie keinen vorgänger.

Unsere wissenschaft hat sich bis jetzt fast ausschliesslich — eine ausnahme bildet das gediegene buch von HSchmidt, Griechische Synonymik, von welchem mir zwei bände vorgelegen haben — mit der wortform beschäftigt. auf den inhalt pflegt sie bloss gelegentlich einzugehen; wenn sie es tut, geschieht es nicht um seiner selbst willen, sie geht nicht darauf aus, eine geschichte des inhaltes zu geben. ich mache ihr natürlich hieraus keinen vorwurf. denn ich weiss leider nur zu wol, dass alle fragen um den inhalt so lange nicht mit sicherem erfolge betrachtet werden können, als nicht die wichtigsten fragen nach der form, die lautlichen controversen zu einem befriedigenden abschlusse geraten sind. aber ich glaube auch, man wird mir keinen vorwurf daraus machen dürfen, wenn ich einmal die aufmerksamkeit auf das andere gebiet lenke. denn es könnte ja sein, dass die betrachtungen, welche sich an den äusseren ausdruck des denkens anschliessen, förderung erhalten durch jene, welche das denken selbst betreffen; es könnte namentlich sein, dass sie die frage beantworten helfen, in wieweit denn alle jene behaupteten verschiedenen aussprachen eines und desselben vocales auch als begriffscheidend angesehen werden dürfen?

Wieviel auf die klarstellung der lautlichen verhältnisse ankomme, diese einsicht habe ich nicht allein aus dem studium des hauptwerkes von LGeiger gewonnen, dessen genie gewis noch ganz anderes würde geleistet haben, hätte er sich entschliessen können, den lauten die gebührende rechnung zu tragen. sondern sie drängte sich mir in oft peinlicher weise während der ausarbeitung der vorliegenden schrift auf, indem gerade in der neuesten zeit éin fundamentalsatz der lautlehre nach dem anderen in die brüche gehen zu wollen droht. so ist ja namentlich der von den begründern der sprachwissenschaft ererbte und auf treu und glauben hingenommene vocalismus im verlauf der beiden letzten jahre dergestalt erschüttert worden, dass die ansichten von ursprünglichkeit oder unursprünglichkeit einzelner vocale umgekehrt werden zu sollen scheinen. hatte bisher allgemein die ansicht geherscht, dass die ursprünglichen vocale unseres stammes *a, i, u* gewesen, *e* und *o* aber aus *a* hervorgegangen seien, so macht sich jetzt, namentlich seit der Collitzschen kritik von Brugmans a_1 und a_2, wenigstens auf éiner seite der wissenschaft die auffassung geltend, die Indogermanen hätten vor ihrer trennung eine *a*-reihe, eine *e*-reihe und eine *o*-reihe besessen, *i* und *u* aber seien aus den sogenannten gu̯navocalen durch lautentziehung entstanden, sie seien also unursprünglich. weder aber ist die alte ansicht irgendwie im zusammenhange widerlegt, noch die neue bewiesen; ja sie ist noch nicht einmal anders, als andeutungsweise, ausgeführt. nur das éine negative resultat steht fest: so, wie Brugman das verhältnis von europ. *e* und *o* zu indoeranisch *a* und *ā* fasst, kann es nicht angenommen werden. positiv aber ist noch nicht einmal das entschieden, in welchem verhältnis die drei reihen stehen: ob sie sämmtlich auf éine reihe zurückführen, oder ob sie nur teilweise von einander abhängig sind; und namentlich die frage ist noch völlig offen: wie weit die vocaldifferenzen auch schon begriffscheidend gewesen sind, ob zb. eine wurzel **skā* begrifflich völlig geschieden ist von einer wurzel **skē*, eine wurzel **skē* völlig geschieden von einer wurzel **skō* u. s. f., oder ob die verschiedenheit des vocals bloss eine nuancierung eines allen drei gemeinsamen begriffs bezeichnet? so fehlt jedem, welcher nicht gerade diese fragen selbst untersucht, der feste grund; er weiss nicht, ob der boden, auf welchem er baut, in der nächsten zeit nicht zusammenbricht und damit alles, was er gefunden zu haben glaubt, haltlos geworden ist.

Ich führe dies aus einem doppelten grunde aus.

Einmal, um erkennen zu lassen, warum ich in den nachfolgenden untersuchungen den alten vocalismus zu grunde gelegt habe. nicht, weil ich den alten zopf liebe; sondern weil der beweis noch nicht öffentlich geführt ist, dass der alte vocalismus als zopf zu gelten habe; ja, weil dieser vocalismus der einzige war, welchen ich zu grunde legen konnte. der alte vocalismus ist jedem geläufig, denn er ist mit demselben aufgewachsen; den neuen denken sich zur stunde wenige gleich. hätte ich also von einem andern, als dem alten vocalismus ausgehen wollen, so hätte ich zwei abhandlungen, nicht nur eine, zu schreiben gehabt. und da ich's in der ersten derselben, welche den vocalismus umfasst haben würde, schwerlich allen recht gemacht hätte, die zweite aber auf den resultaten der ersten würde haben fussen müssen: so wäre das resultat der gleiche einwand gewesen, dessen ich mich jetzt von gewisser seite zu versehen haben werde: du berufst dich auf einen vocalismus, den wir als ganz unberechtigt ansehen müssen.[1])

Sodann, um den einwand vorwegzunehmen, manche ergebnisse dieses buchs seien wegen der zweifelhaftigkeit des

---

[1]) Ich habe als die idg. vocale betrachtet *a*, *i*, *u*; *ā*, *ī*, *ū*; *ai* und *au*. die wurzeln, weche auf einen vocal auslauten, habe ich stäts mit der kürze des letzteren angesetzt. — *srī* auf s. 23, z. 21 v. o., ist druckfehler.

vorausgesetzten vocalismus selbst zweifelhaft. das weiss ich recht gut selber, und bedarf hierüber nicht erst der belehrung von aussen her. ich sehe von selbst ein, dass viele von den etymologien, die ich hier vorgetragen und zum ausgangspunkt für manche auf den ersten blick vielleicht verwegen dreinschauende aufstellung gemacht habe, nach ein paar jahren ebenso antiquiert sein werden, als etwa die wurzeltheorien der Holländer heute sind. aber ich weiss auch, dass kein einsichtiger mir dies zum vorwurf machen, dass er den grund davon vielmehr in dem raschen gange der wissenschaft erkennen wird, in welchem sie morgen das verwirft, was ihr gestern als wahrheit gegolten. und um es gleich hier auszusprechen: ich glaube hoffen zu dürfen, dass das hauptresultat, zu welchem ich gekommen bin, davon unabhängig sein wird, ob einige von den etymologien, welche ich als belege desselben beibringe, verfehlt sind oder nicht. denn es stützt sich auf bedeutungsübergänge, welche an dem gleichen worte in der gleichen sprache wahrgenommen werden können, und diese bedeutungsübergänge bleiben bestehen, auch wenn die wurzel des betreffenden wortes mit *e*, mit *a*, mit A^3, oder mit *o* anzusetzen sein sollte. dies ist der grund, welcher mich dazu bestimmt hat, mit der vorliegenden arbeit schon jetzt hervorzutreten. wäre mir das ergebnis, welches ich gefunden zu haben glaube, ebenso zweifelhaft, wie der vocalismus, mit welchem ich operiert habe, so würde ich mich wol gehütet haben, eine arbeit zu veröffentlichen, für welche die zeitverhältnisse nicht ungünstiger gedacht werden können.

Dieses hauptergebnis aber lässt sich so formulieren. die wahrnehmungen durch die fünf sinne werden, falls ihre bezeichnung nicht verengung ist der bezeichnung für die wahrnehmung allgemein,[1]) sprachlich in der weise zum ausdruck

---

[1]) Die verba für die wahrnehmung ganz allgemein habe ich nicht aufgeführt. auf welchen begriff derjenige des wahrnehmens zurück führe, lehrt das verhältnis von lat. *sentire* zu mhd. *sinnen*, eine richtung auf ein ziel nehmen, gehen, reisen; seine gedanken worauf richten. das 'bemerken', welches der sinn von lat. *sentire* ist, ist folge des aufmerkens,

gebracht, dass von der perception als solcher völlig abgesehen und statt ihrer die tätigkeit genannt wird, auf welche die perception erfolgt oder welche gegenstand der perception ist. mit unserm verbum 'fühlen' verbinden wir den begriff: 'eine tastempfindung haben'. etymologisch genommen aber heisst das verbum bloss 'tasten', es sagt also bedeutend weniger aus, als wir bei seiner anwendung zu sagen glauben; es enthält von empfindung gar nichts, es nennt bloss die tätigkeit, auf welche die empfindung erfolgt. — 'schmecken' bedeutet 'fliessen', weil bloss das flüssige geschmeckt werden kann. für unsern verstand ist der saft verschieden vom geschmack; sprachlich sind beide gleich *(χυμός)*, weil die sprache mit bezeichnung dessen, was gegenstand der geschmacksempfindung ist, die empfindung selbst bezeichnet. oder 'schmecken' ist synonym mit 'verzehren', weil nur das schmeckt, was verzehrt wird. auch hier ist von der perception keine rede, sondern nur von der tätigkeit, auf die sie erfolgt. — 'riechen' heisst ahd. *riohhan*, dieses aber bedeutet 'fumare, olere', noch nicht einmal 'olfacere'; *der bluomen rouch* wird allerdings f ü r u n s zum geruch, und da unser beziehendes denken die einzelvorstellungen *bluome, rouch* mit einander und mit uns selbst verknüpft, verstehen wir unter dem *rouch* auch den eindruck, welchen derselbe auf uns macht. aber die sprache jedesfalls sagt von diesem eindrucke gar nichts. in gleicher weise ist 'hören' gleichwertig mit 'tönen', 'sehen' mit 'leuchten'. beide male kehrt das verhältnis von 'fumare' zu 'olere' wieder, beide male ist die zweitgenannte tätigkeit die voraussetzung, der inhalt der ersteren.

Wenn es fest steht, dass alle verba des fühlens, schmeckens, riechens, hörens und sehens über die perception als solche gar nichts aussagen, so folgt hieraus, dass in der sprache von der perception als einer fähigkeit des subjectes erst recht

welches durch *sinnen* bezeichnet wird. irgend etwas von perception liegt also auch in lat. *sentire* und, wie ich hinzufügen kann, in seinen synonymis nicht.

nicht die rede sein kann. wenn im deutschen märchen steht: 'ich rieche, rieche menschenfleisch', so schreibt sich der böse riese allerdings eine solche fähigkeit zu. redete er aber in ahd. mundart, so könnte er nicht entsprechend sagen: *riuhhu;* denn das würde nur heissen: oleo. wir ertappen hier die sprache, wie sie in sinniger weise von ihrem erfolgreichen mittel gebrauch macht, jeden verbalbegriff intransitiv und transitiv zu deuten. logisch betrachtet sagt sie unsinn; poetisch betrachtet ist zu bestaunen. das gleiche verhältnis, sprachlich jedoch deutlicher, ja, wenn man die sprache schelten will, plumper hervorgehoben, waltet ob zwischen lat. *olere* und *olfacere.* davon aber nicht verschieden ist es, wenn der mensch der urzeit 'tönen' und 'hören' mit éinem verbum ausgedrückt hat. dem 'tönen' geht das olere, dem 'hören' das olfacere in genau entsprechender weise parallel. und mit 'leuchten' und 'sehen', mit 'fliessen' und 'schmecken' (vgl. lat. *sapa*, most, und *sapio,* schmecke) steht es nicht anders.

Die auseinandersetzungen über die verba und nomina, welche für den gehörsinn in betracht kommen, habe ich durch einen längeren excurs unterbrochen, dessen gegenstand streng genommen jenseits der grenze meiner aufgabe liegt. ich habe zu ermitteln versucht, von welchen etymologischen merkmalen aus die benennung des tons und des lichts erfolge. man hat bisher angenommen, dass dieselbe meist unabhängig von der benennung der übrigen erscheinungen vor sich gegangen sei. mich machte in dieser annahme zuerst eine bemerkung wankend, die ich bei Curtius (Grdz.[4] 390) fand: 'aus der grundvorstellung des hauchens entwickelt sich die des rufens', sowie die zusammenstellung von got. *brinnan* mit got. *brunna* durch JGrimm (GDS. 398). ich fragte mich: sollte hier nicht nur je eine kategorie der benennung von ton und licht vorliegen? sollte nicht für alle verba des tönens und leuchtens sich etwas ähnliches ermitteln lassen? diese frage nennt man vielleicht unvorsichtig: aber item, ich habe sie gestellt, und ich bekenne, es reut mich nicht, sie gestellt zu haben. um antwort auf sie zu erhalten, habe ich mich an die literaturen der am frühesten fixierten sprachen unseres stammes gewendet. ich habe dort nach den verbindungen mich umgeschaut, in welchen ton und licht innerhalb des satzgefüges erscheinen; denn nur so konnte ich erfahren, in welcher weise die menschen, welche die betreffende sprache geredet haben, den ton und das licht sich vorzustellen pflegten. hatte sich so z. b. ergeben, dass der ton 'scharf' genannt wird, so war die nächste aufgabe, den übergang der bedeutung 'scharf sein' zu der bedeutung 'tönen' an einem worte in ein und demselben dialecte nachzuweisen. und erst hierauf konnte es gewagt werden, ein wort, welches in éinem dialecte 'scharf sein' bedeutet, in zusammenhang zu bringen mit einem verwanten worte eines anderen dialectes, in welchen es 'tönen' bedeutet. auf diese weise glaube ich gefunden zu haben, dass die sprache den ton entweder bezeichnet durch hervorkehrung seiner ursache (spannung, wirbelnde bewegung, hauch, schlag); oder ihn beschreibt rücksichtlich seiner erscheinung (als pfeil; als erguss; allgemein als offenbarung); oder rücksichtlich seiner wirkung (er durchdringt). für das licht ergab sich fast die gleiche methode der benennung. ich habe hieraus weiter geschlossen, dass dieser congruenz in der art und weise der benennung es vielleicht zuzuschreiben sei, dass in der ursprache einige verba 'tönen' und 'leuchten' zugleich bedeuten. während ich gewis sein zu dürfen glaube, dass das ergebnis der ersten beiden partien des excurses in der hauptsache nicht umzustossen ist — im einzelnen mögen sie des verfehlten genug enthalten — will ich gleich von vornherein bemerken, dass mir die letzte als der zweifelhafteste abschnitt meines buches vorkommt. ich habe hier mit der darstellung sehr gerungen, ich habe das ganze mehrere male völlig umgearbeitet. nichtsdestoweniger halte ich nur den allgemeinen satz für gesichert, dass man für ein ursprachliches verbum, welches 'tönen' und 'leuchten' bedeutet, nicht ohne weiteres annehmen darf, die eine bedeutung sei aus der andern übertragen, sondern dass man erst zu untersuchen hat, in wie weit sich beide nicht ebenso zu einer dritten stellen, wie sie in lat. *vibrare* auf den grundbegriff 'beben' zurückführen. wer diesen gedanken zusammt der ausführung für verkehrt hält, der versuche doch ja, bevor er von phantasien spricht, ob er einen besseren an seine stelle zu setzen vermöge. gewis ist nichts billiger, als eine ideenlose kritik.

Wenn wir im nhd. sagen: 'die welle bricht sich', so lehrt uns unser eigener sprachgebrauch begreifen, warum der alte Arier die welle *bhanga-* genannt hat. das verbum *bhanakti* heisst 'rumpit', oder intransitiv 'rumpitur': so sagt also das idg. *bhanga-* mit einem worte, was vater Homer in zweien sagt: *ῥήγνυτο κῦμα.* das merkmal 'rumpi' schien denen, welche das wort *bhanga-* schufen, als das characteristicum der welle; mit seiner bezeichnung war das ganze bezeichnet. hiervon um nichts verschieden ist es, wenn ich behaupte: aus der verbindung *ἥτε θαμὰ τρωπῶσα χέει πολυηχέα φωνήν* (Od. XIX, 521) folgt, dass die sprache den ton als erguss aufgefasst habe. die nachtigall ergiesst ihre stimme: folglich ist ihre stimme ihr erguss; der sänger ergiesst seine lieder (vgl. RV. I, 110, 6 *ā' manīṣā'm antárikṣasya nṛ́bhyaḥ srucē'va ghṛtáṃ juhavāma vidmánā*): folglich sind seine lieder sein erguss. die gleiche vorstellung kann ich dutzendfach belegen. wenn also im idg. eine wurzel *gh¹u* existiert, welche 'giessen' heisst, und eine wurzel *gh'u* existiert, welche 'tönen' heisst, so folgt aus alledem, dass dies nicht zwei verschiedene wurzeln sind, sondern dass 'giessen' und 'tönen' als zwei bedeutungen einer einzigen angesehen werden müssen, deren letztere eine genauere definition der ersteren ist. ich kann hier mit einem schlagenden analogon aus historischer zeit dienen. unser nhd. *strahlen* hat den begrifflichen wert von 'leuchten'; es ist abgeleitet von *strahl.* 'strahl' heisst 'pfeil' (ahd. *strāla,* mhd. *strāle,* lit. *strēlà,* ksl. *strěla*), erst in nhd. zeit bezeichnet es speciell den pfeil der sonne, das *telum diei.* hier liegt genau dieselbe einengung des begriffs 'pfeil' vor, wie ich sie oben für den begriff 'giessen' behauptet habe; das nhd. *strahlen* verhält sich zu ksl. *strěliti* nicht anders als idg. *gh¹u,* tönen, zu *gh'u,* giessen. so wenig wie dort, liegen hier verschiedene wörter vor. und hiermit bin ich auf den grundsatz gestossen, dessen stricte befolgung, ich bekenne es mit herzlichem danke, ich mir habe angelegen sein lassen, seitdem Scherer auf meine sprachlichen studien durch sein eigenes beispiel sowol wie durch seinen unmittelbaren persönlichen verkehr mit mir einfluss genommen hat: das, was bis hinab in die äusserste periode, in welche wir dringen können, als lautlich gleich uns entgegen tritt, muss auch begrifflich zusammenfallen.

Die ansicht, welche ein so hervorragender gelehrter, wie JSchmidt in der Einleitung zu seinem buche zGesch. d. idg. Voc. s. 8, vertritt, dass nämlich jene gleichheit erst secundär, erst das resultat eines jahrtausende langen lebens sei, ist mir nicht unbekannt. es ist aber nicht zu übersehen, dass Schmidt eine solche secundäre gleichheit nur für diejenigen worte behauptet, welche begrifflich völlig verschiedenes bezeichnen. es wird sich also vor allem fragen: hängt das lautlich identische, anscheinend verschiedene begriffe zum ausdruck bringende, nicht irgendwie doch begrifflich zusammen? 'abschiessen' und 'leuchten' scheinen uns allerdings zwei heterogene begriffe; aber schon das nhd., in welchem von der urfrischen sinnlichkeit der sprache verzweifelt wenig mehr zu verspüren, kann uns hier eines bessern belehren. ich meine daher, dass wir, ehe wir das lautliche zusammenfallen zweier für unsere anschauungsweise grundverschiedene vorstellungen benennender wörter nach analogie von nhd. *reif* und *reif*, d. h. für zufällig erklären, erst fragen müssen, ob denn unsere anschauungsweise ausschliesslich hierbei massgebend sein dürfe? — freilich wird der neue vocalismus manche feinere unterschiede in dem bisher für lautlich identisch gehaltenen aufzuzeigen vermögen, welche wiederum, ich wiederhole es, darauf hin untersucht werden müssen, in wie weit sie begriffscheidend gewesen sind.[1])

---

[1]) Wer das *e* und *o* der europ. sprachen auf ein ursprachliches *a* zurückführt, in der weise z. b., dass er verschiedene betonungen des *a* statuiert, gibt hiermit implicite die entstehung des manchfaltigen aus dem einfachen zu. folgegemäss muss er auch für die begriffe entstehung des manchfaltigen aus dem einfachen annehmen; er muss, wie MMüller, Vorles. II, 343, sagt, an eine 'fortbildung und vervielfältigung der ideen' glauben.

anderes dagegen bleibt bestehen: denn dass man künftig für *sa*, werfen, und *sa*, vocem mittere, tönen, beide male *sē* ansetzen wird, ändert an der sachlage ja nichts. wer nun, von dem grundsatze ausgehend, dass das ursprüngliche mit der manchfaltigkeit beginne, annimmt, *sē*, werfen, sei von *sē*, tönen, ursprünglich ebenfalls, wenn auch nur leise, lautlich geschieden gewesen, der wird jedesfalls, da gleichlautende verba für den begriff *ἱέναι* und dessen engere fassung *ὄπα ἱέναι* auch sonst noch neben einander liegen, in dem lautlichen zusammentreffen beider keinen zufall, sondern absicht zu erkennen haben. zwei entgegengesetzte strömungen durchziehen die sprache, das streben nach differenzierung und das andere nach uniformierung. heterogenes uniformiert sie nicht; nur das sucht sie in lautlichen einklang zu bringen, was durch ein begriffliches band zusammengehalten wird. letzteres aufzufinden — die ausgangspunkte der methaphern zu entdecken — ist aufgabe der begriffsgeschichte.

Zu dieser erörterung bin ich im zusammenhange mit der begründung meiner ansicht geführt worden, es sei nicht anzusetzen 1) *gh'u*, giessen; 2) *gh'u*, tönen; sondern *gh'u* 1) giessen, 2) tönen. zwischen beiden bedeutungen liegt keine grössere kluft, als zwischen 'trennen' und 'die erde trennen', d. h. 'pflügen'. der zusammenhang der rede brachte das verständnis; das zugesetzte object lehrte, worauf die vorstellung des giessens zu beziehen wäre: ob auf den opfertrank oder auf das opferlied. nun ist es natürlich, dass man die kleinen modificationen, welche der verbalbegriff durch verbindung mit einem objecte erhielt, allmählich auch äusserlich anzudeuten strebte. die meisten etymologen sind einig darüber, dass *su*, zeugen, ursprünglich eins ist mit *su*, in bewegung versetzen, erregen, ans licht bringen. schon vorhistorisch aber hat man die erregung eines neuen lebens sprachlich unterschieden von der erregung allgemein, man hat die modification des verbalbegriffs auch äusserlich angedeutet, so dass *sunauti* (entgegen *suvati*) im stande war, für sich allein die vorstellung zum ausdruck zu bringen, welche erst durch verknüpfung der beiden begriffe 'erregen' und 'neues leben' zu stande kommt. gewis ist solch ein zustand erst allmählich geworden. dem blossen *sunauti* gieng das *sunauti gīvam* voraus; wie aber noch einzelne stellen des RV. beweisen, war diese verbindung nicht die einzig mögliche: man konnte auch verbinden *suvati gīvam*. erst im laufe der zeit gewöhnte man sich, in der verknüpfung mit synonymen von *gīvam* bloss die éine form zu gebrauchen; war diese gewohnheit einmal zum gesetze geworden, so bedurfte es der beifügung des objects nicht mehr, ohne dessen inbeziehungsetzung zu dèm verbalbegriff die ganze vorstellung überhaupt nicht möglich gewesen wäre.

Manchmal stehen die begriffe gleichlautender verba in der weise im zusammenhange mit einander, dass der begriff des einen hervorgeht aus dem durch ein richtungswort definierten begriff des andern. idg. *ank* z. b. heisst 'biegen'; europ. *ank* heisst 'tönen'. die begriffe scheinen nicht ohne gewalt mit einander verknüpft werden zu können. schlagen wir aber, ehe wir die flucht ergreifen, zuvor noch das P. W. nach, so finden wir I, 59 s. v. *ac* (añc) u. aa. die bedeutung 'biegen, krümmen'; in der verbindung mit *ud* bedeutet das verbum: 1) aufheben, in die höhe ziehen; 2) ausstossen, ertönen lassen. wenn ich nun in der literatur die auffassung des tönens als ein vocem imo a pectore trahere (nach Verg. Aen. I, 371) auch sonst noch belegt finde, so glaube ich mich berechtigt, das europ. *ank*, tönen, dem sskr. *añc* mit *ud* unmittelbar zur seite zu stellen. wie verschieden gerade die bewegungsbegriffe in den einzelnen sprachen definiert werden können, ohne dass die besondere richtung der bewegung durch ein richtungswort lautlich hervorgehoben würde, ist ja bekannt. ich erlaube mir daher nur kurz an das verhältnis von lat. *petere* zu gr. *πίπτω* und an die trefflichen bemerkungen von Tobler, Zs. für Völkerpsychologie und Sprachwissenschaft I, 360 ff., zu erinnern. [1])

---

[1]) In ähnlicher weise, wie europ. *ank* zu sskr. *udañcati* verhält sich zd. *aothra-*, schuh, lit. *aviù*, habe schuhe an, *aunù*, lege fussbekleidung

Wenn es nun fest steht, dass man die lautliche übereinstimmung von wurzeln nicht eher für zufall erklären darf, als bis man nachgewiesen hat, dass irgend eine begriffliche gemeinschaft zwischen ihnen nicht bestanden haben könne, so wird es sich weiter darum handeln, was denn unter den wurzeln, den einfachsten elementen der menschlichen rede, mit welchen bedeutung verbunden erscheint, gedacht werden müsse. fragen wir also: was ist eine wurzel?

Wurzel heisst derjenige lautcomplex, welcher übrig bleibt, wenn man von einer wortform alles accessorische abstreift. also was ist accessorisch? das ist in vielen fällen ein ganz relativer begriff, welcher je nach den anschauungen der einzelnen forscher wechselt, und welcher in einer alle überzeugenden weise sich vor der hand nicht feststellen lässt. als griech. wurzel von *ζεύγνυμι* betrachten die meisten *ζυγ*; indes die tatsachen erlauben auch *ζευγ* als solche anzusehen. aus *ζευγ* wäre *ζυγ* verkürzt; umgekehrt *ζευγ* aus *ζυγ* gesteigert: beidemal ein rein accessorischer process.

Schon hieraus folgt, dass die wurzel verschieden gedacht werden kann. so lange das der fall ist, ist sie eine bloss wissenschaftliche grösse, insofern also vielleicht ein phantom. ihre relativität wird aber durch ein zweites moment noch vermehrt. lassen wir die frage um die priorität des guṇa vor der kürze einmal ganz beiseite, so gehen die ansichten über das, was an einer wurzel accessorisch ist, und was nicht, in einem andern punkte auseinander. die indischen grammatiker beruhigten sich dabei, aus *yunajmi* eine wurzel *yuj* erschlossen zu haben; *yuj* selbst zerlegten sie nicht weiter. die moderne sprachwissenschaft zergliedert auch das *yuj*; sie lässt bloss *yu* als wurzel gelten, *j* betrachtet sie als accessorisch. sobald nun die unmöglichkeit nachgewiesen ist, das so gewonnene

---

an, zu lat. *induo*, ziehe an, ksl. *obują*, calceos induo. vielleicht liegt hier die gleiche kürzung vor, wie sie zufolge Ficks theorie in *Κρῆτες*, koseform zu *Ἐγκρητες*, eingetreten ist. ich sage 'vielleicht': denn ich werde mich wol hüten, über den grund einer erscheinung auskunft zu geben, ehe ich ihre sämmtlichen fälle zu übersehen vermag.

yu weiter zu zergliedern, hört auch die wurzel *yu* auf, eine rein wissenschaftliche grösse zu sein. ist sie nach wissenschaftlich richtigen principien erschlossen, so muss sie auch einmal existiert, sie muss selbständiges leben besessen haben, mit andern worten: sie muss w o r t gewesen sein; denn soweit wir sprachliches leben kennen, hängt es an wörtern. diese wurzelwörter waren nominal und verbal zugleich. begriffsmodificationen, die aber im verlauf der zeit vielfach verloren giengen, wurden durch composition ausgedrückt; die durch composition entstandenen neuen stämme liessen gleichfalls beide verwendungen zu. was wir determinativ nennen, das ist nichts weiter als ein compositionselement, ein suffix. auf den wurzelwörtern beruht unser gesammter wortschatz. mithin begeht der, welcher den namen eines 'historischen' forschers beansprucht, zum mindesten eine starke inconsequenz, wenn er mit wörtern herumoperiert, die frage nach ihrer entstehung aber von sich weist. hier hört die ars nesciendi, welche er empfiehlt, auf, eine kunst zu sein; das nescire ist längst eine consuetudo geworden, die mit der bequemlichkeit sich recht gut vertragen mag.

Was wir jetzt wurzeln nennen, das ist manchmal noch weit verschieden von dem, was eine wurzel ist. erstere sind wissenschaftliche präparate, mit denen wir uns bisweilen behelfen müssen; letztere sind wörter. sobald die ursprüngliche gestalt der letzteren feststeht, sobald entschieden ist, was an einem wurzelpräparate als accessorisch aufgefasst werden dürfe, ist es möglich, die urwörter des idg. stammes wieder herzustellen.

Nun ist es bekanntlich Fick gewesen, welcher von der tatsache aus, dass sämmtliche wurzeln von der form cons. + voc. + doppelcons. zurückführen auf solche von der einfacheren cons. + voc. + cons.; und von der weitern tatsache aus, dass ungefähr dreiviertel von den letzteren sich reducieren lassen auf solche, denen die schlussconsonanz mangelt, das princip aufgestellt hat, alle urwörter hätten entweder aus blossem vocal oder aus der verbindung eines vocals mit einem consonanten bestanden (Wrtb. II², 939). man hat seither vielfach über die

Fick'schen 'wurzelsectionen' gesprochen, ohne zu bedenken, dass man, sobald man 'wurzeln' anerkennt, damit implicite auch das geschäft des secierens anerkennt, und ohne es für nötig zu halten, das princip mit tatsächlichen gründen ad absurdum[1]) zu führen. dadurch aber, dass man es ignoriert oder mit odiösen bezeichnungen[2]) versieht, ist es noch nicht widerlegt. wollte man es widerlegen, so standen zwei wege offen. entweder man widerlegte es aus sich selbst; oder man widerlegte es aus seinen consequenzen. beides ist bisher nicht geschehen.[3]) vielmehr bekennt Windisch (K. Z. XXI, 392) ausdrücklich, dass die annahme, jede wurzel von der gestalt cons. + voc. + cons. führe auf eine einfachere zurück von der gestalt cons. + voc. 'richtig' sein könne, aber 'noch nicht bewiesen' sei. mit diesen worten ist die möglichkeit concediert, dass sämmtliche wurzeln von der gestalt cons. + voc. + cons. den gleichen entwicklungsgang durchgemacht haben, wie die von der gestalt cons. + voc. + doppelconsonanz. derjenige, welcher sie behauptet, tut nichts weiter, als dass er von dem was vor seinen augen sich eben vollzieht, schliesst auf das werden dessen, was ihm als ganzes entgegentritt. und derjenige, welcher mit wurzeln von weiterer gestalt operiert, hat zu prüfen, ob letztere nicht auf die einfachste sich reducieren lasse. dies kann er aber nur dadurch tun, dass er die bedeutungen untersucht; und zwar so, dass er fragt: ist die bedeutung der wurzel von der gestalt $c + a + c$ nicht zu vermitteln mit einer, welche an der wurzel von der gestalt $c + a$ zu belegen ist? die

[1]) Dabei ist zu erwägen, dass es etwas anderes ist, etwas als absurd zu beweisen, etwas anderes, sich als absurd zu beweisen.

[2]) In erfreulichem widerspruch zu ihnen stehen die, durch welche Scherer (zGDS.[2] 454 anm.) Ficks versuche gerecht geworden ist.

[3]) Oder soll ich die worte von prof. Curtius (Grdz.[4] 61*): 'wenn es wurzeln wie *ak*, *ad*, *ar* von jeher gab, warum dann nicht auch *pak*, *pad*, *par*?' als widerlegung des principes gelten lassen? könnte man nicht ebenso gut sagen: wenn es wurzeln wie *ark*, *ard*, *par* von jeher gab, warum dann nicht auch wurzeln wie *mark*, *mard*, *spar*?

prüfung jedes einzelnen falls liefert zugleich einen teil des beweises für oder gegen die theorie.

Aus dem gesagten erhellt, dass jemand, der ein stück bedeutungsgeschichte liefern will, den problemen der wurzelforschung nicht aus dem wege gehen darf. die bedeutung haftet am worte; sie hat ihre geschichte, wie das wort seine geschichte hat. nur dann können wir hoffen, die ganze bedeutungsreihe überschauen, die gesetze ergründen zu können, nach denen eine nuance aus der andern sich ergibt, wenn wir bis zu dem punkte hinandringen, wo die bedeutung an dem einfachsten elemente der rede hervortritt.

Von dieser ansicht habe ich mich bei der ausarbeitung des vorliegenden buches leiten lassen. dass ich, um altes leben an's licht zu ziehen, der phantasie oft zu viel zugestanden habe, dass ich mitunter zu verkehrten und unhaltbaren aufstellungen gekommen bin —: wollte ich dies läugnen, müste ich wahrlich noch unbescheidener sein, als ich bin. aber denen, welche so gerne von der ars nesciendi reden, möchte ich zu bedenken geben, ob derjenige, welcher beim forschen über die schwierigsten fragen der wissenschaft und über ihre letzten ziele verkehrtheiten vorbringt, nicht höher steht, als der, welcher ihnen aus dem wege geht und sie mit wegwerfenden redensarten sich vom leibe hält?

Und nun, ehe dies buch seinen gang in die welt antritt, mag es folgenden herren noch den dank seines verfassers zu erkennen geben. entstanden ist es auf die anregung von prof. Scherer hin; dass ich während des sommers 1877 fast täglich die einschlägigen fragen mit ihm habe besprechen; dass ich sie im sommer des verflossenen jahres nochmals mit ihm habe erwägen können, lässt mich hoffen, dass nicht alles verfehlt ist, was ich geschrieben habe. — eine weitere förderung ist mir durch den freundschaftlichen verkehr mit meinem ehemaligen lehrer, hrn. dr. ABezzenberger, zu teil geworden; dass ich mich in jedem zweifelhaften falle seines rates bedienen konnte, war mir ein wesentlicher gewinn. —

herr oberbibliothekar prof. dr. Barack zu Strassburg hat mich durch die liebenswürdigkeit, mit welcher er mir die benutzung der kaiserlichen universitäts- und landesbibliothek verstattete, zu lebhaftem danke verbunden. — und endlich halte ich es für meine pflicht, meinem herrn verleger für die opferwilligkeit zu danken, mit welcher er die veröffentlichung dieses buches übernommen hat.

Der verfasser.

Erstes Capitel.

TASTEN.

Zwei körper berühren sich, wenn ihre oberflächen mindestens einen punkt gemeinsam haben. die gemeinsamkeit wird durch bewegung hergestellt. die wirkung, welche die berührung auf die durch bewegung zum zusammenstoss gebrachten körper ausübt, hängt von zweierlei ab: von der quantität der bewegung; von der qualität der körper. angenommen nun, der mensch sei einer der beiden körper, die zur berührung gebracht werden, so wird also auch er durch die berührung einen eindruck erfahren, und dieser eindruck wird gleichfalls von jenen factoren abhängig sein. die bestimmung desselben ist die empfindung: und die fähigkeit, zu empfinden, d. h. aus dem erhaltenen eindruck jene beiden ihn bewirkenden factoren zu bemessen, ist der tastsinn. so viele arten der berührung, mithin der empfindung es gibt, eben so viele bezeichnungen durch die sprache gibt es; und wie die empfindung bei der berührung gleichgiltig bleiben oder nach der guten oder schlechten seite sich getroffen fühlen kann, so zerfallen auch alle ausdrücke, welche die sprache zur bezeichnung der empfindung schuf, in solche, welche die erstere als eine gleichgiltige oder angenehme oder unangenehme characterisieren. wenn es sich nun bei der verfolgung solcher ausdrücke ergibt, dass éine sprache das gleiche wort zur bezeichnung der gleichgiltigen berührung anwendet, welches die andere zu derjenigen einer heftigen gebraucht: so kann dies seinen grund nur darin haben, dass die erstere in der ursprünglich irgend eine art von bewegung darstellenden wurzel bloss den allgemeinen begriff der bewegung betont, während die letztere denselben in genauerer definition wiedergibt.

Es ist also wol ausgemacht, dass das, was die berührung erzeugt, stäts eine bewegung sein muss. eben so gut wie aus der einfachen überlegung folgt dies schon aus der etymologie des wortes. denn was heisst berühren? offenbar ein zusammengesetztes wort: be ist präfix, = sskr. *abhi*, Bopp, VGr. III³, 491,[1]) rühren = ahd. *hruorjan*, agitare, movere: mithin 'berühren' = 'hinzubewegen'. ein ding kann aber auf die verschiedenste weise 'hinzubewegt' werden, also durch sein 'hinzubewegt' werden auch die verschiedensten eindrücke hervorrufen: daher erst die art der 'hinzubewegung' definiert werden muss, ehe denn der eindruck näher genannt werden kann. jene definition erfolgt in der einzelsprache. hiermit soll nun aber durchaus nicht gesagt sein, dass alle wurzeln, die in den einzelsprachen die bedeutung 'berühren' entwickeln, in der idg. ursprache den vagen begriff 'bewegen' ausgedrückt haben. ich meine nur, dass jener begriff die allgemeine inhaltsangabe der speciellen handlung sein muss, zu der er sich verhält etwa wie sskr. *dhvaṃsati* zu den Näigh. II, 14 genannten *gatikarmāṇas:* ein wort wie 'besprengen' fällt eben so gut unter die hier gemeinte kategorie, als das wort 'hin und her zupfen'.

Ich versuche nun, obige sätze eingehend zu beweisen. und zwar will ich das, was aus den einzelsprachen für sich allein gewonnen werden kann, vorausstellen, dann dasjenige, was nur durch beobachtung der betreffenden wurzel in mehreren sprachen sich ergibt, möglichst vollständig anreihen.

I. Die wurzel bedeutet 'bewegen'.

sskr. *saṃcārayāmi* (w. *kar*), lasse zusammenlaufen, bringe zur berührung. hierzu das von einem nomen *hrōra-*,

---

[1]) Anders Scherer, zGDS. 282*)

(ags. *hrōr*, agilis, alts. *hrōra*, ahd. *hruora*, bewegung) abgeleitete germ. *hrōrajan*, welches im ahd. *hruorjan* vorliegt und hier auch ohne präfix das lat. tangere wiedergeben kann, in den übrigen dialecten aber (altn. *hroera*, ags. *hrēran*, alts. *hrōrian*) die bedeutung 'bewegen' beibehält.

sskr. *sṛj*, schleudern. *saṃsarga-*, berührung.

lat. *tracto*, ziehe, schleppe. *manibus tracto* = *attrecto*, *contrecto*, betaste, berühre.

germ. *snar*, schnell bewegen,

erhalten in altn. *snara*, schnur = ahd. *snare*, fidis (dagegen ags. *snear* für **snearh*, Sievers, Paul-Braune I, 491**), und in ahd. *snuor*, schnur, got. *snōrjō* σαργάνη. von dieser wurzel abgeleitet ist *snar-p*, schnell bewegen, und hierzu gehört got. *atsnarpjan* in der stelle Col. II, 21: *ni tēkais, ni atsnarpjais, ni kaúsjais*, μὴ ἅψῃ, μηδὲ γεύσῃ μηδὲ θίγῃς, vielleicht im sinne von lat. *attingere* (Verg. Ecl. V, 26 *nec graminis attigit herbam*) gefasst: denn der begriff des kostens geht oft aus dem des berührens hervor, wie sich zeigen wird.

lit. *kùszu*, rühre mich, *kùszinu*, rühre, setze in bewegung, berühre; *pakuszinu*, berühre, altpr. *enkausint*, anrühren.

ksl. *išťą*, ζητῶ, *obišťą*, 'suche herum' (vgl. altn. *fara* [erg. *höndum*] *um eitt*), = ψηλαφῶ, geistig = ἐρευνῶ.[1])

ksl. *tisną*, ἐξωθῶ; *pritisnąti*, apprimere, mit *sę* = προςθλίβειν ἑαυτόν, = ἅπτεσθαι, tangere.

Das vorstehende berechtigt nun zu folgenden gleichungen:

1) ap, erreichen.

gr. ἁφή, berührung. ἀφάω, ἀφάσσω, befühle, betaste.

2) av, vordringen.

gr. ἐπαυρίσκω, berühre, streife: Il. XXIII, 340 λίθου ἀλέασθαι ἐπαυρεῖν. die zusammenstellung ist zweifel-

---

[1]) Ksl. *pogymają*, palpo, scheint zu ahd. *goumjan*, attendere, animadvertere zu gehören. mit ksl. *pipati* und *prikolesnąti sę* weiss ich nichts anzufangen.

haft, ich kenne aber keine bessere, und so mag sie passieren. aus dem Begriff 'vordringen' folgt 'erlangen, erreichen': vgl. germ. *fōtu-*, fuss, zu germ. *fatan*, fassen, eigentlich 'ergehen'. was man erlangt, ist entweder gut oder schlecht: in ersterem Sinne steht Il. XVIII, 302 *τῶν (κτεάτων) ἐπαυρέμεν;* in letzterem Od. XVIII, 107 *μή πού τι κακὸν καὶ μεῖζον ἐπαύρῃ.*

3) **ma**, bewegen.

gr. *ἐπιμαίομαι*, trachte wonach, betaste, berühre: Od. IX, 441 *οἴων ἐπεμαίετο νῶτα.*

4) **stag**, heftig vordringen (vgl. sskr. *tāját*, plötzlich, jählings, altn. *stökkva (*stenkvan)*, springen, sprengen, spritzen, ags. *stincan*, aufwirbeln.

gr. *τεταγών*, anfassend, packend; lat. *tango*, berühre (von sanfter, gleichgiltiger, heftiger berührung gebraucht), besprenge. got. *stiggan viþra, συμβαλεῖν τινι*, *bistiggan*, *προσπίπτειν*, *προσκόπτειν*, *προσρηγνύναι*, *gastiggan*, *προσκόπτειν*, in der fassung der ausschliesslich heftigen berührung mit gr. *τεταγών* stimmend. die gleichgiltige berührung gibt got. *tēkan*, *ἅπτεσθαι*, wieder.

Hierher ziehe ich noch

5) **dhagh**, *ἐπιτίθεσθαι*, welches in folgenden gestalten erscheint:

a. *dhagh*, brennen (wegen der bedeutung siehe weiterhin). in sskr. *dáhati*, zd. *dažaiti*, lit. *degù*, ksl. *žegą* (JSchmidt, K. B. VI, 140), got. *dags;* bei dem letztem worte ist die analogie vom gr. *ἦμαρ* beachtenswerth.

b. *dagh*[1] in dem idg. wort für 'zunge': sskr. *jihvā́*, zd. *hizva*, ksl. *językŭ*, got. *tuggō*. ich halte es für erlaubt, die hier erscheinende wurzel mit der durch sskr. *dagh*, reichen bis, erreichen; gr. *θήγω*, mache scharf, wetze, lit. *dagýs*, klette, dorn, belegten zu combiniren. den wechsel von *gh* und *gh*[1] treffen wir auch bei dem nachher zu besprechenden *dhigh* an. die bedeutung aber von *dagh*[1] verknüpft sich auf's beste mit derjenigen von sskr. *dagh:* was bis zu einem dinge hinreicht, berührt dasselbe, die zunge aber kann (vgl. *to taste*) die 'berührende' genannt sein.

c. *dhigh* (vgl. *dik*[1] *: dak*[1], lehren), in zwei begriffsreihen.

als 'tasten' oder 'tastend gestalten' in *dhigh, dhigh*[1]: sskr. *dih,* zd. *diz,* bestreichen, verkitten, bilden, got. *deigan,* kneten; lat. *fingo,* knete, berühre sanft, gr. *θιγγάνω,* berühre. vgl. Benfey, Or. u. Occ. II, 331.

als ‚stechen' in sskr. *dhik,* interjection des ekels, lat. *figo,* steche, stecke, lit. *dygùs,* stachelig, scharf, spitzig, *dygûs,* habe ekel. vgl. Fick II[3] 116.

Ich betrachte *dhagh* als erweiterung des bekannten *dha,* setzen, legen, stellen. die bedeutung dieses verbums habe ich oben mit gr. *ἐπιτίθεσθαι* zu bestimmen gesucht, ohne dabei auf den gr. sprachgebrauch weiter rücksicht zu nehmen. nimmt man das compositum in seiner ursprünglichen bedeutung, so wird mit ihr auch der ursprüngliche sinn der wurzel am zutreffendsten bezeichnet sein. dieser ursprüngliche sinn aber liegt in sskr. *dagh* noch völlig gewahrt; denn ein 'reichen bis' ist eben ein 'hinzubewegtsein' und da das 'hinzubewegen' auch heftig erfolgen kann, so versteht es sich von selbst, dass die bezeichnung auch der gewalttätigen berührung durch *dagh* ganz in der ordnung ist. auch an dem einfachen *dha* ist die bedeutung 'stechen', welche wir in lit. *dagýs* und gr. *θήγω* fanden, nachzuweisen; so gewiss an der wurzelform *adh,* welche aus sskr. *svádhiti-,* axt, beil, messer, gr. *ἀθήρ,* hachel, ähre (Bezzenberger, Beitr. I, 339), folgt, sowie an *dha* selbst. wofern dieses, und nicht vielmehr eine erweiterung *dhar,* von welcher ags. alts. *derian,* ahd. *terran,* schädigen, abgeleitet scheinen, in sskr. *dhā́rā,* schneide, zd. *dāra* (belegt durch einige composita wie *tižidāra-,* scharf schneidend) als wurzel anzuerkennen ist. mit den oben genannten germanischen wörtern hat Fick (I[3], 81) gr. *θέρος,* hitze, verglichen, indem er auf Il. VI, 331 *μὴ τάχα ἄστυ πυρὸς δηΐοιο θέρηται* sich stützt, und Brugman stimmt ihm bei Stud. VII, 204. der griech. sprachgebrauch scheint dieser ansicht zu widersprechen, wenigstens nach HSchmidts auseinandersetzungen zu dem betr. worte. gleichwol ist sie, nach der principiellen seite hin betrachtet, untadelhaft, denn die wärme wird oft nach ihrer wirkung benannt, wovon später mehr. wir sprechen noch heute von einer 'stechenden' hitze; der Grieche dachte analog, wenn er verband *μένος ὀξέος ἠελίοιο* (Hes. Werke 414); im sskr. wird das wort *dhā'rā* auch von der glut der flamme, von Agni's schneide gebraucht: RV. VIII, 62, 9 *prá saptávadhrir āçásā dhā'rām agnē'r āçayata.* in dieser verwendung bezeichnet *dhā'rā* das gleiche, was das unter a. angesetzte *dhagh*: das stechende, durchdringende in der wirkung des feuers. somit scheint dasselbe nicht verschieden von *dagh*, welches im sskr., verbunden mit präfix *ā*, die bedeutung 'schädigen', im gr. und lit. die bedeutung 'scharf sein, stechen' erhält. dies mag die obige combination rechtfertigen.

II. Folgende wörter für 'berühren' gehen von dem grundbegriff 'reiben, kratzen' aus:

1) **bhas**, zerreiben.

gr. *ψάω, ψαίω, ψαύω, ψήχω, ψώχω.*

2) **mar**, zerreiben.

mark', *mark*, bestreifen, berühren, sskr. *mṛç*; gr. *μάρπτω* [1]) Il. XIV, 228 *χθόνα μάρπτε ποδοῖιν*, berühre, fasse.

---

[1]) Fick bemerkt I^3, 720: gr. *μορφή*, gestalt, von *μαρπ-*, fassen, wie ksl. *tvorŭ*, gestalt, zu lit. *tverti*, fassen. ich reihe hier die synonyma für gestalt, körper an. gestalt, körper

I. = wuchs.

zd. *raodha*, wuchs, gestalt, gesicht, got. *laudi* (in einer glosse zu Gal. IV, 19 *gabairhtjaidau, μορφωθῇ*). vgl. ahd. *wahst*, incrementum, statura.

II. = erscheinung, bild.

sskr. *kētú-*, helle, erscheinung, gestalt. ags. *hād*, Grein II, 3; ahd. *heit*, persona usf. w. *hit*, leuchten.

lat. *mulceo*, streichle, berühre.

*marg*¹, bestreifen, berühren. zd. *mares;* berührend vorbeifahren, wischen; lit. *mélżu*, streiche, melke.

3) **kas**, kratzen.

ksl. *kosną, kasają sę*, tango.

III. Auf 'besprengen' geht 'berühren' in folgenden fällen zurück (vgl. Curtius, Grdz⁴. 273).

1) **krap**, spargere.

lit. *krápinu*, besprenge, ksl. *kropljq*, *ῥαντίζω*, ags. *hrepian*, tangere, *hreppan*, tangere, attingere, altn. *hreppa*, attingere. man könnte indes auch an lit. *krapsztaú*, kratze, *krapsztinėju*, kratze, taste herum, denken, wie bei Fick. III, 83 geschieht.

---

sskr. *várpas*, glänzende erscheinung, bild, gestalt, verwant (Bugge, K. Z. XX, 4) mit sskr. *rūpá*-, glänzende erscheinung, gestalt, farbe. w. *varp*, leuchten.

gr. *σῶμα*, körper, steht zu *σῆμα*, zeichen, im ablautsverhältnis, die verfehlte etymologie Delbrücks (*σῶμα* : ahd. *hamo* K. Z. XVII, 238) sei als solche wenigstens erwähnt. — ganz analog steht germ. *līka*- (got. *leiks*, ahd. *līh*), leib, ksl. *lice*, *πρόσωπον; χρῶμα*, zu sskr. *liṅga*-, kennzeichen, was schon JSchmidt, Voc. I, 89 gewust hat. w. ist *lig*, hüpfen, springen; sich ausgleichen (wagschalen!), gleich sein. man vgl. auch ahd. *galīhhida* similitudo, figura; ksl. *tělo*, *εἰκών*, *σῶμα*: w. *tik*, passen.

Auch das Gesicht allein ist des menschen kennzeichen: zd. *cithra*-hell; kennzeichen, gesicht. überhaupt sind die bezeichnungen für das letztere meist specialisierungen der ausdrücke für gestalt.

gr. *ἰδέα*, *εἶδος* zu w. *vid*, wie lat. *species* zu w. *spak*¹, wie altn. *mynd*, lat. *monstrum*, (widernatürliche erscheinung, vgl. Fröhde, Beiträge I, 184) zu got. *mundōn*, *σκοπεῖν*.

got. *ibnaskauns*, *σύμμορφος*. vgl. ahd. *scawōn*, schauen. zur gleichen w. *sku*, aber mit proethnischer einbusse des anlautenden *s*, auch

got. *hiwi*, *μόρφωσις*, ags. *hiv*, *heov*, *heó* forma, species. — endlich gehört hierher

got. *vlits*, *μορφή*, *πρόσωπον*; ags. *vlite*, glanz, schönheit, schöne gestalt, aussehen, gestalt; alts. *wlite*, glanz, licht, aussehen, gestalt.

III. = 'gemächt'.

lat. *facies*, gestalt, gesicht.

dies 'gemächt' ist speciell bezeichnet als (man vgl. Sonne, K. Z. XV, 90).

2) **spar**, springen, caus. sprengen,	**spar**, berühren.
mhd. *spræje*, sprühe, spritze, falle in tropfen.	gr. ψάλλω, ψηλαφάω (Walter, K. Z. XII, 406). ahd. *fuoljan*, tangere, sentire.
spark^{1}, lat. *spargo*, vgl. sskr. *pr̥'çni-*, gr. περκνός, Fick, Or. u. Occ. III, 334.	sskr. *spr̥ç*, berühren. hieraus durch volkssprachlichen lautwandel (Benfey, Ved. 84 ff) *spaç*.
altir. *earc*, Stokes, K. B. VIII, 334.	lit. *pìrsztas*, finger.
lat. *palpito*, springe, zucke.	lat. *palpo*, berühre, streichle.

---

a. *schnitt:*
sskr. *pē'ças* = zd. *paēçaiih*, gestalt. w. *pik*^{1}, schneiden.
ksl. *obrazŭ* (= 'umriss'), μορφή. ksl. *rěžą*, τέμνω.

b. *gewebe:*
sskr. *tanū'* zd. *tanu*, leib, körper. w. *tan*, spannen, fäden ausspannen.

c. *schlag:*
gr. τύπος, gestalt: zu τύπτω. } Fick, K. Z. XX, 173.
lat. *forma*, gestalt: zu *ferio* }

d. *guss:*
lit. *lë́mů*, wuchs, *lytė*, gestalt: w. *li*, giessen.

e. *geknete:*
sskr. *dēha-*, körper, lat. *fīgūra*, gestalt. w. *dhigh*, kneten.

f. *gebäude:*
gr. δέμας, gestalt: zu δέμω, baue. — 'gefäss' in engl. *body* (ahd. *botah*), vgl. ahd. *botaha*, bottich.

Mit ahd. *gastalt*, species, habitus, parallel steht sskr. *saṃsthā*, eigentlich = anordnung; vielleicht auch sskr. *saṃnivēça-*, falls mit diesem worte nicht gesagt sein soll, die gestalt sei des menschen οἶκος.

Ueber lat. *corpus* lässt sich folgendes sagen. es gehört zu sskr. *kr̥p*, schönes aussehen, schönheit, schein, zd. *kehrp*, körper, fleisch, falls man altpr. *kērmens*, von ihm trennen darf. Fick tut dies: aber seine zusammenstellung von lat. *germen* und altpr. *kērmens* (K. Z. XX, 165) scheitert an lautlichen schwierigkeiten: JSchmidt, Voc. II, 350*). nun könnte altpr. *kērmens* für **kerpmens* stehen. dann müste aber w. *karp*, schneiden, herangezogen werden, da ein *karp*, leuchten, in den baltischen sprachen nicht nachgewiesen werden kann. *corpus* ist also in diesem falle gleich 'schnitt', wurzelverwant mit ahd. *href*, Fick I^{3}, 526.

3) **ghar**, besprengen, beträufeln.

mit sskr. *jigharti*, er besprengt, welches ich für identisch halte mit *jigharti*, er leuchtet (wovon später: für jetzt sei an das verhältnis von idg. *prus*, bespritzen — sskr. *pruš*, lit. *prausiù* — zu idg. *prus*, brennen — sskr. *pluš*, lat. *pruina* — erinnert), stelle ich zusammen gr. *χραίνω*, bespritze, bestreiche, färbe, *ἄχραντος*, unberührt; gr. *χραύω*, berühre oberflächlich, ritze, *χράω*, *ἐπιχράω*, berühre (*χραίνω*, *χραύω* verhalten sich zu *ghar*, wie *τετραίνω τραῦμα* zu w. *tar*, JSchmidt. Voc. II, 289 f.);

sskr. *hr̥*, fassen, darf man nicht heranziehen: dies steht bekanntlich für *bhr̥*, wie Yāska mit seiner bemerkung Nir. IV, 26 *brātā bharatēr haratikarmaṇō* verrät. und zd. *zar*, fassen, hat Justi einzig aus *zara-*, bund, erschlossen.

IV. Auf 'anfügen, kleben, haften' geht 'berühren' in folgenden beispielen:

sskr. *samāyunajmi*, joche zusammen, bringe zur berührung.

lit. *limpù*,[1]) klebe, hafte; lit. *lipstau*, berühre. — ebenso

sskr. *çrīṇāmi* mit *abhi*, *sam*, füge zusammen; ags. alts. ahd. *hrīnan*, berühren, altfr. *hrēna*, riechen.

sskr. *sañga-*, das haftenbleiben, die berührung, *abhiśañga-*, schwur (vgl. JSchmidt, a.a.o 499; Bezzenberger, Beitr. I, 166).

ksl. *sęźą*, *ἐφάπτομαι*, *posęgą*, tango, *prisęgną*, *ἅπτομαι*, tango.

Soweit die wörter für den begriff des gleichgiltigen berührens. es würde nun zu weit führen, wenn ich in gleicher weise auch diejenigen vorführen wollte, welche die angenehme berührung (streicheln u. s. f.) und die gegenteilige zum ausdruck bringen; ich beschränke mich deshalb darauf, die be-

---

[1]) Mit lit. *limpù*, klebe, identisch ist *lippù*, steige, klettere. man vergleiche als analogon ahd. *klīban*, adhærere, altn. *klīfa*, scandere, deren identität schon JSchmidt, Voc. I, 59 vermutet hat.

zeichnungen für die wichtigsten eindrücke, welche die nerven bei der berührung erfahren, hier zu besprechen, werde übrigens weniger vollständigkeit im einzelnen als möglichste vollständigkeit der kategorien, unter die das einzelne sich ordnet, zu erreichen suchen.

Die sprache bezeichnet als weich und zart:

I. Das berührbare (?): vgl. sskr. *susparça-*, weich, zart.
gr. *ἁπαλός*, zart weich, *ἤπιος*, mild, freundlich: lit. *ápus* (bei Bretken), zart; *opùs*, weichlich, zerbrechlich: Bezzenberger, Beitr. I, 164. ich stelle die wörter vermutungsweise zu w. *ap*, cf. gr. *ἅπτω*.

II. Das zerriebene, geknetete.[1])
zd. *khšuçta-*, zerstampft, weich. zu zd. *khšud*, stossen, zerstampfen.
gr. *ψαθυρός*, zerbrechlich, weich, zart. zu gr. *ψάω*, reiben.
ahd. *zart*, tener, zu ahd. *zerran*, scindere. — sodann:

1) **tar**, reiben.
sskr. *táruṇa-*, zd. *tauruna-*, gr. *τέρην*, weich, zart.

2) **mar**, reiben.
sskr. *marāla-*, weich, zart; ags. *mearu*, ahd. *maro*, tener. mit *l*: gr. *ἀμαλός*, *μαλακός*, lat. *mollis*. — auf der idg. erweiterung *mard* beruhen sskr. *mṛdú-*, weich, zart, ksl. *mladŭ*, *ἁπαλός*.

3) **mak**, kneten.
lit. *mìnksztas*, weich, ksl. *mękŭkŭ*, *μαλακός*, *ἁπαλός*, cf. Bugge, Stud. IV, 336. auch altn. *mjūka*, mollis, mit JSchmidt, Voc. I, 167?

4) **knas**, reiben.
got. *hnasqus*, *μαλακός*, ags. *hnäsc*, tener, mollis.

---

[1]) Dem sskr. *vrandin-* legt Roth, Erläut. 1. 66, sowie das P. W. die bedeutung 'morsch, mürbe' bei: mit unrecht, wie Benfey, GgN. 1875, s. 40 dartut. wohin das von Roth angeführte zd. *varedva-* gehört, weiss ich nicht sicher: ist etwa gr. *νεοαρδής*, frisch bewässert, in seinem zweiten teile (*ϝαρδης*, vgl. JSchmidt, Voc. II, 461) zu vergleichen?

5) **dhigh**, kneten.
altn. *deigr*, mhd. *teic*, weich.

III. Das zerflossene.

gr. *δρόσος*, tau; aber Aesch. Ag. 141 *δρόσοι μαλερῶν λεόντων*, zarte kinder der gewaltigen löwen. *δροσερός*, *δροσόεις*, feucht, zart, weich. Kuhn hat K. Z. II, 139 gr. *δρόσος*, das er für **δρόϝσος* stehen lässt, mit sskr. *drapsá-*, tropfen, indem er *p* als vertreter von *v* betrachtet, zu w. *dru*, laufen, gestellt. ich teile den dissensus von JSchmidt, aao. II, 294, und halte gr. *δρόσος* für eine ableitung der einfachen w. *dra*, laufen, eilen, dagegen sskr. *drapsá-*, tropfen, *drā'pi-*, mantel, gewand, zd. *drafša-*, banner, für bildungen aus dem erweiterten *drap*, laufen, wallen, fliessen (Fick I[3] 347), neben welchem *drab* steht in lit. *drimbù* triefe, *padribà*, d. triefen der augen, u. s. f., möglicherweise auch in ahd. *tropho*, JSchmidt, aao.

gr. *ὑγρός*, nass, feucht, weich.

lat. *madidus*, }
lat. *ūdus*, } ebenso.

Analog ist die bedeutungsentwickelung in

1) **tak**, laufen, fliessen.
gr. *τακερός*, geschmolzen, weich.

2) **bhlu**, zerfliessen.
altn. *blautr*, mollis.

3) **li**, fliessen.
lit. *láibas*, zart, dünn, schmal, schlank, ksl. *libivŭ*, *λεπτός*.

Ueber lit. *tráiszus*, *trąszus* (Geitler, Lit. St. 40), mit welchen möglicherweise altn. *þorskr*, dorsch, verwant ist, weiss ich nichts zu sagen, als dass sie zu lit. *trèszti*, faulen, gehören; das faule ist weich: lit. *púvu*, faule, werde weich, mürbe.

IV. Das dünne.

1) das **geschälte**: gr. *λεπτός*, zu *λέπω*.

2) das **gespannte**: sskr. *tanú-*, lat. *tener*.

V. Das nachgebende.

germ. *vaika-* (altn. *veikr;* ags. *vâc,* alts. *wêk,* ahd. *weih),* zu germ. *vîkan*, weichen.

altn. *linr,* weich, ahd. *lind,* mollis: germ. *linnan*, weichen.

got. *þlaqus, ἁπαλός.* Miklosich lex. s. v. *tlapiti πραΰνειν* vergleicht gr. *τλῆναι,* lit. *tilti,* verstummen, *tilkti,* zahm werden.

Unklar sind mir: ags. *sēfte* = ahd. *sanfti,* und ags. *smēđe;* sowie das lit. *szvelnùs.*

Das glatte wird in der sprache dargestellt als

I. Entstanden durch bestreichen.

sskr. *snigdha-,* glatt, weich, zu sskr. *snih*, feucht werden, caus. bestreichen.

ebenso die ableitungen von w. *li,* giessen:

gr. *λεῖος, λευ̃ρος,* lat. *lēvis,* glatt. hierher wol auch gr. *λίς, λιτός, λισσός, λισπός, λίσφος.*[1]) — auf *lib* gehen gr. *ὀ-λιβρός,* lat. *lūbricus,* Fick II³, 223. anders JSchmidt, Voc. I, 162ff.

II. Entstanden durch schaben, schlagen, u. s. f., so dass glatt = eben: gr. *ὁμαλός.*

gr. *ξεστός,* glatt. zu gr. *ξέω*, schaben.

lit. *plokszłas,* flach, glatt. zu *plakù,* schlage, *plaskaù,* schlage hin und her.

germ. *slehta-* (altn. *slēttr,* got. *slaihts,* ahd. *sleht*), glatt. zu germ. *slahan,* schlagen. — ebenso:

1) **glabh**, spalten, schnitzen, höhlen (JSchmidt, Voc. II, 293).

gr. *γλαφυρός*, hohl, glatt. lat. *glaber.* vgl. lit. *glebti,* glatt sein.

2) **spal**, abziehen (vgl. lat. *spolia,* Fick II³, 281).

gr. *ψῑλός,* glatt.

---

[1]) Diese wörter hat Curtius Grdz.⁴ 369 mit gr. *γλισχρός*, klebrig, zusammengestellt. der abfall des anlautenden *γ* ist aber nicht zu beweisen, vgl. Bezzenberger, Beitr. I, 339; II, 271.

III. Das, worauf man sich rasch bewegt.

lit. *slidùs*, glatt. zu lit. *slystu*, gleite. — hierher gr. *ὀλισθηρός* (für **ὀhλιθθηρος*)? oder lieber mit Curtius Grdz.[4] 370 zu *λίς*?

ksl. *plazivŭ*, *γλισχρός*. zu ksl. *plŭzą*, labor, repo.

altn. *sleipr*, mhd. *sleif*, lubricus, gehören zu ahd. *slīfan*, labi, lett. *slīpstu*, gleite; ahd. *sleffar*, lubricus, zu altn. *sleppa*, gleiten.

IV. Das glänzende (mittelbegriff ist 'bloss').

lit. *glódas*, ksl. *gladŭkŭ*, *λεῖος*, *ὁμαλός*, germ. *glada-* in altn. *gladr*, bright, gladsome, ags. *glæd*, splendens, hilaris, alts. *glad* in *gladmōdi*, frohgemut, ahd. *glat*, limpidus, candidus, conspicuus. — lit. *glitus*, glatt, geht auf die wurzelform *ghli*, lit. *gležnus*, glatt, wie *geležis*, erz, auf die form *ghal-gh*[1].

Das ksl. *slizŭkŭ*, lubricus, weiss ich nicht zu erklären.

Wie das weiche mit dem glatten insofern sich deckt, als der grundbegriff der beiden berührungseindrücke 'angefeuchtet' sein kann, erscheint auch das harte und das rauhe mehrfach als ein und dasselbe. so häufig, wenn die wurzel 'schneiden, schaben' bedeutet.

Beide wörter sind bezeichnungen für den widerstand, vermöge dessen ein fester körper den andern ausschliesst von dem raume, den er selbst einnimmt. unter umständen wirkt dieser widerstand verletzend: die härte des steins, an den ich meinen fuss stosse, die rauhheit der erdscholle, die ich in meiner hand zerdrücken möchte, lassen ihre spuren auf der haut, ihre wirkung in den nerven zurück, welche mit ihnen in berührung kommen. deshalb schliessen sich diese bezeichnungen so leicht an verba an, die irgend eine verletzung ausdrücken. im nachfolgenden habe ich sie darum zusammen behandelt, auch da, wo aus dem verbalbegriff bloss eine der verwanten bezeichnungen sich herausentwickelt hat.

I. Hart, rauh ist synonym mit 'schneidend'

1) **ak**[1], **ak**, scharf sein, durchdringen.

gr. *ὀκριόεις*, scharf, rauh, eckig. die hier zu beobachtende bedeutungsentwickelung kann die gleichung begründen: sskr. *áçman-*, stein, zu w. *aç*, wie lat. *saxum*, fels, zu w. *sak*.

2) **kar**,[1]) schneiden.

sskr. *karkara-*, hart, *karkaçá-*, rauh, hart, gr. *καρχαλέος*, scharf, rauh. ksl. *črĕdŭ*, firmus. von der erweiterung

kart: sskr. *kaṭú-*, scharf, beissend = germ. *hardú-* (got. *hardus*, *σκληρός*, *αὐστηρός*, altn. *harðr* hart, streng, schnell, ags. *heard*, durus, strenuus, alts. *hard*, hart, scharf, rauh, stark, ahd. *hart*, durus, asper, acer, rigidus), lit. *kartùs*, bitter. — von der form.

kru: sskr. *krūrá-*, wund; dann 'hart' in übertragenem sinne, wie zd. *khrūra-*, *khružhdra-*, vermittelt durch den begriff 'blutig'. lat. *crūdus*, hart und roh, germ. *hrava-*: altn. *hrār*, crudus (aber *hraun*, steiniger boden), ags. *hreó*, asper, saevus, turbidus, alts. *hrē*, wild, böse, ahd. *hrāo*, crudus, severus. — auf einer erweiterten wurzelgestalt beruht germ. *hreuba-*, in altn. *hrjūfr*, ags. *hreóf*, asper, scaber, ahd. *riob*, severus, cf. Bugge, K. Z. III, 32 ff.

3) **k¹ar**, schneiden.

ksl. *vŭsorŭ*, asper (übertragen); lit. *szerýs*, obersorb. *scršč*, borste, lat. *crīnis*, haar.[2]) Bezzenberger, GgA. 1875. 1314, JSchmidt, Voc. II, 33. — erweitert

k¹ars: lit. *szurkszlùs*, rauh, hart, ksl. *srŭchŭkŭ*, *τραχύς*, mndd. *harsch*. Bezzenberger, aao. 953, JSchmidt, aao.

4) **ska**. schneiden.

[1]) Die frage nach dem verhältnis von *kar* zu *skar* lasse ich hier unberücksichtigt.

[2]) Vgl. lit. *gáuras*, *pláukas*, haar, *gaurótas*, *plaukótas*, rauh.

skar: sskr. *khara-*, hart, rauh, stechend, scharf. — auf einer erweiterten gestalt beruht lit. *skrúdżu*, schnitze, falze: hierzu lit. *skraudùs*, brüchig, JSchmidt, Voc. I, 172.

skabh: lat. *scaber*, rauh, schäbig, lit. *skabùs*, scharf.

eine nebenform von *ska*, schneiden, ist *sku*, schaben, wetzen. die erweiterung *skud* hat die bedeutung 'vorstossen'. ableitungen von *skud* sind: lit. *skudrùs*, scharf, rauh, *skaudùs*, rauh, hart, schmerzlich, steil, lett. *skaudrs*, scharf, *skaudre*, scharfe kante, *schaudrains*, uneben, besonders vom harten flachs gesagt; übertragen *skáudét*, neiden, missgünstig sein, stäts mit dem nebenbegriff des schadens gebraucht. auf die einfache wurzel *sku* geht lett. *skaugis*, lit. *skaugė*, neid: letztere bedeutung gebührt dem von Nesselmann unübersetzt gelassenen worte, wie mir hr. dr. Bezzenberger mitteilt.

In diese reihe muss man wol auch sskr. *tṛṣṭá-*, rauh, holperig, stellen. die w. *tars* heisst eigentlich 'abreiben', wie Il. XVI, 528 f. *ἀπό δ' ἕλκεος ἀργαλέοιο Αἷμα μέλαν τέρσηνε* und die primärwurzel *tar*, reiben, beweist. aus 'abreiben' folgt 'trocknen', aus 'trocknen' weiterhin 'rösten', *tṛṣṭá-* wird also einfach heissen ‚abreibend' und so 'rauh'. will man 'rauh' von der bedeutung 'trocknen' (sskr. *tṛš*, durstig = trocken sein) ableiten, so kann man an gr. *σκληρός* zu *σκέλλω*, trockne, dörre, erinnern.

II. Hart ist das starke.

lat. *solidus*, dicht, derb; fest, hart. zu gr. *ὅλος*, ganz.

ags. *streac*, durus: vgl. Andr. 615 *hlâf and stân, streac and hnäsce;* aber altn. *sterkr*, ahd. *starh*, robustus. ebenso:

du, stark sein.

gr. *δύναμαι*,[1]) kann; lat. *dūrus*, hart.

---

[1]) Gr. *δύναμαι* stellt Walter K. Z. XII, 405 unter billigung von Bugge, aao. XIX, 423 zu *gan*, zeugen. scharfsinnig zwar, aber nicht sehr glaublich. sollte nicht eur. *du*, stark sein, zu ostar. *du*, eilen, gehören? bekanntlich gelten 'schnell' und 'stark' dem altertum für gleich: Curtius, Grdz[4]. 113.

dhark, festhalten.

lit. *druktas*, stark, altpr. *drūktai*, fest (Bezzenberger, LLD. I, XII); hieraus lit. *drūtas*, stark. Fortunatov Beitr. III, 56 vergleicht altn. *drjūgr*, voll, stark, *drjūgum*, sehr.

III. Das harte, rauhe ist starrend.

1) **sta**, stehen:

sskr. *sthirá-*, hart; *στερεός*, starr, hart, fest.

2) **ghars**, starren.

gr. *χέρσος*, fest, *χῑραλέος*, starr, rauh; lat. *hirsūtus*, rauh, struppig.

3) **ghark**, starren.

lat. *hirtus*, struppig, borstig, rauh.

4) **ragh**, starren. Fick I³, 739.

lat. *rigidus*, starr, steif, hart, rauh.

IV. Rauh ist das abgestossene, brüchige (lat. *fragosus!*), schuppige.

lit. *draskùs*, rauh. zu lit. *drėskiu*, reisse mit gewalt.

ksl. *prądĭnŭ*, asper. zu ksl. *prędają*, salio.

gr. *λεπρός*, schuppig, rauh. zu gr. *λέπω*, schäle. ferner:

1) **trak**, drängen, stossen.

gr. *τραχύς*, lit. *trankùs*, rauh.

2) **rup**, brechen.

lit. *rupùs*, rauh.

Residua: sskr. *rūkša-*, rauh, nach dem P. W. von *rūš*, bewerfen, bestäuben. wenn das richtig ist, so könnte lat. *asper*, rauh (auch *hispidus?*) zu w. *as*, bewerfen, stäuben (lat. *aridus*, trocken), gestellt werden. auf eine wurzel ähnlicher bedeutung, *gas*, werfen, führt Fick III, 45 ksl. *žestokŭ σκληρός*, ahd. *chës*, gefrorener boden, zurück; die bedeutungsentwickelung ist mir indes nicht ganz klar. zu ksl. *žestokŭ*, stellt Bezzenberger LLD. II, XXVII, lit. *geßtas*, hart: mit recht, trotz HWebers gegenbemerkungen Beitr. II, 340, der die slavischen lautgesetze nicht beobachtet.

Ich werde nun noch über die ausdrücke für kalt, warm und schmerz handeln. das kalte stellt sich die sprache vor

I. Als brennend. Xenoph. Kyn. VIII, 2: ἡ χιὼν καίει τῶν κυνῶν τὰς ῥῖνας.

Paul. Fest. pag. 226, M.; *pruina dicta, quod fruges ac virgulta perurat.*

gr. *αἶθρος* morgenfrische, kälte, zu gr. *αἴθω*, brenne.

gr. *καῦμα*, frost, zu gr. *καίω*, brenne.

altn. *svalr*, kalt, zu ags. *svelan*, glühen, schwelen. Bugge, K. Z. XIX, 440. — ebenso:

1) **prus**, brennen.

lat. *pruīna*, reif, kälte, Fröhde, K. Z. XIV, 454. germ. in *freusan*, (altn. *frjósa* u. s. f.) und *frosta-* (altn. *frost*, u. s. f.) was schon Bopp Gl. wuste. altir. *réud*, gelu, Stokes, K. B. V, 225, Windisch VIII, 15.

2) **alg**, brennen. (?) [1])

lat. *algor*, kälte.

Ob sskr. *çītá-*, kalt, in diese reihe gehört, ist nicht zu entscheiden. *çya* muss zwar auch einmal 'brennen' bedeutet haben, wie aus *çyāmá-*, schwarz, unwiderleglich hervorgeht; allein in der uns erhaltenen literatur ist es nur belegt im sinne von 'gerinnen, gerinnen machen', und das folgende zeigt, dass aus diesem begriffe der von 'kalt' sehr leicht folgt.

[1]) Ich kann die wurzel mit *l* sonst nicht nachweisen; in der form *arg* ist sie allbekannt. vielleicht verhält sich dies *alg* zu *arg*, wie nordeur. *alk*: (lit. *álkti*, ksl. *lakati*, hungern; ahd. *ilgi*, hunger) zu idg. *ark*, brennen: denn der hunger brennt, vgl. sskr. *dagdhodhara-*, verbrannter bauch, hungriger magen. — zu *algor* hat Fulda (Untersuchungen über die hom. Ged. I, 221) gr. *ἄλγος*, schmerz, gestellt, und Curtius Grdz.[4] 719 glaubt dies mit *τὸ δ' οἱ καὶ ῥίγιον ἔσται* stützen zu können. dagegen hat HSchmidt, Griech. Synon. II, 597, 1) eingewendet: dass man 'aus den abgeschwächten bedeutungen nie schlüsse ziehen' dürfe; 2) nachgewiesen: dass bei Homer das wort noch 'die mit mühen und leiden verbundene arbeit und anstrengung' bezeichne. hat also wol Fick recht, wenn er II[3], 227 gr. *ἀλέγω*, kümmere mich, heranzieht?

II. Als starrend, starr machend.

gr. *πάγος*, frost, zu gr. *πήγνυμι*, festmachen, wie gr. *στίβη*, frost, zu gr. *στείβω*, fest treten. ebenso:

1) **bharg**, starren.

sskr. *bhraj-*, rigor; lat. *frīgidus*, kalt.[1])

2) **krus**, hart sein.

gr. *κρύος*, eiskälte, frost; *κρῡμός*, ebenso (vgl. Brugmann, Stud. IV, 102), *κρυερός*, kalt.

3) **strag**, straffen, straff werden.

lit. *strėgiu*, erstarre, gerinne zu eis. ahd. *erstorchneten botech*, gelidum corpus.[2])

4) **gar**, träufeln, quellen, gerinnen.

sskr. *jaḍa-* (für **jarḍa-*, lat. *bardus*, Fröhde, Beitr. I, 331). lat. *gelu*, *gelidus*, german. *kalda-* in altn. *kaldr*, u. s. f.

ksl. *studenŭ*, *ψυχρός*, zu gr. *στύω*, stehe steif?

III. Als schneidend. Horat. Carm. I, 4, 1: *solvitur acris hiems*.

k'ar, schneiden.

sskr. *çiçira-*, kalt, genau = lit. *szeszėlis*, schatten, Bezzenberger zGLS. s. 61. zd. *çareta-*, lit. *száltas*, kalt, lit. *szarmà* = germ. *hrīma-* in altn. ags. *hrīm*, reif. weiteres bei JSchmidt, Voc. II, 417.

IV. Als durch blasen entstanden.

zd. *aota-*, kalt. zu *va*, wehen.

gr. *ψυχρός*, kalt. zu *ψύχειν*, blasen. vgl. HSchmidt, Griech. Syn. II, 289.

---

[1]) Fick II[3], 175 stellt lat. *frīgidus* zu *φρίσσω*, *πέφρῑκα*. da jedoch sskr. *bhraj-* gleichfalls die media aufweisst, so habe ich seinen vergleich aufgegeben.

[2]) Hierher könnte gr. *ῥῖγος* dann gehören, wenn Kuhn in seiner Zs. II, 457, recht hätte, gr. *στραγγάλη* mit sippe zu sskr. *sraj* zu ziehen. man wird aber eher *star* als primärwurzel von *starg*, *strag* anzusehen haben, und so wird jener vergleich unmöglich. als sicher weiss ich über das wort nur das éine zu sagen, dass die beliebte zusammenstellung mit lat. *frigus* aufzugeben ist.

Unsicher ist die ableitung von sskr. *himá-*, kalt, winter, schnee; zd. *zyāo*, winterfrost, gr. *χιών*, schnee, *χειμών*, sturm und kälte, lat. *hiems*, altn. *gé*, norw. *giö*, recens auctumni nix, lit. *žëmà*, ksl. *zima*, *χειμών*. man kann vielleicht auf sskr. *hi*, schleudern, recurrieren, und erinnern an stellen wie Eur. Bacch. 662 *λευκῆς χιόνος εἱανγεῖς βολαί;* der schnee wäre dann der kältebringende, wie lat. *nives* ja auch 'kälte' heissen kann. eine andere vermutung wäre die. w. *gh*ᵘ*i* habe die bedeutung 'fliessen' aus der des rasch laufens (sskr. *hēmán-*, zd. *zaēman-*, eifer) entwickelt, und läge zu grunde in sskr. *hēmán-*, wasser (bloss Näigh. I, 12 unter den *udakanāmāni*), = altn. *geimi*, meer. dann könnte gelten *gh*ᵘ*ima-*: *gh*ᵘ*i* = germ. *vintru-*, winter: *vad*, quellen;[1]) folglich wäre der winter als die feuchte jahreszeit bezeichnet. der leser wähle, was ihm beliebt: wählt er keines von beiden, so kann ich es ihm nicht verdenken.

Wenn ich mich jetzt zur darstellung der bezeichnungen für das w a r m e und h e i s s e wende, so wird man es begreiflich finden, dass ich diejenigen worte hier übergehe, deren wurzel 'leuchten, brennen' bedeutet. die psychologie, die sich hierin zu erkennen gibt, hört auf, interessant zu sein, und ihre äusserungen kommen, da sie allgemein menschliche gedanken ausdrücken, keiner speciell idg. anschauungsweise entspriessen, für die characteristik idg. anschauungsweise nicht in betracht.

Nur gr. *θερμός*, das verwant ist mit *θάλπω*, *θαλύνω*,[2]) erfordert eine besprechung. ich habe oben s. 5 Ficks hypothese (*θέρομαι* = schädige) bereits angeführt. obwol dieselbe auch von Brugman, stud. VII, 204 angenommen ist, so glaube ich doch nach den trefflichen auseinandersetzungen von HSchmidt, Griech. Syn. II, 303 f. nicht, dass sie sich wird halten lassen. zwei andere ansichten bieten sich zur wahl.

---

[1]) Die zusammenstellung von got. *vintrus* mit gr. *χειμών*, welche JGrimm GDS. s. 73 vorgeschlagen hat, muste Ascoli K. Z. XVII, 329 nicht wiederholen.

[2]) Fick vergleicht II³, 370 lit. *tirpstu*, schmelze mit gr. *θάλπω*, welches dann für **τάλqω* stünde. da aber *θαλύνω* den anlaut *θ* als ursprünglich aufweist, so fällt sein ansatz.

die eine ist schon so alt, als Bopp's Vergleichende Grammatik: *θερμός* = sskr. *gharmá-* (I³, 24), und erst jüngst bezüglich des griechischen anlautes von Bezzenberger, Beitr. II, 190 besprochen. sodann hat Sonne K. Z. XIV, 337 folgende höchst geistvolle erklärung vorgeschlagen. er fasst w. *dhar (θάλος*, zweig) auf als 'in quellender lebensfrische stehen', und betrachtet es als erweitertes *dha*: letzteres sieht er in gr. *θῆλυς*, säugend = quellend, und sskr. *dha*, saugen, quellen machen. *θάλπω* endlich ist ihm *dhar-p* 'zu quellender lebensfrische bringen' = erwärmen. man kann diese vermutung sofort mit anführung der tatsache stützen, dass gr. *ἰαίνω*, erwärme, sicher auf w. *is*, fördern, beleben, zurückgeht: HSchmidt, aao. 301 ff. dem ungeachtet ist sie kaum zu halten. neben dem *l* in gr. *θάλλω*, *θηλή*, lat. *fēlo*, altir. *del*, u. s. f. (vgl. Fick II³, 115) nimmt sich das *ρ* in gr. *θέρος*, *θερμός* sehr bedenklich aus; so geistvoll deshalb die aufstellung ist, so wenig verdient sie unbedingte annahme.

Ausser durch 'glühend, brennend' aber bezeichnet die sprache heiss und warm durch folgende begriffe:

I. Durch durchdringend.

sskr. *çīrá-*, heiss; zu *ça*, schärfen. vgl. RV. VI, 3, 5: *çíçīta téjō yasō ná dhā'ram*, Agni schärfe seine schärfe (seinen glanz!), wie eines eisens schneide.

sskr. *tīkšṇá-*, *tigmá-*, scharf, heiss. zu *tig*, schärfen. vgl. oben *tē'jas*, schneide des messers; hitze.

gr. *ὀξύς*, vgl. *εἰς Ἀπόλλωνα Πύθιον* 195 f. *οὕνεκα κεῖθι Αὐτοῦ πῦσε πέλωρ μένος ὀξέος Ἠελίοιο.*

lat. *acer*, vgl. Ovid. Met. VIII, 667: *Ovaque non acri leviter versata favilla.*

II. Als wallend. die wallende hitze ist das wallende feuer oder das wallende wasser, wenn es heiss ist. folglich wallt das, was die hitze ausstrahlt, nicht die hitze selbst. die sprache aber redet nicht wie der mann der logik, sondern wie der poët: sie nimmt in dem satze 'das heisse wallt' das heisse nicht als das, was heiss ist, sondern als die hitze; und hiervon die consequenz sind folgende ausdrücke:

lat. *formus*, warm. vgl. *ferveo*, walle, siede. — ebenso **var**, wallen.

germ. *varma-* in altn. *varmr*, ags. *vearm* u. s. f. ksl. *varŭ*, καῦμα. — mit *l* in gr. ἀλέα,[1]) sonnenhitze, ahd. *walm*, fervor, altn. *ylr*, wärme, lauheit.

III. Als trocknend.

dhargh, ziehen.

lit. *drungnas*, warm, ahd. *truchan*, trocken, Bezzenberger, zGLS. 42, anm. 2. über den ansatz *dhargh* vgl. JSchmidt, Voc. II, 337; ich bemerke nur noch, dass germ. *drinkan* verwant ist, also eigentlich 'ziehen' bedeutet.

Der schmerz wird in folgender weise dargestellt.

I. als glut.

sskr. *çuc-*, *çō'ka-*, schmerz. zu *çuc*, brennen.

sskr. *tápas*, glut, schmerz. zu *tap*, glühen.

zd. *dažu-*, schmerz. zd. *daž*, brennen. — ebenso:

1) **du**, brennen.

sskr. *dava-*, gr. δύη, schmerz.

2) **svar**, brennen.

zd. *qara-*, schwäre, ahd. *swero*, dolor.

svargh: lit. *sergù*, bin krank. oder zu sskr. *srāmá-*, ksl. *chromŭ*, χωλός, s. 23?

hierzu hat JSchmidt, Verwantschaftsverh. s. 39 ahd. *sorga*, *sworga* gestellt. falls lit. *sergù* nach der zweiten oben genannten weise zu erklären ist, so kann man die ahd. wörter anlehnen an

svark: altir. *serc*, (Z[2] 241, grundform *sverkā*), liebe. letzteres hatte Siegfried (Stokes, K. B. V, 315) zu gr. στόργη gestellt.

---

[1]) Von HWeber, Etymol. Unters. s. 78, unrichtig (lak. βέλα!) zu *al*, brennen, gestellt. Curtius Grdz.[4] 541 setzt σϝαλέα an.

II. Als ein verletzen, stechen, beissen, graben. Il. V, 399 *ὀδύνῃσι πεπαρμένος*.

sskr. *vyalīka-*, schmerz. zu *ar*, verletzen.

sskr. *aršanī'*, bohrender schmerz. zu *ṛš*, stossen, stechen.

sskr. *káṇṭaka-*, dorn, schmerz; *parikartana-*, zerschneidend, stechender schmerz. zu sskr. *kṛt*, schneiden.

sskr. *klēça-*, schmerz. zu sskr. *kliç*, verletzen, quälen.

sskr. *çū'la-*, spiess, schmerz. zu sskr. *çṝ*, zerschneiden.

gr. *ὀδύνη*, schmerz, *ὠδίς*, geburtswehe. zu gr. *ἔδω*, esse, verzehre. vgl. Soph. Phil. 1358 *οὐ γάρ με τἄλγος τῶν παρελθόντων δάκνει*. — ferner

1) **dal**, graben, bohren.
lat. *dolor*, schmerz.

2) **sap**, beissen.
lit. *sopulys*, schmerz. zu ksl. *chopljq*, *δάκνω*.

3) **smard**, nagen, beissen.
ahd. *smerza*, *smerzo*, dolor. zd. *ahmarsta-*, nicht benagt, lat. *mordeo*, beisse, Benary, K. Z. IV, 48, Ebel VII, 226.

III. Als bedrängnis.

sskr. *bādhá-*, pein, schmerz, beschwerde. zu *bādh*, bedrängen.

sskr. *vyáthā*, schmerz. zu *vyath*, schwanken, ausser sich geraten.

gr. *ἄχος*, schmerz. zu *ἄγχω*, schnüre die kehle zu.

lit. *kanka*, qual. vgl. lit. *kinkau*, spanne an, sskr. *kac*, binden, gürten.

gr. *ἀνία*, qual. zu sskr. *ámīvā*, krankheit, w. *am*, bedrängen, Leo Meyer, K. Z. XVI, 1.

IV. Als ein reissen, zerren, zerschmettern.

sskr. *pramathana-*, quälend, peinigend. zu sskr. *math*, reiben, zerren, reissen.

sskr. *pīḍā'*, schmerz, pein. zu sskr. *pīḍ*, drücken.

sskr. *rujā*, schmerz, krankheit. zu sskr. *ruj*, brechen, zertrümmern. — so sind auch abgeleitet von

1) **dargh** (= *dhargh*), zerren.

germ. *trega-*, qual, schmerz: altn. *tregi* = ags. *trega*, tribulatio, afflictio, dolor. Fick I[4], 112.

2) **mak**, kneten.

ksl. *mąka*, *βάσανος*, cruciatus. lit. *mūka-* ist lehnwort aus dem russischen.

V. Als verfall, aufreibung.

1) **gar**, zerfliessen.

altn. *kvöl*, qual, ags. *cvalu*, nex, caedes, alts. *quala*, *quāla*, martertod, ahd. *quāla*, nex, pernicies, maceratio. lit. *géla*, schmerz, *giltinė*, todesgöttin.[1]) altpr. *golis*, tod, JSchmidt, Verwantsch. s. 43. — ich vergleiche diese wörter mit sskr. *jal*, welches bedeutet: herabträufeln, herabfallen, verschwinden, verstreichen; caus. auflösen, schmelzen. mit *samā́*, zusammenstürzen; mit *pári*, einsinken; mit *ví*, versiegen, umstürzen, verrinnen, und stütze meinen vergleich mit

2) **sar**, fliessen, zerfliessen.

sskr. *srāmá-*, ksl. *chromŭ* lahm; sskr. *srā́ma-*, seuche, siechtum, SGoldschmidt, K. B. VII, 252; vgl. poln. *chorować*, kranken, *choroba*, krankheit.

auf *srī*, beruht sskr. *srēman-* in *asrēmán-*, fehlerlos. dagegen scheint durch epenthese, also aus grundform **sarja-*, entstanden zu sein germ. *saira-*, schmerz: altn. *sār*, wunde, ags. *sār*, alts. ahd. *sēr*, schmerz.

3) **tru**, aufreiben.

ags. *þreát*, tribulatio, castigatio. ags. *þreáveorc*, tribulatio = alts. *thrāwerc*, leiden, pein.

---

[1]) Von Schleicher, K. B. II, 129 zu lit. *geliù*, steche (Lit. Gr. I, 105 auch *gálas*, ende) gestellt. ich trete dieser vermutung nicht bei, weil die w. von *geliù ghal* lauten muss: wozu dann natürlich germ. *kvalā* nicht stimmen kann. es wird wol folgende proportion gelten: gr. *κοντός*, stange, zu *κεντέω*, steche, = lit. *żalga*, stange, altn. *gālgi* galgen, got. *galga*; *σταυρός*, ahd. *kalgo* (Fick II[3], 562) zu lit. *geliù*, steche. die in got. *galga* liegende erweiterung *ghalgh* erkenne ich auch in gr. *γλωχίς*, spitze, *γλῶσσα* zunge: wörter, welche Brugman Stud. VII, 291 mit unrecht dem sskr. *çikhara-*, spitzig, zackig, beigesellt hat.

Auch die arbeit wird, in so ferne sie aufreibt, zum schmerze. ausser in lat. *labor* kann man das in folgenden beispielen beobachten:

4) got. *vunns, πάθημα;* vgl. altn. *vinna*, ausrichten, vollführen, *vinna*, labor; ags. *vinnan*, laborare, niti, contendere, u. s. f.

5) altn. *verk* heisst arbeit, *verkr* heisst schmerz. ags. *veorc* bedeutet 1) arbeit, 2) mühsal, last, schmerz. der grundbegriff liegt am deutlichsten vor augen in lat. *urgeo:* vgl. Hor. Carm. II, 18, 20 f. *marisque Baiis obstrepentis urges Summovere litora.* — ebenso:

6) alts. *harm*, ags. *hearm*, leid, schmerz, qual. vgl. sskr. *çram*, sich abmühen.

7) germ. *sūsla-:* altn. *sysla*, geschäft, arbeit; ags. *sūsl*, labor, afflictio, tormentum, supplicium. Fick III, 328 vergleicht lit. *sosiju*, bemühe jemanden, *soslė*, beschwerde.

8) **span**, spannen, abspannen.[1])

gr. *πένομαι*, bin womit beschäftigt. *πένης*, arm. *πόνος*, schwere arbeit, mühe, leiden; vgl. HSchmidt, Griech. Syn. II, 613. *πῆμα*, leiden, *πάθος*, ebenso; *πάσχω*, lat. *patior*, leide. sskr. *pampasyati*, er empfindet schmerz. mit sskr. *pāpá-*,[2]) schlecht, vergleiche gr. *πονηρός* und das von HSchmidt, aao. s. 612 beigebrachte: was indes bereits von Geiger, Ursprung und Entwickelung der menschl. Sprache und Vernunft II, s. 190 ff. auseinander gesetzt war.

VI. Als vom übel.

got. *balveins*, höllenpein; vgl. alts. *balu*, verderben, übel, altn. *böl*, unglück. — verwant ist (Diefen-

[1]) Dieser ansatz stammt von Curtius, Grdz.[4] 272. eine andere erklärung hat Tobler vorgeschlagen, K. Z. IX, 244. er setzt ein *pa*, *pan*, gehen, an, und erklärt *πῆμα* als erfahrung, wie germ. *laiþa-*, leid, ja wirklich auf germ. *līþan*, geben, beruht. womit aber will Tobler seinen ansatz stützen?

[2]) *pāpá-* heisst übrigens nicht nur schlecht im moralischen sinne: *pāpabhadram*, schlimmes und gutes ergehen, Ait. Brahm. III, 3. 7 u. a.

bach, Got. Wörterb. I, 272) ksl. *bolĭ*, krank, *bolěznĭ*, schmerz, krankheit.

Die **organe des tastsinnes** sind die **nerven**. es ist bekannt, dass ihre existenz den alten noch zu Celsus' zeit († ca. 38 n. Chr.) verborgen war; ebenso, dass die sehnen als vermittler der empfindung angesehen wurden. ich bin deshalb auch der arbeit enthoben, über sie handeln zu müssen. dagegen sollen hier haut und finger noch zur darstellung gelangen. erstere, weil man sie in so fern als tastorgane bezeichnen kann, als die vorzugsweise zum tasten bestimmten nervenendigungen auf ihrer oberfläche verlaufen; letztere, weil in den fingerspitzen die sogenannten gefühlswärzchen am ausgebildetsten sind.

Die **haut** hat ihren namen:

I. Vom **bedecken**.[1])

skr. *tvác-*, *tvaca-*, haut. zu skr. *tvac*, bedecken. Grassmann, RV-Wrtb. s. v.

gr. *ἔρφος*, haut. zu gr. *ἐρέφω*, bedecke. zum gleichen verbum gehört *ὄρφνη*, nacht, Walter, K. Z. XII, 385, wie *atúc*, nacht, zum obigen *tvac*. — ebenso nun sind aufzufassen:

1) **av**, anziehen.

gr. *ὑμήν*, haut, häutchen. lat. *ōmentum*, fetthaut, netzhaut, Fick, II³, 34.

2) **par**, beschütten, bedecken.

gr. *πέλλα*, haut, leder, fell; (?) lat. *pellis;* got. *fill* in *þrutsfills*, *λεπρός*, *faurafilli*, *ἀκροβυστία*; ags. *fel*, pellis, corium, cutis; alts. *fel*, haut, ahd. *fel*, pellis, membranum. — lit. *plėnė*, haut, netzhaut. gr. *πέλμα*, sohle, ags. *film* (von Bugge, K. Z. XIX, 409, nach dem vorgange von Benfey, Gr. Wzlx. II, 82, zu skr. *cárman-* gestellt), membrana.

---

1) Mit dem folgenden tatbestand vergleiche man die behauptung Geiger's (II, 35): 'das fell erhält den namen von der tätigkeit des abstreifens; und dies gesetz ist so bestimmt, dass selbst die menschliche haut niemals von einer andern vorstellung aus bezeichnet ist.'

3) **var**, bedecken.

gr. *ῥινός*, haut, = sskr. *várṇa-*, farbe, Leo Meyer, K. Z. XV, 6.

4) **sku**, bedecken.

gr. *σκῦτος*, haut, *ἐγκυτί*, bis auf die haut. lat. *cŭtis*, haut. germ. *hūdi-* in altn. *hūð*, ags. *hýd*, ahd. *hūt*.

II. Vom abziehen.

sskr. *kṛtti-*, haut. zu sskr. *kṛt*, zerschneiden, abschneiden.

gr. *δέρμα*, *δορά*, haut, fell. zu gr. *δείρω*, schinde.

gr. *λεβηρίς*, abgestreifte schlangenhaut. zu gr. *λέπω*, schäle.

altn. *skinn*, fell, haut, leder, pelz. zu ahd. *scintan*, excoriare. — demnach gilt auch:

skar, schneiden.

sskr. *cárman-* = zd. *careman-*, haut, fell. gr. *χόριον*, haut, fell, leder = lat. *corium*, haut, balg. lat. *scortum*, fell. altn. *skrā*, haut, = gr. *χρόα*, haut, hautfarbe, Fick, K. Z. XX, 362.

Einzelheiten:

gr. *ἀσκός*, bei Homer schlauch, fell; bei den Attikern auch von der menschenhaut gesagt, hat Fick Beitr. II, 265 zu lit. *ůda*, 'haut fell des lebenden körpers' Nesselm., lett. *áda*, haut, balg, fell, leder gestellt, diese letztern aber mit sskr. *átka-*, zd. *adhka-*, gewand, hülle verglichen. wenn man annehmen darf, dass die bedeutung 'balg' die ursprüngliche war, so liegt eine wurzel *ad*, schwellen, zu grunde, welche wir in gr. *ἀδήν*, drüse, zu erkennen hätten. dass obige annahme keine ganz verfehlte wäre, lehrt Parz. 183, 19 *die truogen alle slachen balc.* denn mhd. *balc* geht mit got. *balgs*, *ἀσκός*, ahd. *balg*, follis, uter; altir. *bolg*, uter, Ebel, K. B. II, 173, zurück auf germ. *belgan*, schwellen, hat also die oben vorgeschlagene entwickelungsreihe durchgemacht. was aber die bedeutung der ostarischen wörter anlangt, so bedenke man, dass der wind die gewänder 'schwellt'.

gr. *βύρσα*, haut (sowol am lebenden wie vom toten tiere), die 'starrende, rauhe' Fick, Beitr. II, 266 f. ksl. *koža, δέρμα*, zu ksl. *koza, αἴξ*, wie sskr. *ajína-* = ksl. *jazĭno*, fell, vliess, zu sskr. *ajá-*, ziegenbock. ksl. *koža* ist eine namenartige bildung, etwa wie ahd. *scalc* = *scalclīche*; vgl. Bezzenberger, GgA 1876, s. 1365.

Finger und zehe sind gewöhnlich durch das gleiche wort ausgedrückt. die germanischen sprachen, die zwischen beiden einen unterschied machen, gehören zu den seltensten ausnahmen. man vgl. hierüber Geiger, II, 225 f.

I. Die finger sind beweglich.

sskr. *áṅga-*, gelenk, *aṅgúri-* finger, zehe, *aṅguṣṭha-*, daumen, grosse zehe (lat. *pollex!*), zd. *aṅgušta-*, zehe. zu *aṅg*, gleiten.

sskr. *vip-*, finger; zu *vip*, schnellen.

sskr. *kšíp-*, finger; zu *kšip*, schnell bewegen.[1])

II. Die finger sind aufrecht:

zd. *erezu-*, finger. zu sskr. *arj*, sich strecken.

III. Die finger zeigen.

gr. *δάκτυλος*, lat. *digitus-*, finger, zehe. ahd. *zēha*, ags. *tā*, altn. *tā*, zehe. letztere wörter gehören zu germ. *tīhan*, zeigen, die beiden ersten zu zd. *dakhš*, zeigen, lehren.

IV. Die finger tasten.

lit. *pìrsztas*, finger, zehe. ksl. *prĭstŭ*, finger, *prĭstŭ nožĭnŭ*, zehe. zu sskr. *spṛç*, berühren.

V. Die finger — fangen[2]) (auch die hand 'fängt': got. *handus* zu *hinþan*, Schleicher, Comp.[4] 374).

---

[1]) Die beiden letzt genannten worte habe ich dem verzeichnisse der 22 aṅgulināmāni Naigh. II, 5 entnommen. die übrigen habe ich übergangen, weil sie fast sämmtlich auf mystischen speculationen der Inder beruhen, also für meinen zweck bedeutungslos sind.

[2]) Dies scheint so viel als 'greifen': daher zwischen IV und V kein wesentlicher unterschied. ähnlich gr. *μάρη*, hand, zu *μαίομαι*, vgl. Babad, de Graeca Radice Man, Vratisl. 1874, pag. 18.

germ. *fingra-* in altn. *fingr*, got. *fingrs*, ags. *finger*, alts. ahd. *fingar*. so schon JGrimm, gr. II, 60.

Das ende des fingers und des capitels bildet der n a g e l. das idg. wort für ihn heisst *nagha-* (sskr. *nakhá-*, lit. *nágas*, nagel; ksl. *noga*, *ποῦς*; aber ksl. *nogŭtĭ* = altpr. *nagutis*, nagel). zur gleichen w. *nag̣h*, kratzen, gehört sskr. *añghri-*, fuss (Windisch, K. Z. XXII. 274). gr. *ὄνυξ*, lat. *unguis*, altir. *inga* (Windisch, K. B. VIII. 429), germ. *nagla-*, nagel.

Zweites Capitel.

SCHMECKEN.

Geschmack von einem körper empfinde ich nur dann, wann ich ihn mit der zunge oder mit der schleimhaut des weichen Gaumens in berührung bringe. dabei aber ist bedingung, dass jener körper, der geschmeckt werden soll, in flüssigem zustande sei: von dem stücke fleisch, das ich esse, erhalte ich nicht eher einen geschmack, als bis es durch den speichel in meinem munde verflüssigt worden ist. — was in diesen beiden sätzen ausgesprochen liegt, das ist eine erfahrung, so alt, als die sprache selber. denn alle verba, welche ein transitives schmecken bedeuten, sagen eigentlich nichts anderes aus, als: 'schlingen, (durch den schlund) gleiten lassen, kauen'; alle diejenigen aber, die zur bezeichnung des intransitiven schmeckens dienen, heissen von haus aus geradezu 'fliessen'. hier steht also klar die tatsache vor augen: die sinneswahrnehmung wird als solche gar nicht genannt; genannt wird bloss ihre voraussetzung, bloss das, woran sie geknüpft ist. fragt man: warum? so gibt eine einfache überlegung die antwort an die hand. die sprache kann nur das bezeichnen, was sinnlich wahrzunehmen ist. mit den sinnen aber nehmen wir die zustände der dinge wahr: folglich können wir die zustände der dinge sprachlich bezeichnen. dagegen nehmen wir mit den sinnen nicht wahr unsere sinnestätigkeit selber; folglich kann sie sprachlich nicht bezeichnet werden.[1]) hieraus ergibt sich, dass das wort 'schmecken' sprachlich kein völliges correlat des begriffs, den wir mit diesem worte verbinden, sein kann. aber was bedeutet es denn? wir haben oben, s. 8, gesehen, dass unser wort 'fühlen', ahd. *fuoljan,* dem gr. ψάλλω, taste, entspricht. also der wortsinn unseres verbs ist 'tasten'; was aber der begriffliche, den wir mit ihm verbinden? 'eine tastempfindung haben'. gerade so nun, wie hier statt der tastempfindung das genannt ist, worauf sie erfolgt, ist auch nicht die geschmacksempfindung durch das wort 'schmecken' ausgedrückt, sondern das, woran sie geknüpft ist.

Ehe ich das hier angedeutete im einzelnen beweise, muss ich noch zwei bemerkungen vorausschicken. es ist bekannt, dass jede tätigkeit von der sprache in doppeltem sinne aufgefasst werden kann: im transitiven und intransitiven sinne. daraus folgt, dass auch jede wurzel, die 'fliessen lassen' und so 'schmecken' (trans.) bedeutet, zu jeder zeit zu dem intransitiven begriff des 'fliessens' und so 'schmeckens' gelangen kann. dies das eine. weiter aber wäre zu erwägen, woher es komme, dass die bezeichnungen des angenehmen geschmackes, soweit sie nicht verengungen der bezeichnungen für das angenehme überhaupt sind, sich unmittelbar an die verba des schmeckens anschliessen? warum wir also beispielshalber in unserm nhd. 'schmeckt dir's?' mit dem begriff des schmeckens denjenigen des wolschmeckens verbinden? habe ich nun oben recht daran getan, alles 'schmecken' auf ein 'fliessen' oder 'fliessen lassen' zurückzuführen, mithin seinen transitiven begriff einfach mit 'essen' und 'trinken' gleich zu setzen: so ist nichts einfacher, als die beantwortung obiger frage. kommt es auf meine freie wahl an, so esse und trinke ich nur das, was mir behagt; ich esse und trinke aber dávon, so lange ich die möglichkeit dazu habe. somit fällt 'wol schmecken' mit 'gegessen und getrunken werden' geradezu zusammen.

---

[1]) Vgl. Geiger, Ursprung und Entwicklung II, 246.

I. Die wurzel bedeutet 'fliessen' resp. 'fliessen lassen'.

sskr. *rása-*, saft; geschmack (intrans.); zunge (= schmeckend in transitivem sinne): letztere auch *rasajñā*. zu sskr. *arš*, fliessen, strömen.

gr. *χυλός*, saft, geschmack, aber nur intrans. *χυμός*, geschmack (intr. und tr.). *ἔγχυμος*, schmackhaft. zu gr. *χέω*, giesse.

lat. *salīva*, speichel; der 'speichel' des weins ist sein geschmack (intr.).

lat. *sūcus*, saft, geschmack.

Demnach müssen folgende aufstellungen gelten:

1) **sap**, fliessen.

die ursprüngliche bedeutung liegt am besten gewahrt vor in lat. *sapa*, most, ahd. *saf*, suber, humor sub cortice. die geschmacksempfindung wird bezeichnet in lat. *sapio*, schmecke (intrans. und trans.), *sapor*, geschmack (ebenso). mhd. *entseben* hat neben der bedeutung 'mit dem geschmacke wahrnehmen' die verallgemeinerte: 'mit den sinnen überhaupt wahrnehmen': letztere allein ist belegt für das spärlich bezeugte ahd. *antsabjan* und für das alts. *afsebbian*. aus ihr folgt der begriff 'weise sein' in gr. *σοφός*, lat. *sapiens*.

2) **sar**, fliessen: hierzu lat. *salīva*, s. o. eine erweiterung von *sar* ist

sald; auf sie führen zurück:

lit. *saldùs*[1]), süss, ksl. *sladŭkŭ*, *γλυκύς*. diese wörter verhalten sich zu germ. *salta-*, salz (in altn. *salt*, got. *salt*, alts. *salt*, u. s. f.), wie gr. *ἡδύς*, süss, zu att. *ἦδος*, maked. *ἄδος* (vgl. Fick, K. XXII, 196), essig. süss und salz vereinigen sich, ebenso wie

---

[1]) Die gleichsetzung von lit. *saldùs* mit sskr. *svādu-* ist trotz Grassmanns (K. Z. IX, 7) analogien für die vertretung von *v* durch *r* (kret. *τρε* = *τϝε*, *δεδροικώς* = *δεδϝοικώς*) und Curtius Grdz.[4] 228, JSchmidt. Voc. II, 137 unmöglich. — lit. *saudus* natürlich = *saldus*: Bezzenberger, zGLS. 73.

süss und essig, in dem begriffe des schmackhaft seins oder schmackhaft machens.

3) Folgende erweiterungen von **sva** (= **su**), welche 'fliessen' bedeuten.

sva-d. der begriff des fliessens liegt zu grunde in sskr. *sū'da-*, brunnen, welches Nāigh. III, 25 unter den synonymen von *kūpa-* aufgeführt wird. ausserdem ist aus der Kāṭhaka-recension des Yajurvēda *sūdin-*, quellend, überfliessend, bezeugt. damit muss man zusammenstellen mhd. *swaz*, ausguss, ausschutt, *merswaz*, sepia; ferner mhd. *swaz*, geschwätz, welches zu *svad*, fliessen, sich verhält, wie gr. *φληναφάω*, schwatze, zu gr. *φλέω*, flute, walle. — aus 'fliessen' folgt 'schmecken': sskr. *āsvāda-*, der geschmack (intr.), schmeckend, kostend. sskr. *sam̧sūd-*: RV. VIII, 17, 6 *svādúš ṭē astu sam̧súdē mádhumān tanvḕ táva*, süss möge dir zu kosten sein der madhureiche für deinen leib. ferner sskr. *sam̧sūdá-*, gaumen, (schmecker, trans.), wenn das P. W. VII, 486 recht hat. — endlich 'wolschmeckend' heisst idg. *svādú-*, dessen reflexe zu bekannt sind, als dass ich sie zu nennen hätte.

sva-r. altn. *svelgja* heisst: 'verschlingen, trinken, saufen'; altn. *svelgr*, heisst: 'strudel, mahlstrom'. die gleichen bedeutungen, wie das altn. verbum, hat ags. *svelgan*, ahd. *swelahan*, mhd. *swelhen;* hingegen bedeutet mhd. *swalch* 1) schlund, 2) woge. der 'schlund' lässt die nahrung, speise und trank, hinabgleiten, hinabfliessen: der strudel, die woge fliesst selber. mhd. *swalch* vereinigt vielleicht die transitive und intransitive bedeutung der germ. wurzel *svalg* in sich: das germ. verbum zeigt bloss die erstere, das altn. nomen bloss die letztere.

germ. *svalg* ist klärlich eine weiterbildung. die einfachere wurzel *sval* bedeutet 'fliessen': gr. *σάλος*, schwankende bewegung, bes. des meers; lat. *salum*, d. offene meer; ahd. *swalm*, vorago.

Eine wurzel mit *l* lässt eine gleichlautende wurzel mit *r* neben sich vermuten: lit. *svirti, svyrūti*, schweben, schwanken, baumeln. erweitert *sverdėti* gleicher bedeutung; nordeurop. *swar*, wägen: 'der grundbegriff liegt wol in der schwankenden bewegung der wage' — hiermit erklärt Nesselmann richtig[1]) lit. *sveriù*, wäge. wozu ahd. *swāri*, onerosus, molestus, gehört, vgl. lit. *svāras*, pfund, gewicht.

Dem intransitiven begriff 'fliessen, s. schwankend bewegen' steht der transitive 'fliessen lassen' gegenüber in 1) europ. *swarbh*, lit. *sùrbti, srė̃bti*, schlürfen, *srubà*, suppe, fleischbrühe; lat. *sorbere*, gr. *ῥοφεῖν*. 2) sskr. *súrā*, zd. *hura*, berauschender trank. das verbum ist zd. *qar (= hvar)*, verschlingen, wozu *qarezu-*, süss, gehört: eine weiterbildung desselben ist *qāš*, essen, kochen, *qāçtra-*, schmackhaft, schmackhaft machend, *qāšar-*, geniesser, trinker, vgl. ahd. *swelgo*, gluto, vorago; zd. *š* ist aus *rt* entstanden, siehe Hübschmann, ein Zoroastrisches Lied s. 76.

Vielleicht gehört zu dem hier besprochenen *svar* auch sskr. *sūrmī́-*, röhre, womit das P. W. gr. *σωλήν* zusammenstellt: vgl. lit. *surblis*, röhre, saugerohr.

Endlich gehört in diese reihe noch

4) **madh**, fliessen.

Diese wurzel betrachte ich, wie *mad*, wallen, fliessen, als erweiterung jenes *ma*, für welches Scherer zGDS. s. 323 die bedeutung 'füllen, angefüllt sein' erschlossen hat. die 'überfülle' hat ihren ausdruck gefunden in gr. *μέθη*, trunkenheit, *μεθύω*, bin trunken, altir. *mescc*, ebrius, *mesce*, trunkenheit, Siegfried, vgl. Stokes,

[1]) Vgl. germ. *vāga-*, d. woge, und germ. *vāgā*, d. wage, beide zu w. *vagh*, germ. *vag* (cf. got. *gavigan*, σαλεύειν).

K. B. VI, 8, Windisch, Curtius Grdz[4]. 260. die bedeutung 'schmackhaft sein' sehen wir in idg. *madhu-* ausgeprägt: dies wort ist nichts weiter als der name für die bevorzugte flüssigkeit. bei den Indern gilt es für den regen, der die erde befeuchtet; für süsse milch; für soma: für honig: alles dies heisst *mádhu-*. beim zendvolke bezeichnet *madhu-* den honig. die Slaven nennen honig, met und wein mit gemeinschaftlichem namen *medŭ*. die Litauer unterscheiden zwischen *medùs*, honig, und *midùs*, met. vgl. Hehn[2], 136 f.

II. Die wurzel bedeutet 'gleiten', resp. 'gleiten lassen'.

1) **gar**, schlingen.

Skr. *gulya-*, süssigkeit; gr. *γλυκύς*, lat. *dulcis*, süss. lit. *gardùs* (vgl. Schleicher, Lit. Gr. I, 119), wolschmeckend, *gardulis*, tunke, brühe: geschmackssinn. vgl. Benfey, Gr. Wzlx. II, 137.

2) **smag**, gleiten.

Altn. *smakka*, kosten, schmecken, *smekkr*, geschmack; ags. *smäc*, gustus, sapor, *hunigsmäc*, honigsüssigkeit; ahd. *smecchen*, sapere, olere, olfacere; *smac*, sapor, gustus, dulcedo. lit. *smágurci*, näscherei, *smágenos*, zahnfleisch (siehe unten lat. *gingīva* zu w. *g¹u*, kauen); lett. *smagurs*, leckerer appetit, lett. *smaganas*, gaumen, zahnfleisch, Bezzenberger, GgA. 1877, s. 835.

Zu dem ansatz *smag*, gleiten, komme ich auf diese weise. lit. *slḗdnas* (für **slendnas)*, abhängig, gehört zu ahd. *slindan*, glutire, devorare. wurzel ist *slandh*, gleiten, (vgl. Fick II[3], 504), dort intransitiv, hier transitiv gebraucht. zu ahd. *slindan* gehört *slunt*: dies aber ist als gleichwertig mit lat. haustus, faux, gurgulio, palatus, baratrum, ruma angegeben. ferner: lit. *slénkti*, schleichen, entspricht laut für laut dem ahd. *slingan*, serpere, micare, splendere, nhd. *schlingen* — also wiederum das alte spiel: 'gleiten, gleiten lassen'. ist es nun gewagt, wenn ich sage: lit. *slḗdnas* zu ahd.

slindan wie ahd. *slingan* zu nhd. *schlingen*, wie w. *smak*,[1]) gleiten (lit *smákas* = ksl. *smokŭ*, schlange; vgl. gr. σμήχω, abwischen), *smag*,[1]) gleiten (lit. *smagùs*, geschickt, fügsam, gut, vortrefflich; ahd. *smĕcchar*, ags. *smicor*, elegans) zu *smag*, gleiten lassen (lit. *smogiù*, werfe, schleudere: cf. altn. *slyngja*, werfen, schleudern, zu *schlingen*; altn. *smokkr*, ags. *smoc*, ahd. *smocch*, interula), schmecken?

III. Die wurzel bedeutet 'essen, kauen'.

Ags. *byrgan*, *beorgan*, manducare, gustare = altn. *bergja*, geniessen, kosten, schmecken. mit altn. *bjargast*, sich retten; *bjargast við eitt*, sich von etwas nähren, geniessen, zu germ. *bergan*, Fick III, 207. ebenso erkläre ich

g'us, schmecken, aus *g'u*, kauen.

g'u, kauen, liegt zu grunde in lat. *gingīva*, zahnfleisch (Bugge, Stud. IV, 347), ahd. *chiuwan*, mandere, manducare = ags. *ceówan*, kauen; ksl. *žvą*, mando (aus **zjŭvą*, JSchmidt, K. B. VI, 133, K. Z. XXIII, 349; Bezzenberger, Beitr. II, 142. — hieraus nun gebildet ist

g'us, kosten, schmecken: sskr. *juš*, kosten, schmecken, sich munden lassen. zd. *zuš*, erwählen, lieben. gr. γεύομαι, koste; γευθμός, geschmack (intr.), γεῦμα, probe zum kosten: geschmack (trans.). lat. *gusto*, geniesse, schmecke, koste, *gustus*, genuss, geschmack (trans. und intrans.). altir. *togu* (Windisch, Curt. Grdz^4. 176), wähle, stimmt in seiner bedeutung zu zd. *zuš*. in germ. *keusan* (got. *kiusan*, δοκιμάζειν, altn. *kjósa*, wählen; ags. *ceósan*, eligere. alts. *kiosan*,

---

[1]) Ich betrachte *sma-k*, *sma-g* als erweiterungen von *sma* in gr. σμάω, streiche, wische, und erkläre *smak* für das intensivum von *smag*, indem ich mich der von Bezzenberger GgA. 1878, s. 218 anm. gegebenen erklärung anschliesse.

wählen, ahd. *chiosan*, prüfen, sehen,[1]) wählen) sehen wir die entwickelung der bedeutung 'wählen' aus der des kostens, schmeckens; letztere hat westgermanisch einen eigenen ausdruck erhalten in ags. *costian*, alts. *kostōn*, ahd. *chostōn*. wegen germ. *kussa-* (altn. *koss*, ags. *coss*, ahd. *chus*) erinnert Fick an lat. *gustulum*; hierzu füge man noch sskr. *mukhāsvāda-*, kuss, und beachte das von Benfey, Or. u. Occ. I, 626 beigebrachte.

In diese reihe würde nun auch lit. *skomas*, sinn für geschmack, *skomýti*, essen, gehören, wenn Fortunatov, Beitr. III, 61 recht hätte, zu diesen wörtern sskr. *cam*, schlürfen, zu stellen. dies scheint mir jedoch zweifelhaft, da lit. *skanùs*, wolschmeckend, *skanskanis*, leckerbissen, von *skomas* kaum getrennt werden dürfen, für jene wörter aber sskr. *cam* nicht in betracht kommen kann.

IV. Die w. bedeutet 'berühren'.

lat. *attingo contingo*, koste. } vgl. s. 3.
got. *atsnarpjan*, *γεύεσθαι*. }

ksl. *pokušą*, *πειράζω*, *vŭkušą*, *γεύομαι*, zu lit. *kùszu*, *kùszinu*, *pakuszinu* preuss. *enkausint*, s. 3, vgl. Fick II[3], 539, nicht lehnwort, wie Miklos. lex. angibt.

Ebenso scheint noch erklärt werden zu dürfen:

lit. *ragáuju*, koste, schmecke. es gehört vielleicht zu lit. *regėti*, sehen, merken einsehen, und hängt mit ihm zusammen durch den begriff des prüfens: *paragáuju*, untersuche, taste an; lett. *raudſīt* (für **randſīt*), prüfen.

Die ausdrücke für 'wolschmeckend', welche im vorhergehenden noch nicht zur sprache gekommen sind, bedeuten ursprünglich nichts weiter als: 'angenehm', sind also verengungen dieses begriffs. es sind folgende:

---

[1]) Die geschmackswahrnehmung ist also verallgemeinert wie oben s. 31 bei *sap*. vgl. noch JGrimm, Zs. VI, 3.

I. Grundbegriff ist '**freuen**'.

sskr. *manaḥsukha-*, den sinnen angenehm, wolschmeckend.

gr. *λαρός*, wolschmeckend, wolriechend. zu **λαύω*, *ἀπολαύω*, geniesse.[1]) — — ebenso:

prî, lieben.

sskr. *prayasta-*, schmackhaft zubereitet, gewürzt. lit. *presnas* Bezzenberger, zGLS. 317; lit. *prēskas*, süss, ungesäuert.

II. Grundbegriff ist '**zurechtmachen**'.

sskr. *mṛšṭa-*, gereinigt, geputzt, schön, wolschmeckend. vgl. auch *mṛšṭagandhapavana-*, schön duftender wind.

sskr. *sampanna-*, conveniens — wolschmekend.

Haben wir so die einzelnen ausdrücke für 'schmecken' und 'gut schmecken' der reihe nach durchmustert, so bleibt noch übrig, auch die bezeichnungen für das **widerlich schmeckende** einer näheren prüfung zu unterziehen. man wird finden, dass die unangenehme geschmacksempfindung in weitaus den meisten fällen genau so bezeichnet ist wie der schmerz, dh. also wie die unangenehme tastempfindung: als ein stossen, stechen, brennen u. s. f., dass hingegen die fälle, in denen die ursache genannt ist, durch welche der schlechte geschmack bewirkt worden, nur sehr vereinzelt stehen.

Der hässliche geschmack

I. **brennt.**

sskr. *kšārá-*, von ätzendem geschmack oder geruch. zu *kša*, sengen. — ebenso

1) **vas**, leuchten, brennen.

sskr. *ūšaṇa-*, scharfer geschmack. gr. *αὐστηρός* = lat. *austērus*, herb.

2) **tiϑ**, leuchten, brennen.

lit. *taedium*, ekelhafter geschmack oder geruch.

---

[1]) Es lässt sich nicht entscheiden, ob *λᾱρός* hierher gehört. w. *lu* heisst allgemein 'gewinnen' und so 'geniessen'. nun aber fragt es sich, da *ἀπολαύω* (über *λαυκανία*, kehle, vgl. Fick, Beitr. I, 332) auch 'geniessen' im sinne von 'essen, trinken' bedeuten kann, ob nicht *λαρός* die bedeutung 'wolschmeckend' aus dieser engeren entwickelt habe, und so unter eine der vorhin aufgezählten nummern I—III gestellt werden müsse?

3) **ghar**, leuchten, brennen.
lit. *gailùs,* jähzornig, wütend, scharf (geschmack und geruch), JSchmidt, Voc. II, 467, = ksl. *zĕlŭ* vehemens.

4) **svar**, leuchten, brennen.
slavodeutsch *sūra-*: altn. *sūrr*, acidus, ags. *sūr*, ahd. *sūr*, acidus, crudus. lit. *surus*, salzig, ksl. *syrŭ*, crudus, Miklos.

II. durchdringt, sticht, schneidet, u. s. f.

sskr. *kašaṇa-*, sauer, unreif; *kašāya-*, zusammenziehender geschmack. zu *kaš*, kratzen.

sskr. *lōṇa* (für **lavaṇā*), saucrampfer, *lavaṇá-*, salz. zu *lu*, schneiden.

sskr. *tikta-*, bitter; *tīkšṇá*, scharf von geschmack. zu *tij*, scharf sein.

lit. *gaižus*, bitter; zu lit. *gëžu*, jucke, kitzle. — hierzu stellt sich folgendes:

1) **ak**[1], schärfen, durchdringen.
gr. *ὀξύς*, scharf, herbe, bitter. lat. *acer*, *acerbus*, *acidus*. lit. *asztrùs*, herbe.

2) **k**[1]**ap**, bohren.
gr. *κάπια*, zwiebeln, lat. *caepa*, zwiebel: vgl. Fick I[3], 550, Hehn[2], s. 174.

3) **kart**, schneiden.
sskr. *kaṭú-*, scharf von geschmack und geruch: lit. *kartùs*, bitter, ranzig.

4) **dar**, zerspalten, durchdringen.
gr. *δριμύς*, herbe, bitter.

5) **par-t**, durchdringen.
sskr. *páṭu-*, salz: adj. stechend von geschmack. gr. *πλατὺ ὕδωρ* Fick, K. Z. XVIII, 415.[1])

---

[1]) Fick stellt I[3], 149 obiges *partu-*, allerdings mit der bemerkung: »wol von *par* 'durchdringen'« zu *prat*, *part*, nass werden, faulen. dass dies unrichtig ist, lehren die übrigen bedeutungen des sskr. *páṭu-*, welche denen des gr. *ὀξύς* ganz parallel gehen. *páṭu-* bezeichnet nämlich:

6) **pik**[1], schneiden.
gr. *πικρός*, bitter, herbe (vom geruch nur Od. IV, 406).

7) **bhid**, spalten.
sskr. *vaktrabhēdin-*, mundzerspaltend = bitter. germ. *bitra-* in altn. *bitr*, ags. *biter*, alts. ahd. *bittar*. got. *báitrs* (LMeyer, Got. Spr. 60) *πικρός*, übertragen.

8) **skarbh**, kratzen, schneiden.
lit. *skobas*, sauer, Geitler, LSt. 109. lett. *schkerbs*, herbe, bitter, sauer, Fortunatov, Beitr. III, 60.

Unklar bleibt leider ahd. *cifar*, *ciuar*, *eibar*, amarus, acerbus. zu lat. *ico*, schlage, treffe: gr. *αἰχμή*, spiess, lit. *ësznas*, *jësznas*, bratspiess, vgl. LMeyer, K. Z. XXII, 49; Fick II[3], 31 f. kann es kaum gehören, da alle diese wörter den aus *k*[1] entwickelten laut aufweisen. ist gr. *ἴψ*, holzwurm, zu vergleichen?

III. zieht zusammen, macht starr.
gr. *στυφελός*, zusammenziehend, herbe. zu *στύφω*, ziehe zusammen. — analog:

1) **ghars**, starren.
ahd. *gersti*, rancor, mhd. *garst*, ranziger geschmack; lit. *grasùs*, widerlich. Beitr. I, 174 f., vgl. Jagić, Arch. II, 396.

2) **starp**, zusammenziehen, starr machen.
gr. *στρυφνός*, herbe, sauer. zu ahd. *strūbēn*, inhorrescere, subrigere, vgl. JSchmidt, Voc. II, 454.
ksl. *trŭpŭkŭ*, *ὄμφαξ*. zu lit. *tirpstu*, werde starr, Fick II[3], 569.

---

a. den stechenden lichtstrahl. vgl. damit Hes. *Ἔργα* 414 *μένος ὀξέος ἠελίοιο.*
b. den gellenden ton. Il. XV, 312 *ὦρτο δ' ἀϋτὴ Ὀξεῖα.*
c. das scharfe sinnesorgan. vgl. Soph. El. 30 *ὀξεῖαν ἀκοὴν διδούς.* — Od. V, 393 *ὀξὺ προϊδών.*

auch gr. *πικρός* kann angeführt werden. ausser der sub II, 6 angegebenen verwendung hat es noch folgende. es bezeichnet a. das schmerzhafte: Il. XI, 272 *ὠδῖνες.* b. das gellen des tons: Arist. *Εἰρ.* 805 *πικροτάτην ὄπα.*

IV. schädigt, bedrängt.

sskr. *dantaçaṭha-*, was für die zähne schlecht ist = sauer. ebenso *çaṭa-* sauer. — ferner in folgenden fällen:

1) **am**, befallen, schädigen.

sskr. *amlá-*, sauer, Kuhn, K. B. II, 381; lat. *amarus*, bitter. gr. *ὄμφαξ (am-bh)*, herling, ahd. *ampher* (*am-b*: hierzu sskr. *ambla-?* oder ist *b* zwischen *m* und *l* eingeschoben?), sauerampfer (salzsaline!!).

sskr. *āmá-* = gr. *ὠμός*, roh.

2) **targ**, ängstigen.

got. *torvus* für **torgvus*, Fröhde, K. Z. XIII, 453 (wo gr. *ταρβεῖν* verglichen wird), rauh, herbe.

3) **agh**, bedrängen.

lit. *agus*, fad von geschmack, Geitler, LSt. 62.

4) **i**, bedrängen.

lit. *aitus, aisus*, bitter: ksl. *jarŭ*, acerbus. Fick I³, 506.

In folgenden ausdrücken ist die ursache der betreffenden geschmacksempfindung angegeben. und zwar

gährung in ksl. *kyselŭ*, *ὄμφαξ*, acerbus: zu *kysną*, madefio, rum. *kisnovat*, fermentatus, *kisŭlicŭ*, ius acidum Miklos. s. 328. sodann in

lit. *rúgsztus*, sauer, lett. *ruhkts*; zu lit. *rúgiu*, gähre.

verderbnis in lit. *gaiszus*, verdorben, sauer geworden: zu lit. *gaisztu*, verderbe, wozu Fick III, 55 got. *fraqistjan*, *ἀπολέσαι*, stellt.

gr. *ἕωλος*, fad, abgestanden, kret. *ἀέλος* (Hes. ed. min. Schmidt, p. 39). zu ahd. *wesanēn*, marcescere.

eine besondere art der verderbnis ist verbrannt sein: sskr. *çukta-*, *vidagdha-* verbrannt, sauer geworden.

Nichts sicheres kann über lat. *rancidus*, *rancor*, gesagt werden. möglicherweise führen sie auf eine w. *srak*, die wie sskr. *sṛj*, die bedeutung ‘drehen, winden’ gehabt hat. zu grunde liegt dieselbe in *sṛ'kvan-*, *srákva-*, mundwinkel, die man nicht mit Grassmann (RV-W. 1616) von ‘**sraj* mit verhärtetem auslaute’ abzuleiten braucht: was auch kaum befriedigt.

lat. *rancidus, rancor* könnten im anlaut ein *s* eingebüsst haben, wie *Roma,* welches Corssen, K. Z. X, 18; Fröhde, XVIII, 259 von w. *sru* gebildet sein lassen.

Ich wende mich jetzt zur besprechung der bezeichnungen für die geschmacksorgane, und füge hierzu noch die ausdrücke für mund und lippe.

Die zunge heisst

I. die berührende (kostende): vgl. engl. *to taste* im verhältnis zu unserm 'tasten'.

1) altir. *tenge*; zu lat. *tango,* berühre, Stokes, K. B. V, 453; Windisch, Paul-Braune IV, 210.

2) **ligh**^{1}, lecken.

lit. *lëżùvis,* zunge; altir. *ligur,* Stokes, K. B. VIII, 323.— dass lit. *lëżùvis* hierher gehört, scheint mir gerade so gut möglich, als dass es zu lat. *dingua, lingua* zu stellen ist, wie bisher angenommen wurde. dagegen darf allerdings *lingua* von *dingua* nicht losgerissen werden, weil der übergang von *d* in *l* im lat. durch zahlreiche analogien vertreten ist.[1])

3) **dagh**^{1}, berühren. über den ansatz s. 4f.

idg. *dagh*^{1}*vā,* zunge. sskr. *jihvā*[2]) für **dihvā* (Grass-

---

[1]) Fürs litauische ist dieser übergang nicht nachzuweisen.

[2]) Sskr. *juhú,* zunge, hat hiermit nichts zu tun, so wenig als das gleichlautende *juhú,* opferlöffel. ich versuche folgende erklärung der beiden worte. man weiss, dass das feuer im RV. als opfervermittler betrachtet wird, ja dass Agni selbst als opferpriester gefeiert erscheint. desgleichen ist bekannt, dass es des opferpriesters heiliges amt ist, das ghṛta unter absingen der heiligen gesänge ins feuer zu giessen. folglich muss Agni als priester — denn mystisch sind die Inder — die gleichen functionen verrichten. die ergiessung des ghṛta geschieht mit der juhū, dem opferlöffel. auch Agni bedarf des opferlöffels: seine flammenzunge ist der opferlöffel. der priester singt — Agni auch: *ágre rēbhō' ná jarata ṛṣūṇā'm jū'rṇir hō'tā,* voran sängergleich prasselt er, der gluten erreger, der hotar, heisst es RV. I, 127, 10; das rauschen der flamme ist der heilige gesang des opferpriesters Agni. also die flamme ist opferlöffel und die flamme singt: was wunder, wenn man dies *juhū́* nicht nur als giessenden opferlöffel, sondern auch als rufende zunge (deren gestalt ja jener opferlöffel ohne dies hatte) auffasste, indem man noch dazu mit den ursprünglich

mann. K. Z. XI, 12) zd. *hizva,*[1]) altpers. *izāva(?),* mit abfall des anlautenden *d* wie in altpr. *insuwis,* ksl. *język;* lat. *dingua, lingua;* got. *tungō,* altn. *tunga,* ags. *tunge,* alts. *tunga,* ahd. *zunga.*

II. die spitze.

gr. *γλῶσσα.* Grassmann, K. Z. XI, 27. Pauli, Körperteile, s. 12; Geiger, I, 421.[2]) über die wurzel s. 23 note.

III. die bewegliche.

sskr. *lōlā,* zu sskr. *lul,* schwanken.[3])

In der benennung des gaumens zeigen die sprachen, und nicht allein die indogermanischen, eine merkwürdige übereinstimmung, insofern sie nämlich für das himmelsgewölbe und für das gaumengewölbe vielfach das gleiche wort verwenden. man sehe JGrimm's aufsatz, Zs. VI, 541. hierher gehört:

gr. *οὐρανός,* himmel und gaumen.

ksl. *nebo,* ebenso. — mit

lit. *dangùs* (himmel) *burnō's* (des mundes) stimmt in der inneren sprachform genau das span. *cielo de la boca* überein.

---

identischen verben *hu*, giessen, und *hu*, rufen, etymologisch spielte, und in diesem spiel so geschickt verfuhr, dass es schwer ist aus stellen, wie RV. X, 6, 4 *mandrū́ hṓtā sá juhvā̀ yájiṣṭhaḥ sámmiçlō agnir ā́ jigharti dēvā́n* herauszuerkennen, in welcher bedeutung *juhū́* zu nehmen sei?

[1]) Der anlaut ist befremdlich. zd. *hizva* führt mit *hizu*, das nichts zu tun hat mit sskr. *juhū*, zu dem es Fick I[4], 324 stellt, auf eine grundform *hizvā*, = vorhistorisch **sizvā*, während man **zizvā*, erwarten sollte. zur erklärung der unregelmässigkeit darf man vielleicht eine art dissimilation annehmen, wie sie ähnlich in einigen litauischen wörtern (Bezzenberger, zGLS. s. 92 f.) vorzuliegen scheint. analoge fälle weiss ich freilich aus dem zd. nicht beizubringen.

[2]) Abweichend HWeber E. U. s. 75 zu w. *gar*, tönen. er kann sich zwar auf altn. *ómun lokarr*, sound plane, tongue, berufen. nichts desto weniger ist seine aufstellung bedenklich, weil die form *gla* oder *glaχ*, tönen, sonst nicht nachzuweisen ist.

[3]) Wörter wie sskr. *mukhaçīrī* habe ich übergangen, weil ich nicht glaube, dass aufzählung indischer spielereien zur erreichung meines zweckes viel beiträgt.

lit. *padangis*, 'was unter dem himmel ist, der obere luftkreis', Nesselm. 126. *padangis*, gaumen, Bezzenberger, zGLS. 307. —

Vgl. ferner die von JGrimm aao. beigebrachten stellen aus Cic. de Nat. Deor. II, 18, 49 *sed dum palato quid sit optimum iudicat, coeli palatum, ut ait Ennius, non suspexit*, und August. de C. D. VII, 8 *quod hiatus noster, cum os aperimus, mundo similis videatur*. die etymologie übrigens des lat. *palatus, palatum* ist dunkel. vielleicht trifft die benennung ursprünglich bloss den weichen gaumen, den gaumenvorhang oder das gaumensegel; und da dies eine häutige, bewegliche, von dem ende des harten gaumens herabhängende platte ist, so darf man das wort vielleicht mit lat. *palear*, wamme, wampe, zu *pal*, streuen, schütten, ausbreiten, stellen. zur letzteren würde es auch gehören, wenn man es als 'ausgebreitetes gewölbe' fassen wollte. — die gleiche auffassung begegnet noch in

gr. ὑπερῴα, gaumen; vgl. ὑπερῷον, söller.
ags. *hrôf*, 1) dach. 2) gaumen.
ksl. *prěvysprĭnica*, palatum: vgl. *prěvysprĭnĭ*, summus.

Den nordeuropäischen sprachen gemeinsam ist die benennung des gaumens als des klaffenden. so führt lit. *gomurýs* mit altn. *gômr*, ags. *gôma*, ahd. *guomo*, zurück auf w. *gha*, klaffen, Fick II³, 353.

Die bezeichnungen für den gaumen, welche sich unmittelbar an die verba des schmeckens anschliessen, sind bereits oben alle zur sprache gekommen. nachzutragen bleibt hier nur noch das ksl. *laloka*, ὑπερῷον, palatum, *lalŭkŭ*, οὐρανίσκος, palatum: ein wort, mit welchem ich nichts anzufangen weiss, wenn man es nicht an ksl. *ločą*, λάπτω, lambo, lit. *lakù*, lecke, anschliessen darf.

Als einzelheit erwähne ich endlich sskr. *vaktradala-*, gaumen = mundzerteiler.

Der mund wird genannt:

I. der redende.

sskr. *lapana-*, mund. zu *lap*, reden.

sskr. *vádana-*, mund. zu *vad*, reden.
sskr. *vaktrá-*, mund. zu *vac*, reden.

Auf grund hiervon setze ich an:

1) **stan**, tönen.

zd. *çtaman-*, mund, gr. *στόμα*. — aus dem sskr. gehört hierher *stāmú-*, welches Nāigh. III, 16 unter den *stōtṛnāmāni* aufgeführt wird.

2) **muk**, loslassen.

sskr. *múkha-*, mund. dies wort wird von Benfey Wzlx. II. 43, Aufrecht, K. Z. II, 148, Ascoli, K. Z. XIII, 451 zu gr. *μυχός* winkel, gestellt. jedoch zu gr. *μυχός* gehört lit. *smunkù*, gleiten. sskr. *múkha-* müste also für **smukha-* stehen, was unwahrscheinlich ist. ich stelle daher das wort zu w. *muk*, loslassen. loslassen nämlich sagt man

a) von der stimme: Pañcat. LVII, 14. *siṃhanādaṃ mumōca*; so dass sskr. *muc*, loslassen, identisch ist mit gr. *μυκάομαι*, brülle: vgl. sskr. *uccārayāmi*, lasse herausgehen, ertönen.

b) von den leiblichen absonderungen: gr. *μυκτήρ*, nasenloch u. s. f.

3) **as**, werfen.

sskr. *ās*, zd. *āoṅh*, lat. *ōs*, mund. — die ideenentwickelung ist ganz dieselbe wie bei 2) *muk*. man bedenke, dass gr. *ἵημι* dem durch umstellung aus *as* gewonnen sskr. *sa* entspricht (LMeyer, Beitr. I, 310), dass aber gerade dieses *ἵημι* wie das oben genannte sskr. *muc* gebraucht wird: Il. III, 221 *ἀλλ' ὅτε δή ῥ' ὄπα τε μεγάλην ἐκ στήθεος ἵει*; namentlich aber, dass es ein idg. *sa*, tönen, gibt (sskr. *sāman-* lied, gr. *ἦ*, sagte, und vielleicht auch ksl. *sętĭ*, dixit, worauf mich hr. dr. Bezzenberger aufmerksam macht), welches ursprünglich mit *sa*, werfen, identisch gewesen ist: hierüber im vierten capitel.

Anders freilich urteilt GCurtius, Grdz.[4] 378. er nimmt im anschluss an MMüller, Vorl. II, 382 an, die bedeutung 'sein' der bekannten wurzel *as* sei aus der des atmens erblasst, und fasst so das idg. *ās* als 'atmer'. allein zu dieser annahme hat man, so scheint es, kein genügendes recht. namentlich wird durch sskr. *ásu-*, leben, und *ásura-*, ewig, auf die Curtius ein so grosses gewicht legt, zu gunsten derselben nicht das geringste entschieden. durch *ásura-*, lebendig, von vornherein nichts; durch *ásu-*, leben, ebensowenig, wenn man nämlich den sprachgebrauch des RV. berücksichtigt. denn in allen zweifellos klaren stellen, zu denen ich bloss, X, 12, 1 nicht rechnen kann, beweist *ásu*-entweder für Curtius' auffassung gar nichts, oder aber es beweist dagegen. man urteile selber:

RV. I, 113, 16 *úd īrdhvaṃ jīvō' ásur na ā'gād ápa prā'gāt támu ā' jyō'tir ēti*, erhebet euch, das lebensvolle (regsame) leben kam zu uns; weg in die ferne zog das dunkel; es naht das licht.

140, 8 *ásumpáraṃjanáyañjīvám ástṛtam*, leben bis in ewigkeit zeugend, regsames, unverwüstliches.

164, 4 *bhū'myā ásur ásṛg ātmā' kvà svit*, 'wo war wol der erde leben, blut und seele' Haug, Ved. Rätselfragen, Sitzungsber. der kön. Akadem. der Wiss. zu München, 1876, I Cl. Bd. II, s. 471.

182, 3 *áti kramiṣṭhaṃ jurátam paṇē'r ásum*, bewältiget, lasst morsch werden des geizigen lebens- (nicht hauch, sondern) kraft, regsamkeit.

II, 22, 4 *yád dēvásya çávasā prā'riṇā ásuṃ riṇánn apáḥ*, als du mit göttlicher gewalt lebens- (nicht hauch, sondern) kraft hervorströmen liessest, strömen lassend die gewässer.

X, 12, 1 *dēvō' yán mártān yajáthāya kṛṇvánt sī'dad dhō'tā pratyáñ svám ásuṃ yán*, wenn der gott die sterblichen zu opfern veranlassend als hotar sich niedersetzt, 'seiner eigenen wesenheit begegend': so Ludwig. die stelle ist mir dunkel: der lebenshauch scheint aber durch sie keine stütze zu gewinnen.

X, 14, 12 *tā'v asmábhyam dṛçáyē sū'ryāya púnar dātām ásum adyē'há bhadrám*, diese beiden sollen uns heute wiederum hierher geben glückliches leben, auf dass wir die sonne schauen.

15, 1 *ásum yá īyúr*, die ihr das ewige leben erlangt habt.

59, 7 *púnar nō ásum pṛthivī' dadā'tu*, wiederum soll uns die erde leben schenken.

121, 7 *tátō dēvā'nām sám avartatā'sur*, von dorther entstand der götter leben.

Man sieht die geforderte bedeutung 'lebenshauch' kommt hier nirgends zu tage; wol aber der begriff des beweglichen: ja derselbe wird durch beigesetztes *jīvá-* sogar noch ausdrücklich hervorgehoben. da nun an der wurzel *as* die bewegung klar nachgewiesen werden kann (Fick I³, 25), der hauch aber nirgends; da ferner der übergang von 'sich bewegen' zu 'weilen, ruhen' auch anderweitig belegt ist:[1]) so gebe ich der von Ascoli, Framm. Ling. IV, 20; Schweizer, K. Z. XVII, 144; Scherer zGDS 326; Grassmann, RV.-W.s.v. vertretenen ansicht, der als ursprüngliche bedeutung der w. *as*, sein, die des weilens gilt, den vorzug vor derjenigen, die Curtius verteidigt.

Nach alle dem fasse ich *ās*, mund, als 'vocis missor', nicht als 'atmer'.

II. der atmende.

an, atmen.

sskr. *anā-*, mund; gr. *ὑπήνη*, oberlippe, *προςηνής*, mit zugewantem, *ἀπηνής* mit abgewantem gesicht, Benfey, Or. und Occ. I, 193.

III. der kauende.

gr. *μάσταξ*, mund, mundvoll; vgl. lat. *mando*, kaue.

---

[1]) sskr. *as*, werfen, und *ās*, liegen, sitzen, vergleicht Scherer mit lat. *jacio* und *jaceo*.

IV. der 'vorsprung': vgl. Fick III, 231.

lat. *mentum*, kinn, = germ. *munþa-*: got. *munþs*, στόμα, altn. *munnr*, mund, maul; schneide, spitze: ags. *mūđ*, os, ostium, alts. *mūđ*, mund. ahd. *mund*, os.

V. der rote.

lit. *burnà*, mund. zu gr. πορφύρεος. ahd. *brūn*, furvus, fulvus, purpureus.

VI. der klaffende.

altir. *gen*, mund. zu χαίνω? Ebel, K. B. II, 167.

Ueber ags. *neb*, *nebb*, os, rostrum, facies; altn. *nef*, nase, schnabel wage ich folgende vermutung. grundform ist *nabja-*; die wurzel *nabh*. dazu gehört sskr. *nā́bhi-* nabe; nabel. altn. *nöf*, modiolus rotae, ags. *nafu*, ahd. *naba* in gleicher bedeutung; altn. *nafli*, ags. *nafela*, ahd. *nabalo*, nabel. nun ist die nabe die mitte des rads; der nabel die mitte des leibs: sollte also jenes germ. *nabja-* nicht die mitte des gesichts, die nase, haben bezeichnen können? durch den begriff des hervorragenden (cf. altn. *nöf*, das hervorstehende balkenende!) würden sich die übrigen bedeutungen leicht vermitteln.

Fast alle wörter für 'mund' bekommen die verallgemeinerte bedeutung: 'antlitz' umgekehrt verengert sich der begriff 'antlitz' zu 'mund' in sskr. *prátīka-*, welches ursprünglich nichts weiter heisst als: 'zugekehrt' (*práti* mit *añc*).[1] eine solche verallgemeinerung trafen wir schon früher in ksl. *nogŭ*, fuss, entgegen gr. ὄνυξ, nagel.

Die lippe hat ihre bezeichnungen erhalten:

I. vom schlürfen, schöpfen.

---

[1]) Ganz ähnlich gr. πρόσωπον, welches bezüglich der inneren sprachform genau harmoniert mit got. *andaugi*, πρόσωπον, lit. *antakis*, Bezzenberger, zGLS. 271. ebenso gehören hierher gr. ἐνωπή, kymr. arem. corn. *enep*, Windisch, K. B. VIII, 45. dagegen altn. *andlit*, ags. *andolite*, ahd. *antlitze* (nicht zu verwechseln mit *antlutze*, welches natürlich zu got. *ludja* gehört!) eher 'das entgegenglänzende' wie altndd. *antsccini*, als 'das dem gesichte zugekehrte'. — sonst sind die ausdrücke für 'gesicht' mit denen für 'gestalt' identisch: s. d.

1) **aus**, schöpfen.

sskr. *ō'ṣṭha-*, oberlippe, lippe; altpr. *austin*, *austo*, mund, ksl. *usta* (n. plur. 'die lippen'), *στόμα*.[1])

2) **lab**, schlürfen.

lat. *labrum*, *labium*. alts. *lepor*, ahd. *leffur*, lippe. Miklosich lex. stellt sehr schön hierher ksl. *lobŭzŭ*, osculum.

II. vom umschliessen der zähne.

sskr. *dacchada-*, *dantacchada-*, decke der zähne, lippe. — ebenso von

var, umschliessen, bedecken.

got. *vairilō*, *χεῖλος*. altn. *vörr*, lippe, ags. *veleras*, labia, Grein II, 657. altp. *warsus*, lippe, Fick II³, 464.

III. vom kauen.

gr. *μύλλον-*, lippe. zu lat. *molo*, mahle.

Unsicher ist die ableitung von gr. *χεῖλος*, *χέλλος*, *χελλύνη*. falls diese wörter mit gr. *χέλυς*, *χελώνη*, schildkröte, auf eine wurzel zurück geführt werden dürfen, so muss der gemeinsame begriff 'gewölbt' sein: gewölbt ist lippe und schildkrötenschale. als wurzel könnte man alsdann das von Fick I³, 581 genannte *ghar*, *ghal* betrachten: vgl. sskr. *hvar*, von der geraden richtung abbiegen, schief gehen, s. beugen, umfallen, niederbiegen; *hval*, straucheln, fallen; got. *gilpa*, *δρέπανον*.

Für den mangel des geschmacksinns hat keine sprache ein eigenes wort aufzuweisen. sskr. *jāḍya*, geschmacklosigkeit der zunge, heisst ganz allgemein nur 'apathie, stumpfheit'. ebenso lat. *hebes* nur 'stumpf'. es geht hieraus hervor, dass verlust des geschmacksinns, wenn er überhaupt einmal vorkommt, für kein unerträgliches unglück gehalten wird. über taubheit und blindheit beklagt sich der mensch in der sprache; über geschmacklosigkeit wol nur dann, wenn sie ihm von anderen entgegenleuchtet.

---

[1]) Anders Pauli, Körperteile 11, welcher *vas*, brennen, als wurzel ansetzt (cf. ahd. *usilvar*), so dass die lippen als rote, dem lit. *burnà*, mund, als rotem, zur seite ständen.

Drittes Capitel.

RIECHEN.

I. Schon der lautliche zusammenhang des deutschen wortes 'riechen' mit 'rauchen', dem im mhd. noch die völlige gleichheit der beiden verba gegenübersteht: *riuche, rouch, gerochen* = rauche und = oleo, olfacio, lässt vermuten, was gegenwärtiger abschnitt sich zu beweisen getraut: dass im idg. dann und wann der rauch als object der geruchsempfindung betrachtet ist. auch hier bietet sich die gleiche erscheinung, wie vorhin beim schmecken: die eigentümlicheit der sprache, von der perception als solcher völlig abzusehen und bloss das zu nennen, womit dieselbe verbunden zu sein pflegt. liest man mittelhochdeutsche sätze, wie denjenigen des mystikers, welchen Pfeiffer 255, 25 mitteilt: *sie sâhen den kerker vol liehtes und er rouch,* so übersetzt man getreulich: 'sie sahen den kerker voll lichtes und er rauchte', bis man als fortsetzung erfährt: *alsô ein appotêke,* und damit die gewisheit erhält, dass man falsch übersetzt hat. noch in später mhd. zeit also entschied darüber, wie *riechen* aufzufassen sei, bloss dessen stellung und beziehung zu den übrigen gliedern im satze. erst in nhd. zeit liess man dies schon den wortlaut entscheiden: indem man nämlich für den begriff 'rauchen' ein denominativ verwendete, für den des 'riechens' aber das starke verbum in geltung liess.

Auf die frage, warum die sprache den rauch als träger des geruchs aufgefasst habe, lässt sich leicht antworten. der rauch, der vom feuer qualmt, berührt die nase zugleich mit seinem sichtbar werden. von seinem entstehen bis zu seinem verschwinden ist er von zwei sinnesvermögen begleitet, deren affection mit ihm selbst beginnt und aufhört. was der mensch sieht, glaubt er. wenn er also riecht, so lange er den leibhaftigen rauch sieht, und nicht mehr riecht, sobald er den rauch verschwunden sieht: soll er da nicht glauben, rauch und geruch sind unzertrennlich, ein und dasselbe?

Es bedarf kaum der erläuterung, wie enge verwant mit der vorstellung des geruchs als rauch diejenige ist, welche ihn als hauch fasst. dem mhd. *der bluomen rouch* gegenüber kennt die Od. IV, 445 f, *ἀμβροσίην ... ἡδὺ μάλα πνείουσαν*, süss hauchende, d. i. duftende ambrosia, als mittel gegen *φωκάων ἁλιοτρεφέων ὀλοώτατος ὀδμή*. das bindende glied der beiden vorstellungen ist die grundidee des ahd. *drāhjan, drāsōn,* redolere (volvit: *drāsōt,* glosse zu VG. III, 85), welches JGrimm Zs. VI, 5 in geistvoller weise mit *drājan,* tornare, torquere, vermittelt, denn: 'der hauch steigt auf und dreht sich', ebenso wie der rauch: RV. VI, 2, 6 *tvēšás tē dhūmá ṛṇvati diví šáñ chukrá ā́tataḥ*, schrecklich wallt dein rauch, am himmel leuchtend hingestreckt, Benfey (Entstehung . . . . der mit *r* anlautenden Personalendungen, s. 35), und Aesch. Sieben 494 *λιγνὺν μέλαιναν αἰόλην πυρὸς κάσιν*, den schwarzen rauch, des feuers wirbelnden bruder.

Aus den anschauungen, die bisher besprochen wurden, ergibt sich bloss der intransitive begriff 'riechen'. die sprache kann aber jeden begriff nach zwei seiten hin fassen, intransitiv und transitiv. ahd. *riohhan* ist bloss intransitiv gebraucht; mhd. *riechen* hat schon beide verwendungen. man ist damals aber, als man das verb transitiv zu benutzen begann, gewis nicht so pedantisch gewesen, ein causativ gefasstes 'rauchen' als vermittlungsbegriff vorauszusetzen, an den sich 'riechen' (olfacere) angeschlossen hätte, wie der begriff des transitiven schmeckens an den des schlingens; sondern man liess hier, wenn auch vom logisch- etymologischen standpunkte aus anscheinend unsinn herauskommen mochte, die sprache dem bekannten zuge ebenso ungestört folgen, wie man sie zu ahd. *slingan*, repere, ein nhd. *schlingen* bilden liess.

Ich stelle das hierher gehörige sofort zusammen.

a. Auf brennen, rauchen gehen zurück

1) lat. *frāgro*, rieche stark, dufte. zu lat. *flăgro*, brenne.[1]) Sonne, K. Z. X, 99. vgl. gr. *κηώεις*, *κηώδης*, duftig, wolriechend.

2) germ. *reukan:* altn. *rjúka*, rauchen, dampfen; ags. *reócan*, fumare, ahd. *riohhan*, fumigare, olere.[2])

3) ahd. *brādam*, fervor, flatus, *brademōn*, vaporare; ags. *brǣđe* = engl. *breath*, gehört mit ahd. *brātan*, braten, zu w. *bhar*, sieden, wallen. vom wallenden feuer oder siedenden wasser steigt der qualm: und der qualm ist träger des geruchs.

b. Auf 'hauchen, wehen' gehen zurück

1) an, hauchen, atmen.

sskr. *an*, hauchen; *prāṇiti*, er riecht (? siehe das P. W. I, 165). gr. *ὄνϑος*, mist. lat. *ālum*, knoblauch, *ālo*, hauche, dufte. ksl. *vonja*, *ὀσμή*, *ąchają*, odoror.

2) k[1]va *(k[1]u)*, schwellen. auf den schwellenden hauch weisen die ableitungen

k[1]va-s, in sskr. *çúšma-*, geruch (? bloss vedisch, und hier nicht sicher). dass hierher lat. *spīro* gehöre, kann ich Ascoli, K. Z. XVI, 209 nicht glauben.

k[1]va-k in lit. *szvinkstu, szvinkti*, werde stinkend.

---

[1]) Zwingt der quantitätsunterschied dazu, die beiden worte zu trennen? *frāgro* würde dann zu 3) gestellt werden.

[2]) Altn. *þā rȳkr Hemingr*, da eilt H. dahin; *sverđit rauk or hendi*, das schwert sprang aus der hand. *rȳkr*, *rauk*, von *rjúka*. diese stellen legen den gedanken nahe, es möchte *ruk*, rauchen, zu identificiren sein mit *ruk*, sich schnell bewegen, dessen spuren folgende sind: altn. *rykkr*, ruck, davon *rykkja*, rucken, zucken; ahd. *ruk*, bewegung (der gestirne), davon *rukjan*, mhd. *rucken*, *rücken*, sich fortbewegen, zücken, reissen, entreissen. wir hätten dann in c) zwei treffende analoga.

3) **pū**, hauchen, wehen.

sskr. *pu*, wehen, reinigen, lit. *puczù*, blase. — sskr. *pūyati* = zd. *puyêiti*, stinkt, wird faul, zd. *pavaiti-*, gestank. gr. πύθω, mache faulen. lat. *puter*, faul, ranzig. germ. *fūla-* in got. *fūls ist*, ὄζει, ags. *fūl*, ahd. *fūl*, putridus, foetidus u. s. f. lit. *pūvù*, faule. — die entwickelung der bedeutung in malam partem ist schon indogermanisch. — dazu gehört noch gr. πνέω, wehe, atme, dufte; vgl. Fick, Or. und Occ. III, 112.

4) **vā**, wehen, hauchen.

sskr. *va*, wehen; aushauchen, ausdunsten. *vāsa-*, wolgeruch, *saṃvāsita-*, stinkend gemacht. — gr. βαρυαής, schwer atmend, beschwerlich riechend. νήϋτμος, atemlos, geruchlos. lat. *aura*, hauch, ausdünstung, geruch. got. *vōþeis* (Eph. V. 2 *du daunai vōþjai*, εἰς ὀσμὴν εὐωδίας). wie *vōþ-eis* zu ἀϋτ-μή (ἀϝετ-μή, vgl. Fick, Beitr. I, 67), so stellt sich mhd. *wāze*,[1]) hauche, dufte, *wāz*, sturm, zu lit. *vėdinu*, kühle; gr. εὐαδής Philokt. 828 gilt als falsche lesart, doch überliefert Hesych εὐαδές· εὔπνοον.

5) **spa**, wehen, hauchen.

sskr. *avaphu-*, laute blähung. — sonst *spa-s:* lat. *spīritus*, hauch, atem, dunst; *spīro*, blase, dufte. altn. *fīsa*, pedere, mhd. *vist*, flatus ventris sine crepitu. ksl. *pašą*, agito, ventilo, *pachŭ*, odor.

c. Der begriff der wirbelnden bewegung (ahd. *drāsōn*) ist an der wurzel nachweisbar.

1) **kap**, vibrieren; rauchen, hauchen, duften. sskr. *kamp*, zittern; lit. *kópiu*, steige auf.

sskr. *kapí-*, weihrauch. — gr. καπύω, atme, hauche, κόπρος, mist. lat. *vapor*, dunst, dampf, brodem,

---

[1]) Die etymologie des Mhd. Wrtb. III, 537 (zu gr. ὄζω!) ist widerlegt von Müllenhoff, Denkm². 391, der auch noch nnd. *stormen* beibringt. vgl. auch mndd. *lucht* (unser *luft*), welches gleichfalls die bedeutung 'geruch' erhält.

vapidus, kahmig, verdorben.[1]) got. *afhvapjan*, *συμπνίγειν*; lit. *kvápas*, hauch, geruch; *kvėpiu* (*ė* = *em*), hauche, rieche (intr.) *pakvimpu*, bekomme einen geruch.

2) **dhu** (sich) heftig bewegen; hieraus rauchen.

sskr. *dhūmá-*, rauch, dampf, duft. germ. *dauma-*, ahd. *toum*, vapor, fumus, mhd. *toum*, dunst, duft; im altn. *dāmr*, a flavour, ist übertragung auf den geschmacksinn eingetreten. got. *dauns*, *ὀσμή*, *εὐωδία*, *ὄσφρησις*, = altn. *daunn*, gestank. ahd. *tunst*, procella, tempestas, mhd. *dunst*, dampf, hauch; mit wandlung des *st* zu *ft*, wie in *farnumft* aus *farnumst*, ahd. *duft*, gelu, mhd. *tuft*, reif, nebel, dunst, duft.

Darf man hierher auch ags. *steám*, vapor, odor, stellen? w. *stu*: gr. *στῦλος*, säule — also eigentlich 'rauchsäule'?

Mit der soeben betrachteten darstellung des geruchs als rauch oder hauch, welcher in die höhe wirbelt, berührt eine andere sich sehr nahe, welche veranschaulicht wird durch Phaedr. III, 1, 3 *(testa) odorem quae iucundum spargeret.* die schale also giesst, sprengt aus jucundum odorem, ähnlich wie der *rōsenpoum* bei Conrad von Megenberg *seinen smack umb sich sträwt.* wenn das, was den geruch enthält, den geruch ergiesst, so quillt der geruch hervor: diese vorstellung belegt

ahd. *swehhan*, ebullire, scatere, olere, fragrare, foetere, ahd. *sweh*, odor, alts. *swek*, geruch, ags. *sväc*, *svec*, geruch, geschmack, letztere bedeutung aus der des geruchs gefolgert, vgl. altn. *dāmr*, a flavour, zu ahd. *toum*.

Hierher nun stellt Sonne (K. Z. X, 99) mit grosser wahrscheinlichkeit

sskr. *ghra*, riechen (trans.), beriechen, mit präpositionen verbunden auch 'küssen', wie das rätselhafte sskr. *çiñj*. da-

---

[1]) Gehört hierher auch *cupencus*, der name des priesters bei den Samniten? Corssen (K. Z. II, 27; X, 21) hat das wort als *kup* + *ancus*, guter diener, betrachtet.

von abgeleitet ist sskr. *ghrāṇá-*, geruch (trans. und intrans.), nase, *ghōṇā*, nase, schnauze. Sonne verknüpft die wurzel mit *ghar*, träufeln, und erinnert an die soeben aus Phaedrus angeführte stelle. seine etymologie wird formell unterstützt durch das praesensthema *jighrati*, er riecht, parallel dem praesensthema *jigharti*, er träufelt. widerlegt wird sie nicht durch den überwiegend transitiven gebrauch der wurzel, entgegen dem aus der vorausgesetzten grundbedeutung folgenden intransitiven begriffe. ich will kein gewicht darauf legen,[1]) dass sskr. *ghrāṇá-* auch zur bezeichnung des intransitiven geruchs verwendet wird; aber an der zusammengehörigkeit von gr. *ὄζω*, lat. *oleo* einer- und lit. *ū́dżu* andrerseits zweifelt niemand: obwol in den beiden ersten nur das subjective, in dem letzteren nur das objective riechen bezeichnet wird.

Curtius stellt das sskr. *ghra* zu gr. *χράω*, *χραίνω*, *χραύω*, und fasst den begriff 'berühren' als grundbegriff. das missliche dabei ist, dass im sskr. eine wurzel *ghar*, welcher diese bedeutung eigen wäre, nicht nachzuweisen ist.

Auch die ausscheidung der excremente wird als ein 'hervorfliessen' aufgefasst. daher kommt es, dass ein paar wörter, welche jenen begriff enthalten, zur bezeichnung des hässlichen geruchs verwendet werden. so folgende:

1) sskr. *knū́yatē*, er ist feucht, stinkt; caus. *knōpáyati*, er durchnässt; *knūy* mit *abhi*, befeuchten. lat. *cunire*, stercus facere, *ancunulentae*, menstruierende frauen, *inquināre*, bestänkern. nach Fick I³, 535 f; ksl. *gnoǐ*, *σῆψις*, *κόπρος* ist unter III, 1 behandelt.

2) sskr. *kúthyati*, er stinkt; caus. *kōthayati*, lässt in verwesung übergehen. *kōtha-*, fäulnis, verwesung. gr. *κύστις* harnblase.

---

[1]) Dies hat Schweizer (K. Z. XII, 306) getan, um die von Benfey (Wzlex. II, 142) gegebene zusammenstellung von sskr. *ghra*, riechen, gr. *γράσος*, bocksgestank, zu retten gegen Curtius, welchen ausser den lautlichen schwierigkeiten der ausschliesslich transitive gebrauch des verbums im sskr. von ihrer annahme zurückhält (Grdz⁴ 515).

3) gr. *ὕσκυθος*, schweinemist, *κυθώδης· δύσοσμος*, Hesych.. lit. *szúdas*, mist, kot.

Alle drei nummern können unter *sku*, ausfliessen (sskr. *cyávatē*, vgl. *cyṓtati* neben *çcyṓtati)*, vereinigt werden. die bildungen in 1) gehen auf *sknu* zurück, welches aus *skun* entstanden ist, letzteres aber, obwol weiter nicht nachweisbar, ist eine erweiterung des einfachen *sku*, ausfliessen. dass *s* spurlos abfallen konnte, lehrt sskr. *ku*, gr. *κοέω*, lat. *caveo*, welche zu got. *usskavs* gehören. — *skut*, welches den bildungen in 2) zu grund liegt, weist Fick I[3], 818 in der bedeutung ‘abträufeln, abfliessen’ nach; mit abfall des *s* gehört vielleicht noch sskr. *kútha-*, *kuthá-*, gefärbte decke hierher: vgl. gr. *τέγγω*, netze und färbe. — als wurzel der wörter in 3) betrachtet Fick I[3], 817 *skudh*, bergen. da aber die benennungen des mistes von dem begriff ‘rauchen’ oder von dem begriff ‘ausscheiden’ ausgehen, so halte ich seine vermutung für nicht gesichert.

II. Mit dem geruchsinn steht bekanntlich der geschmacksinn in der engsten verwantschaft. die empfindungen beider sinne laufen parallel; der eine unterstützt den andern, indem er im voraus durch seine eigenen eindrücke diejenigen seines verwanten andeutet. in dem altn. *dāmr* und dem ags. *svec* haben wir schon zwei beispiele kennen gelernt, in welchen die geschmacksempfindung aus der geruchsempfindung übertragen erscheint. häufiger ist das gegenteil: noch heute weiss das niedere volk — so durchweg in dem Elsass und in Tyrol — bloss vom geschmack, nichts vom geruch oder duft einer blume zu reden; und wenn man die stellen vergleicht, in welchen im mhd. der geruch durch *rouch* und in welchen er durch *smac* bezeichnet wird, so findet man die grosse überzahl auf seiten des letztern. es wird noch hervorgehoben werden, dass es einen gemeinsam idg. ausdruck für angenehme geruchsempfindung nicht gibt; für angenehme geschmacksempfindung dagegen hat das vorhergehende capitel zwei wörter nachgewiesen, welche in altarische zeit hinabreichen: *svādu-, madhu-*. die sprachlichen tatsachen scheinen demnach zu bestätigen, was die psychologie schon lange ausgemacht hat: dass der geruchsinn der untergeordnetste von unseren sinnen ist; und als eine dieser sprachlichen tatsachen möchte ich die betrachten, dass die übertragungen von geschmack auf geruch häufiger sind, als die gegenteiligen.

Uebertragung von geschmack auf geruch hat in folgenden fällen statt gefunden.

1) **sap**, fliessen, schmecken.
lat. *sapor*, geschmack, geruch (intr.); gr. *σήπω*, mache faul, d. i. riechend, *σαπρός*, riechend; gewöhnlich in malam partem, aber *οἶνος σαπρός*, duftender wein.

2) **smag**, gleiten (lassen), schmecken.
ahd. *smecchen*, sapere, olere, olfacere. ahd. *smac*, gustus, sapor, dulcedo; mhd. *smac*, geschmack, geruch, ags. *smäc*, geschmack, geruch. — hierher stellt nun Benfey Or. u. Occ. I, 624

3) **ad**, essen, schmecken.
gr. *ἔδω*, esse. lat. *edo*. lit. *ėdmi (ėdu)*, fresse. *ὄζω*, rieche (intr.) *olco* (intr.) *ūdžu*, rieche (trans.)

Curtius wendet Grdz[4]. 243 ein, *ἔδω* bedeute nicht 'schmecke'. abgesehen aber davon, dass man die annahme eines proethnischen bedeutungsüberganges nicht lediglich mit der hervorkehrung der innerhalb einer einzelsprache üblichen gebrauchsweise eines wortes widerlegt zu haben glauben darf, wäre darauf hinzuweisen, dass lit. *gardùs* z. b. auch 'wolschmeckend' heisst, obwol *gérti*, zu dem es Schleicher I, 119 mit grosser wahrscheinlichkeit stellt, bloss 'trinken', nicht 'schmecken' bedeutet; im allgemeinen aber, dass 'schmecken' ja mit den verben des 'geniessens' begrifflich identisch ist. wo nun zwei begriffe sich so eng verbinden, dass man zu ihrer völligen deckung bloss einen zwischenbegriff zu supplieren hat, der mit dem ersten begriffe selbst sich deckt, darf man ja wol wagen, jenen mittelbegriff zu ergänzen, auch wenn er direct nicht ausgeprägt erscheint. eine bestätigung von formaler seite tritt hinzu. dem gr. *ἔδω* entspricht gr. *ὄζω*; dem lat. *ĕdo* lat. *ŏleo;* dagegen dem lit. *ėdu (ė = ā)* lit. *ūdżu (ů = ō).*

Benfey's hypothese ist also durch Curtius nicht widerlegt. ob sie freilich richtig ist, ist eine frage für sich. ich kann dieselbe nicht entscheiden, möchte dem leser aber dennoch eine andere etymologie unterbreiten. geruch ist hauch, der hauch aber schwellt: w. *ad* vermuteten wir s. 26 in der bedeutung 'schwellen'. dann wäre gr. *ὄζω*, lat. *oleo,* lit. *ūdżu* zu I zu ziehen.

Der transitive verbalbegriff wird im gr. und lat. durch derivation oder composition ausgedrückt. durch derivation: gr. *ὀσμάομαι*, rieche, von *ὀσμή*, geruch, duft, stank. lat. *odoror,* berieche, von *odor,* geruch, duft, stank. durch composition: lat. *olfacio,* rieche; gr. *ὀσφραίνομαι,* letzteres nach Ficks treffender vermutung (Beitr. I, 334) bestehend aus *ὀδ-*, riechen, und *φρε-*, *φραν-*, wahrnehmen.

Hierher würden noch die übertragungen wie *ἡδὺ ὄζειν* u. s. f. gehören. anstatt mit ihrer aufzählung zu ermüden, bemerke ich kurz, dass alle derartigen bezeichnungen der geruchsempfindungen dem gebiete anderweitiger sinneseindrücke entnommen sind: eigene mittel zur characterisierung besitzt dieser sinn nicht, wodurch allein schon er als den untergeordnetsten von allen sich erweist.

III. S. 27 ff. ward auseinandergesetzt, dass die geschmacksempfindungen in einigen fällen durch entsprechende tastempfindungen illustriert werden. das gleiche ist für ein paar geruchsempfindungen zu zeigen. der ausgeströmte geruch ist gedacht als die nase berührend: wobei freilich die nase nicht genannt wird, sondern hinzuzudenken ist. milde berührung ist milder geruch; peinliche berührung auch peinlicher geruch. hierher gehört

sskr. *surabhí-,* wolriechend (= angenehm berührend). zu sskr. *rabh,* fassen.

altn. *angi*, 1) stachel (vgl. ags. *anga*, aculeus, stimulus, und altir. *écath*, hamus, Windisch, Stud. VII, 377). 2) süsser geruch.

altn. *hnissa*, a steam, a smell, especially an ill flavour. nicht zu gr. *κνῖσσα*, wie Cleasby-Vigfusson wollen, sondern eher zu germ. *hnītan*, stossen.

altfr. *hrēna*, riechen. zu ags. *hrīnan*, tangere, attingere, Richth. s. v., Tobler, Zs. f. Völkerps. u. Sprachw. I, 364. — ebenso erkläre ich

1) **ghan**, treiben, schlagen, stossen.

zd. *gaiñti-*, gestank. dies wort kann man nicht direct mit sskr. *gandhá-*, geruch, vergleichen, wie das bei Justi geschicht. seiner verwantschaft wird dagegen das von Fick I[3], 536 zu *knūy*, stinken, gezogene ksl. *gnoj*, *σῆψις*, *κόπρος*, *gnoją*, *gnoiti*, cacare, *gnilŭ* *σαπρός*, zuzuzählen sein.

2) **ghadh**, fassen (vgl. oben *rabh:* sskr. *surabhí-*).

sskr. *gandhá-*, geruch, duft; wolgeruch. gr. *γήθυον*, lauch [1]) (vgl. lat. *ālum*, lauch, zu *an*, hauchen). das griechische wort hat die gestalt med. + voc. + aspir., wie sie zu belegen ist mit gr. *δόλιχος* und *ἀγαθός* (letzteres nach Deeke, Verwantschaftsnamen 171 ff). die groecoitalische wurzelform konnte *χnīθ* lauten: hierauf beruht nach Fick II[3], 94 gr. *κνῖσσα*, fettdampf, lat. *nīdor*. [2])

3) **dhigh**, stechen: vgl. s. 5.

lat. *foeteo*, *foedus*, u. s. f. Fick II[3], 116. — über lat. *fīmus*, mist, handelt Savelsberg, K. Z. XXI, 125.

4) **stag**, stossen.

gr. *ταγγός*, ranzig, ein allerdings spät belegtes wort,

---

[1]) Hehn[2], p. 176 deutet *γήθυον* als *γῆ-θύον*, erd-rauch. allein dies ist wegen *γηθυλλίς*, verglichen mit den von LMeyer Vergl. Gr. II, 592 aufgezählten anderweitigen bildungen auf *υλλιος* nicht wol zu glauben.

[2]) Die zusammengehörigkeit von gr. *κνῖσσα*, lat. *nīdor*, wuste schon Benfey, Wzlx. I, 271. allein er zog die wörter zu sskr. *knūy*, feucht werden, riechen.

das aber durch das germanische vollauf bestätigt wird. ags. *stincan*, odorem exhalare, fragrare, olere, foetere; *gestincan*, olfacere. ahd. *stinchan*, wie ags. *stincan*; mhd. *stinken*, einen geruch verbreiten; einen geruch wahrnehmen.[1])

5) **smard**, beissen.

lit. *smirdas*, gestank, unflat; *smìrdżu*, stinke. ksl. *smradŭ*, *δυσωδία*; *smrŭždą*, foeteo. Ebel, K. Z. VII, 226.

IV. Einzelheiten.

1) Das verwesende stinkt; verwesung aber ist oft folge anhaltender nässe. bestätigung liefern

sskr. *visra-*, muffig. verhält sich zu sskr. *sṛ*, fliessen, wie lat. *madidus*, nass, faul, zu *mad*, fliessen.

zd. *frith*, stinkend werden, faulen. gr. *πάρταξον· ὑγρανον. Λάκωνες* Hes.; *παρδακός*, *πορδακός*, nass, faul. Fick I³, 149.

2) Einengung aus 'bemerken' ist zd. *bud*, wittern, riechen, = idg. *bhudh*, wach sein, wahrnehmen, (ksl. *bljudą*). zu dem transitiven 'riechen' stellte sich der intransitive begriff 'riechen, duften' leicht ein; das causativum zu *baodhaitē*, duftet, heisst *ābaodhayaēta*, er räuchere, *upabaodhayān*, s. sollen räuchern. ein unmittelbarer zusammenhang also zwischen der bedeutungsentwickelung hier, und der in sskr. *bōdhana-*, d. räuchern, die 'erweckung[2]) eines wolgeruchs', darf nicht angenommen werden.

Mit wörtern wie sskr. *pramōda-*, grosse freude, wolgeruch, mag ich mich nicht aufhalten. ich wende mich daher sofort zur betrachtung der ausdrücke für

---

[1]) Dass bei diesem verbum das 'riechen' aus dem 'stossen' hervorgegangen ist, kann mit sicherheit nicht behauptet werden. wegen gr. *ταγγός* kann man an *τεταγών*, fassend, packend, denken; aber auch an *τέγγω*, netze: vgl. Verg. Georg. IV, 62 *adsperge sapores*. für die germ. verba kann got. *stiggan* (*vipra*, *συμβαλεῖν*) allerdings in betracht kommen; ebenso aber auch ags. *stincan*, aufwirbeln, = altn. *stökkva*, springen; sprengen, spritzen. vgl. Tobler, aao.

[2]) Eine andere 'erweckung' des wolgeruchs besteht in der zerreibung: sskr. *parimala-*, wolgeruch: zu *mar*, reiben.

Nase. sie heisst

I. Die fliessende.

1) nas, fliessen.

sskr. *nās*, *nā'sā*; zd. *naoṅha*; altpers. *nāha*; lat. *nāsus*, *nāris*[1]); altn. *nös*, ags. *nosu*, ahd. *nasa*, lit. *nosis*, ksl. *nosŭ*. — vgl. Curtius, Grdz[4]. 355.

2) sri, fliessen.

gr. *ῥῑ'ς*, nase. diese zusammenstellung ist vorzuziehen derjenigen von Benfey mit sskr. *ghrāṇá-* (Chrest. Gloss.) und derjenigen von Windisch mit altir. *srenim*[2]), sterto (Stud. VI, 260).

3) sradh, fliessen.

gr. *ῥώϑων*, nase. Curtius, Grdz[4]. 355, JSchmidt, Voc. II, 283.

II. Die niesende.

w. spar, niesen.

altir. *srón*, grdfrm. **sprogna*, nach Stokes, K.B. VIII, 322.

Hierzu kommen noch folgende einzelheiten.

sskr. *phaṇa-*, nasenflügel, = lit. *spàrnas*, flügel.

sskr. *puṭa-*, nasenflügel. allgemein = falte, tasche, ausgebauchter hohler raum.

sskr. *çiprē*, nase, nach Nir. VI, 17. zd. *çrifa*, nüster. zu *çip*, bohren, so dass die nasenlöcher als die 'gebohrten' bezeichnet wären?

sskr. *gandhajñā* (geruch kennend) und *tanubhastrā* (körperblasebalg) sind erst bei den lexicographen anzutreffen.

Ein specielles wort für den mangel des geruchsinns gibt es nicht.

---

[1]) Nach Bezzenberger, Beitr. I, 341, möglicherweise aus **nasris* entstanden, so dass lit. *nasrai*, maul, ksl. *nozdrĭ*, nares, altfr. *nosteren*, nüstern, verwant wären.

[2]) Denn altir. *srenim* stellt Fick II[3], 280 (vgl. auch Stokes, K. B. VIII, 322) passend mit gr. *πτάρνυμι* zu w. *spar*, niesen, eigentlich = 'zucken': vgl. lit. *skiaudżu*, niese, sskr. *kšu*, welche von Bugge, K. Z. XX. 36 ff. an *sku*, sich bewegen, angeschlossen werden.

HOEREN.

I. Im vorhergehenden wurde ausgeführt, dass weder schmecken noch riechen in ihrem ursprünglichen wortsinne genau mit der vorstellung sich decken, welche wir mit ihnen zu verbinden gewohnt sind. da die sprache nur sinnliches bezeichnen kann (das unsinnliche wenigstens nur, insofern es sich aus dem sinnlichen umgestaltet hat), die empfindung aber etwas unsinnliches, d. h. mit den sinnen nicht wahrnehmbares ist, so versteht sich das von selbst. wie nun oben sich ergeben hat, dass statt 'schmecken' und 'riechen', d. h. statt unsrer empfindung selbst, das sinnliche merkmal genannt ist, an welches unsre empfindung sich knüpft: so ist auch das, was wir heute mit dem ausdrucke 'hören' bezeichnen, in einer reihe von fällen seinem wortsinne nach mit 'tönen' identisch.

Das verdienst, dieses verhältnis zuerst an dem beispiele idg. *k¹ru*, hören, zu *kar*, tönen, nachgewiesen zu haben, gebührt Ascoli, dem glänzenden vertreter der sprachwissenschaft in Italien: K. Z. XVI, 216. er zeigte, dass 'hören' sprachlich der genaue inhalt von 'tönen von . . .' ist, und benützte dies ergebnis, um aus ihm den genitiv zu erklären, in welchem so häufig das object des hörens steht.[1]) wie nahe in der tat die

[1]) Was von Hübschmann, zCasusl. 278 jedesfalls hätte erwähnt werden dürfen, und was auch FMüller von der unrichtigen behauptung hätte ab-

beiden tätigkeiten sich berühren, folgt schon aus der einfachen erwägung, dass 'tönen' ja geradezu ein causatives 'hören' — 'hören lassen' — ist, so dass man ungefähr sagen kann 'hören' sei das receptive 'tönen'. die nahe berührung wird aber auch durch die sprache selbst bezeugt, da in einigen fällen beide bedeutungen an der gleichen wurzel nachgewiesen werden können. ich will dies in der nachstehenden aufzählung zu zeigen versuchen.

Lit. *girdžù*, höre. — lit. *gerdas*, geschrei, nachgewiesen von Bezzenberger, zGLS. 284; altpr. *gerdaut*, sagen.

ebenso:

1) **ghus**, tönen.

sskr. *ghuš*, tönen, skyth. *Ραθάγωσος*, der wagenrassler, Fick, Spracheinheit s. 407. sskr. *ghuš* mit *ā*, horchen, zd. *guš*, hören, altpers. *gausa-*, ohr.

2) **k'ru**, tönen, hören.

Die bedeutung 'tönen' bricht hervor in idg. *k'ravas:* sskr. *çrávas* 1) preislied, ruhm, schall; 2) ohr(?); zd. *çravaṅh*, wort, gebet; gr. *κλέος*, ruhm, ksl. *slovo*, verbum, wovon *slovlją*, loquor. sodann in sskr. *cráva-*, 1) tönend, 2) ohr; *çrúti-*, 1) laut, klang, geräusch, 2) ohr; *çlō'ka-*, getön, geräusch; in zd. *çraothra-*, d. singen (wogegen sskr. *çrō'tra-*, ohr), sowie im infinitiv *çrūidhyāi*, Jolly, K. B. VII, 425. auf europ. boden zeigt sie sich in altn. *hljóð*, laut, ton, ags. *hleóðor*, 1) sonus, sonitus, 2) auditus, = ahd. *hliodar*, welches aber nur 'sonitus' bedeutet.

Die bedeutung 'hören' in sskr. zd. *çru*, gr. *κλύω*, lat. *cluo*, *clueo*, ksl. *slovą*, nominor. sie tritt, mit der einzigen ausnahme von ags. *hljósa*, *hlýsa*, sonitus, fama, überall hervor in der ableitung idg. *k'rus* (zd. *çruš*,

---

halten sollen Grundr. I, 41: 'rufen' (got. *hrōpjan*) lat. *clamare* sind nicht ursprünglich sondern sind ableitungen der wurzel *kru* 'hören', indem sie nichts anders als 'hören machen' bedeuten.

altir. *cloor*, audio, lit. *klausù*, gehorsam, ksl. *sluchŭ*, auditus, wozu ahd. *hlōsēn*, lit. *klausaú*, ksl. *slušają*).

II. Die ausdrücke für 'hören', welche unter den soeben betrachteten gesichtspunkt sich nicht fassen lassen, sind verengt aus dem allgemeinen begriff des aufmerkens.

sskr. *çamayati, çāmayati* mit praefix *ni*, er wird gewahr durch's gesicht oder durch's gehör. das verbum ist denominativum, vgl. sskr. *çámī*, bemühung, fleiss, dessen verbum *çam* gr. *κάμνω* ist. gr. *ἱπποκόμος*, pferde besorgend, legt die begriffsentwickelung klar: wer sich um ein object bemüht, ist aufmerksam auf dasselbe, folge des aufmerkens aber ist das bemerken.

gr. *ἀκούω*, welches von Delbrück K. Z. XVI, 217 mit got. *hausjan* verknüpft worden ist, sowie *ἀκροάομαι* deutet Fick (ähnlich übrigens schon Tobler, Zs. f. Völkerps. u. Sprachw. I, 366) Beitr. I, 334 als zusammensetzungen. im letzteren gliede sieht er *οὖς*, gehör, im ersteren ableitungen von der wurzel *ak*[1], schärfen. seine etymologie bestätigt das von Hesychius überlieferte *ἀκρώσσει*.

altir. *tóiset*, audiunt, gehört zu altir. *tó*, silens. die gedankenfolge ist: still sein — aufmerken — hören; sie begegnet ebenso, aber in umgekehrter reihe, in dem altn. *hljóðr*, welches 'zuhörend, still, leise' bedeutet.

Jene verengung des begriffs 'aufmerken' trat schon proethnisch ein in

1) w. **av**.

Im sskr. heisst *av* mit *ud* verbunden: 1) antreiben, fördern; 2) lauern; 3) auf etwas merken. mit *pra* verbunden: 1) antreiben, fördern; 2) sich jemandes annehmen; 3) bemerken, beachten. somit liegt der gleiche gedankengang vor, wie oben in sskr. *çamayati*, gr. *ἱπποκόμος*. der endbegriff 'bemerken' wird, in allgemeinerer fassung, durch gr. *ἀΐω* zum ausdruck gebracht; zum 'bemerken durch's gehör' eingeengt erscheint er in lat. *audio, ob-oedio* (grundform **avidio*) und in den ausdrücken für 'ohr', altir. *ó* = lat. *aus* in *auscultare;* gr. *οὖς*, lat. *auris* = lit. *ausìs;* got. *ausō*, ksl. *ucho.*

2) w. **is.**

Aus der bedeutung 'suchen', welche das wort im sskr. hat, geht die des aufmerkens, achtens und beachtens hervor. die letztere treffen wir in gr. *αἰσθάνομαι* (Bezzenberger, Beitr. IV, 313); das genannte verbum bezeichnet die 'beachtung' durch die sinne, die sinnliche wahrnehmung ganz allgemein. Ueber germ. *hausjan* (got. *hausjan*, altn. *heyra*, ags. *hȳran*, alts. *hōrian*, ahd. *hōrjan*) weiss ich nichts sicheres zu sagen. das wahrscheinlichste ist, das ksl. *čują*, *γιγνώσκω*, *κατανοῶ*, russ. *čuetŭ*, audit (vgl. Ebel, K. B. I, 270), verglichen werden muss.

Die wörter für ohr habe ich im vorhergehenden teilweise schon genannt. ich stelle sie der übersichtlichkeit wegen mit denen, welche ich noch nicht angeführt habe, hier nochmals zusammen. das ohr ist benannt

I. Von seiner organischen verrichtung.

1) **ghus**, tönen, hören.
zd. *gaoša-*, altp. *gausa-*.

2) **k¹ru**, tönen, hören.
sskr. *çráva*, *çrávaṇa-*, *çrávas*, *çrúti-*, *çrō'tra-*. — got. *hliuma*, *ἀκοή*

k¹rus: altir. *cluas*, ohr (Windisch, Grdz⁴. 150); altn. *hlust*, ohr, alts. *hlust*.

3) **av**, bemerken.
gr. *οὖς*, lat. *auris*, altir. *ó*, got. *ausō*, altn. *eyra*, ags. *eáre*, alts. ahd. *ōra*, lit. *ausìs*, ksl. *ucho.*

II. Von seiner äusseren gestalt.

1) sskr. *pāli-*, ohrläppchen. die grundbedeutung scheint 'rand'.

2) gr. *λοβός*, ebenso. die grundbedeutung ist 'lappen' (zu *λέπω:* die abgelöste schale hängt herab).

Uebrig bleibt noch ostar. *karna-* (sskr. *kárṇa-*, zd. *karena-*), ohr. gewöhnlich fasst man dies wort im anschluss an Benfey,

Chrest.-Gloss. s. v. als 'spalt', indem man sskr. *kṛṇāti*, er verletzt, anzieht. diese erklärung findet zwar in dem vorhergehenden keinen halt; gleichwol ist sie wahrscheinlicher als diejenige Windischs (K. Z. XXI, 390), welcher zwischen *karṇa-* und w. *çru* wurzelhaften zusammenhang annimmt. gegen letztere spricht, dass das receptive tönen an *kar* nicht nachzuweisen ist.

Ist es nun aber wahr, dass 'hören' nichts weiter als 'tönen' ist, so wird man billig fragen dürfen: was ist denn aber 'tönen'? gibt es in der sprache bestimmte wurzeln, die von anfang an und ausschliesslich für das 'tönen' geschaffen gewesen sind? oder sind die ausdrücke für die verschiedenen weisen des tönens selbst ebenso aus anderen ausdrücken hervorgegangen, wie das tönen selber rücksichtlich seiner entstehung an andere tätigkeiten als seine ursachen geknüpft ist? — was war 'riechen'? in einigen fällen 'rauchen'. was aber 'rauchen'? in einigen fällen 'brennen': vgl. gr. *αἰθαλόεις* (zu *idh*, brennen) 1) feurig. 2) russig. — altn. *svæla*, rauch: ags. *svelan*, brennen, glühen. also wie in der sinnenwelt das rauchen mit dem brennen verknüpft ist, indem das brennen, das erhitztsein die ursache zu dem rauchen abgibt: so liegen auch in der sprache ursache und wirkung in éiner wurzel eingeschlossen.

Geschieht aber immer so? ist 'rauchen' stäts wurzelgleich mit 'brennen'? wir fanden früher, dass der rauch als der emporwirbelnde, aufsteigende bezeichnet worden ist, z. b. in den ableitungen von w. *dhu*: d. h. dass er von einem sinnlichen merkmale aus seinen namen erhalten hat. dies ist jenes merkmal, von dem altmeister Bopp VGr. II³, 419 *) in seiner schlichten, klaren weise gesagt hat: 'die sprache drückt niemals etwas vollständig aus, sondern hebt überall nur das am meisten hervorstechende oder ihr so erscheinende merkmal hervor. dieses merkmal aufzufinden ist sache der etymologie'. die bezeichnung dieses merkmals ist das zweite mittel der sprache, die dinge zu nennen.

Treten wir nun mit dieser erkenntnis vor die frage: was ist 'tönen'? so ist klar, dass der wortsinn dieses verbums zur zeit der sprachentstehung[1]) ein andrer gewesen sein muss, als der, den wir mit ihm verbinden. nur der sprachforscher weiss, dass unser wort tönen sprachlich das spannen bezeichnet, aus dem der ton hervorgeht: der nicht sprachforschende sohn der neuzeit hat keine ahnung davon. in jener grauen vorzeit aber, von der uns noch die sogenannten wurzeln erzählen wollen, wenn wir sie nicht sorgfältig verschliessen und begraben — in jener zeit war der mensch zwar nicht sprachforscher, wol aber, was mehr heissen will, sprachschöpfer. indem er die erscheinungen in der welt benannte, hielt er es nicht für unbescheiden, sich selbst *manús*, denker, zu heissen. gedacht hat er also wol auch, als er den begriff des tönens in ein wort fasste, d. h. als er einem ursprünglich bloss pathognomischen (um Steinthal's treffende bezeichnung zu gebrauchen) laute eine vorstellung unterlegte. die frage aber, wie er gedacht hat, liegt schon im vorhergehenden beantwortet. er dachte entweder an das, was den ton hervorruft: und nannte den ton mit der tonursache. oder aber er gedachte des eindrucks, den der ton auf seine seele gemacht hatte: und nannte den ton nach seinem hervorstechenden merkmale.

Es gelingt denn auch völlig, sämmtliche tonwurzeln auf diese weise zu erklären. man muss nur an dem satze festhalten, über dessen berechtigung Scherer genugsam sich ausgelassen hat: dass dasjenige, was bis hinab in die äusserste periode, in welche wir dringen können, als lautlich identisch sich aufzeigen lässt, auch begrifflich zusammenfällt. stellt man sich auf diesen boden, so liefern die sprachlichen tatsachen von selbst den beweis für das, was oben im allgemeinen behauptet wurde.

---

[1]) Ich bemerke hier ein für alle mal, dass ich 'sprache' nicht mit 'laut' zusammenwerfe, wie das von Geiger geschehen ist, sondern Steinthal recht gebe, wenn er in der bekannten weise zwischen beiden unterscheidet. ich verweise auf die betreffenden partien in seinem Abriss.

A. Die tonwurzel bezeichnet die tonursache.

I. Tönen = spannen.

mit gr. γέμω, bin voll, stehe gespannt (wozu nach Fick II³, 87 ksl. žimą, σφίγγω, kommt), stellt Curtius Grdz⁴. 112 lat. *gemo* passend zusammen. ähnlich erklärt sich

1) **stan**, **tan**, tönen = stan, tan, spannen. vgl. Kuhn, K. Z. IV, 7 MMüller, Vorl. I, 313.

Die alten dachten sich die spannung der luft als ursache des donners, JGrimm, KSchr. II, 411: folgerichtig lässt sich an wurzel *stan*, spannen, die bedeutung 'donnern' nachweisen: sskr. *stan*, donnern, dröhnen, brüllen, brausen; daneben auch *tan*, rauschen *parjánya iva* RV. I, 38, 14, d. h. donnern, wie lat. *tono* und germ. *þonra-* (altn. *þórr*, ags. *þunor*, ahd. *donar*).

Wer sich beengt fühlt, der seufzt: gr. *στενός*, enge, gr. *στένω*, seufze, ebenso altn. *stynja*, seufzen, ahd. *stunōd*, suspirium, lit. *stenù*, ksl. *stenją*, seufze. allgemeinere bedeutung hat ags. *stunian: þär bord stunađ; stunede ȳđ viđ ōđre; stunađ vynsum song.*

Endlich, die gespannte saite tönt, sobald sie vibriert. direct zu gr. *τείνειν*, spannen, gehört *τόνος*, welches spannung (seil u. s. f.) und ton bedeutet, und dadurch am besten die behauptung Zimmers (QF. XIII, s. 135) widerlegt: 'ags. *þun*, clangor, . . . sowie *þunor*, *donar*, *tonitru*, *τόνος*, haben mit w. *tan*, dehnen, nichts gemein'.

Ohne bestimmte beziehung steht ksl. *tąťnŭ*, *ψόφος*, *φωνή*, lit. *tįtinóju*, prahle, ksl. *tąťnją*, sono. — das verhältnis von zd. *çtuman*, gr. *στόμα*, mund, zu der hier betrachteten wurzel *stan*, *tan*, spannen, ist nicht sicher zu bestimmen. vermutlich sind beide wörter mit sskr. *stāmú-*, gr. *στωμύλος* an die w. *ta*, ausdehnen, sich ausbreiten, zerfliessen (Fick I³, 591) anzuschliessen.

Anders als in den bis jetzt genannten wörtern vollzog sich der bedeutungsübergang in sskr. *tāna-*, 1) faden, 2) lang ausgehaltener, gedehnter ton. hier liegt der nachdruck auf dem 'aushalten', gespannt erhalten, und dieser begriff ist auch das bindeglied zwischen

2) **dhar**, tönen, und *dhar*, halten.
sskr. *dhārayati*, er zieht in der aussprache hin; gr. *τονθορύζω*, murmle. — hierzu die erweiterung *dhran* in dem unbelegten sskr. *dhráṇati*, in gr. *θρῆνος*, wehklage, got. *drunjus*, *φθόγγος*, altn. *drynr*, schall, gedröhn, gr. *τενθρήνη*, *τενθρηδών*, biene, ahd. *treno*. — die wurzelgestalt *dhru* ist durch gr. *θρόος*, lautes rufen, schall, gemurmel, *θρῦλος*, lärm, geräusch, ags. *dreám*, modulatio, canor, concentus, symphonia (wobei Grein I, 204 zu vgl.) belegt.

II. Tönen = s. wirbelnd bewegen.
Zimmer stellt altn. *bifa*, rede, QF. XIII, s. 257 zweifelnd mit ahd. *biba*, mhd. *bibe*, das beben, zittern, zusammen. den zweifel mögen folgende analoga hinwegräumen:

sskr. *valgita-*, hüpfend, flatternd, klingend, wohlklingend, belegt den gleichen bedeutungsübergang innerhalb des sanskrits wie gr. *λιγύς*, *λιγυρός*, hell, klar, laut, in ihrem verhältnis zu *λίγξε βιός* innerhalb des griechischen.[1]) — ebenso:

1) **dhu**, s. heftig bewegen, stürmen.
zd. *du* 1) sinnen: in dieser bedeutung zu gr. *θυμός*: Otfr. II, 12, 41 *ther geist ther blasit stillo thara imo ist muatwillo;* 2) tönen, vom wasser, Vend. V, 24 *yatha maçyayāo āfs kaçyañhām apām avi frādavaiti*, wie ein grösseres gewässer kleinere gewässer übertönt; sprechen (von geschöpfen der bösen welt, Haug bei Bunsen, Aegyptens Stelle V, 4, s. 108). zu bedeutung 2) ist gr. *θωΰσσω*, summe, schreie, zu vergleichen. ableitungen:

dhvan in sskr. *dhvan*, tönen, *dhvanita-*, getön, donner, *dhvāntá-*, name eines winds; mit sskr. *dhúni-*, rau-

---

[1]) Hierher auch gr. *ὀλίγιοι· εἶδος ἀκρίδων*, Hesych.; *ὄλιγγος*, eine art heuschrecke bei Phot. und Suidas.

schend, brausend, tosend (wind, wasser, lobgesänge), deckt sich germ. *duni-* in altn. *dynr*, geräusch, lärm, getös, ags. *dyn*, sonitus, fragor; mit sskr. *dhunay*, rauschen, germ. *dunjan* in altn. *dynja*, dröhnen, heftig vorwärts dringen, ags. *dynian*, sonare, clangere, fragorem edere, alts. *dunian*, dröhnen. das lit. *dundu*, rufe, töne, zeigt die beliebte weiterbildung der w. durch *d*.

dhvas entwickelt die bedeutung 'tönen' aus 'hauchen', wäre also eigentlich unter III aufzuführen: seines zusammenhanges mit *dhu* wegen habe ich es hierher gestellt. lit. *dùsu*, atme schwer, *dùsas* seufzer, ksl. *vŭzdŭchnq*, *στενάζω*, sowie lit. *dungstu*, töne, *dunzgu*, *dųzgiú*, klappere, reflectieren die wurzel.

2) **na**, fliessen; eigentlich: in zitternder bewegung sein. gr. *νᾶμα*, d. quelle, d. nass; gr. *νᾱρός*, fliessend = sskr. *nīrá-* Näigh. I, 12 unter den *udakanāmāni*.

Erweiterungen:

nad in sskr. *nadáyati*, er versetzt in zitternde bewegung, *nādayati*, er macht tönen. das intensivum *nā'nadati* vereinigt beide bedeutungen: 1) er ist in zitternder bewegung; 2) er saust, schwirrt, brüllt. sskr. *nadī'*, fluss, ist die 'fliessende' sowohl als die 'rauschende'; den begriff 'fliessen' ausschliesslich haben wir in sskr. *atinēdati*, er fliesst über, in den flussnamen *Νέδα*, *Νέδων* [1]), und in ahd. *naz*, vgl. got.

---

[1]) Dagegen ist es nicht sicher, dass hierher auch *Νέστωρ* gehört, wie Sonne K. Z. X, 123 vermutet hat. es kann nach den äusserst feinsinnigen untersuchungen von Dietr. Müller, Mythologie der griech. Stämme s. 140 ff. nicht mehr zweifelhaft sein, dass Neleus, als *νηλεής*, der erbarmungslose, mit Hades identificiert werden muss. er regiert in Pylos, *ἐν πύλαις Ἀΐδαο*. er zeugt mit seiner gattin *Χλῶρις*, der 'blassen', eine tochter *Πηρώ*, die 'blinde', und zwölf söhne. der letztern einer ist *Περικλύμενος*, der begründer der genealogie der attischen Könige aus dem geschlechte des Neleus. die namenreihe dieser Könige gibt Pausanias II, 18, 8 folgender weise an: *Μελάνθιος ὁ Ἀνδροπόμπου τοῦ Βώρου τοῦ Πενθίλου τοῦ Περι-*

natjan. der begriff des tönens, den wir ausserdem noch in zd. *nadcñtō*, verschmäher, *nāidhyañh*, verachtung, gr. *ὄνομαι*, schmähe, belegt finden, ergibt sich aus dem der zitternden bewegung leicht, mag man vom bewegten objecte ganz allgemein oder vom bewegten wasser speciell ausgehen.

nar in sskr. *narîšṭā*, scherz, geplauder, *narmá-*, *narman-*, scherz, spass. — aus der hüpfenden bewegung, die hier der grundbegriff scheint, ergeben sich zwei bedeutungsreihen:

a. 'tanzen' in sskr. *nṛt*.

b. 'tönen' in sskr. *nard*.

3) **bhar**, s. heftig bewegen.

gr. *πορφύρεον κῦμα*, die wallende woge; altn. *byrr*, wind, lit. *búris*, schlagregen, ksl. *burja*, *λαῖλαψ*, *χειμών*, Bollensen, Or. u. Occ. II, 475, JSchmidt, Voc. II, 232. aus *bhal*, wirbeln, entstehen neben einander *bhla*, *bhli* und *bhlu*. *bhla* sehe ich in gr. *φλέω*, walle, sprudle, quelle, schwatze, *φληναφάω*, schwatze, und *παφλάζω* (*φλαδ-*: unser *platzen*, *platschen*), werfe blasen, rausche, siede, schwatze, gr. *φλέδων*, schwätzer. — zu *bhli* gehören gr. *φλοίω*, strotze, und *πεφλοιδέναι*, blasen werfen, *φλοῖσβος*, getöse des rauschenden meers, geräusch einer menschenmenge, kriegsgetümmel. — endlich zu *bhlu* stelle ich mit JSchmidt, aao. 270, gr. *φλύω*, strudle, schwatze, mhd. *blōderen*.

κλυμένου; alle diese namen sind Hadesnamen (Müller, aao. 158f). man wird daher gut tun, auch in *Νέστωρ*, einem andern sohne des alten Hades-Neleus, den Hades zu erkennen, um so mehr, als die herschaft über Pylos auf ihn übergeht. nur ist er kein erbarmungsloser finsterer gott, sondern ein freundlicher; er ist der *Κύνοστος*, der für eine gute heimkehr sorgt, denn die seele *νεῖται ὑπὸ ζόφον ἠερόεντα*, Il. XXIII, 51. — *Νέστωρ* ist koseform zu namen wie *Κύνοστος* (u. a. eine mühlengottheit: 'die das mehl heil nach hause bringt'), wie *Μέντωρ* zu *Μενέχαρμος;* aus dem griech. gehören noch *Νόστος*, *Νεστάνη*, *Νοστία* in diese reihe, für das germ. vgl. Förstemann, Altdeutsches Namenbuch I, 952 f.

Eine weiterung von *bhar* ist *bhram*, s. heftig bewegen, welche Kuhn in seiner Zs. VI, 152 bespricht, und von welcher folgende ableitungen hier angeführt seien: sskr. *bhṛmi-*, beweglich, wirbelwind, *bhramá-*, wirbelnde feuerflamme, womit altn. *brimi*, ignis, zu vgl.: gr. *φριμάσσομαι*, geberde mich ungeduldig, schnaube, springe, lat. *fremo*, brumme, summe, brause, schwirre, altn. *brim*, ags. *brim*, brandung, ahd. *breman*, mugire, *bremo*, bremse.

4) **sparg**, springen, platzen.

sskr. *sphūrj*, 1) hervorbrechen, zu tage treten, zum vorschein kommen; 2) einen dumpfen ton von s. geben, brummen; causat. knistern, knattern. mit *vi* 1) hervorbrechen, zu tage treten; 2) in bewegung versetzt, erschüttert werden; 3) schnauben, brummen. hierzu vergleiche lett. *sprāgt*, aufbrechen, hervorkeimen; bersten, platzen, knallen. gr. *σφριγάω*, schwelle, strotze, bin zum platzen voll, *σφάραγος*, geprassel, gezisch, gebraus; lit. *spragu*, prassle; ags. *sprecan*, alts. *sprekan*, ahd. *sprehhan*.

Als grundbedeutung hat man, schon der verwantschaft von *sparg* mit *spar* wegen, 'springen' zu betrachten. aus ihr entwickelt sich einerseits die des hervorkeimens, wie sie auch in lit. *sprógti* hervortritt: vgl. Walther 94, 13 *dō die bluomen dur das gras wünneclīchen sprungen*; andrerseits die des platzens und knallens.

5) **tu**, schwellen, strotzen, ungestüm sein.

sskr. *tumula-*, geräuschvoll, lärmend: n. lärm, verworrenes geräusch. hiermit stellt Benfey, Gl. z. chrestom. s. v., lat. *tumultus* zusammen.

6) **sradh**, fliessen.

gr. *ῥόθος*, gebraus der anschlagenden wogen. hierzu gehören nach JSchmidt, Voc. II, 282, ags. *stredan*, bespritzen, ahd. *stredan*, fervere, *stredunga*, *stridunga zeno*, stridor dentium.

7) **tvar, tru**, schnell herumdrehen.

Fick, Beitr. I, 335, stellt ahd. *dweran, tweran*, mhd. *twern*, schnell herumdrehen, rühren, zu gr. *τορύνη*, quirl, lat. *trua*, rührlöffel, altn. *þvara*, quirl, und schliesst hier an lat. *turma*, schaar, haufe, ags. *þrym*, lärmende schaar, getümmel; letzterem worte entspricht altn. *þrymr*, lärm, und verwant ist altn. *þruma*, donner.

8) **am**, schnell herandringen.

altn. *ymr*, lärm, verbindet JGrimm, KSchr. II, 405 ff. ganz zutreffend mit lit. *ùmaras*, wirbelwind, ungestümer luftstoss.

9) **snar**, schnell bewegen, drehen.

die primärwurzel *sna* in lett. *snât*, locker zusammendrehen. hierzu gesellt sich altir. *snáthe*, filum, nach dem verhältnis von mhd. *zwirn* zu *twir*, drehe schnell herum.

Erweitert *snar* in altn. *snarr*, ags. *snear*, eilend, s. schnell bewegend; ferner in altn. *snœri*, a twisted rope, ahd. *snuor*, filum; got. *snōrjō*, *σαργάνη*. hieraus ergibt sich ein starkes verbum *snaran*, schnell bewegen, drehen; zu ihm gehört das denom. mhd. *snern*, schwatzen, plappern, verstärkt *gesnern*: vgl. *gesner*, geschwätz, geplapper. ausserdem ist ein starkes verbum *snerran* anzuerkennen, Gr. II, 61, von welchem mhd. *snar*, *snarres*, d. schnarren, rauschen, schmettern, d. zwitschern der schwalbe, *snur*, d. schnurren, abgeleitet sind.

III. tönen = blasen, hauchen.

sskr. *dhamati*, Nâigh. III, 14 unter den synonymen von *arcati*. *dham* heisst sonst 'hauchen, blasen, gähren'.

lat. *spiritus*, hauch, d. seufzen, d. zischen der schlange; ton, klang, stimme. zur gleichen wurzel *(spas)* pflegt man germ. *fnas* zu stellen: ags. *fnäst*, heftiger atemzug, *fnāra*, sternutatio, altn. *fnösun*, fremitus, *fnasa*, knirschen (z. b. vor wut: Thrymskv. 13).

Ueber lit. *dùsas*, seufzer, ksl. *vŭzdŭchną, στενάζω*, lit. *dungstu, dunzgu, dųzgiù* cf. s. 69.

Ebenso stellt sich der bedeutungsübergang in

1) w. spu, blasen.

sskr. *phutkarōmi*, puste, blase; schreie aus vollem halse. gr. *ψιθυρίζω*, zische, flüstre, zwitschre, Benfey, Wzlx. I, 560; Goebel, K. Z. XI, 62.

2) k¹u, schwellen. die folgenden verba, welche 'blasen' bedeuten, können als erweiterungen von *k¹u* betrachtet werden:

k¹vas. sskr. *çvas*, blasen, zischen, sausen, seufzen; *çūšá-*, gellend, klingend, als subst. masc. klang, lied, jubel; aber auch hauch, lebenskraft, stärke. — lat. *queror*, klage, kreische, girre, Benfey, a Sanskrit-English Dict. s. v. *çvas*; altn. *hvīskra, hvīsla*, to whisper, ags. *hvisprian*, susurrare, murmurare, ahd. *hwispalōn*, sibilare. aus lituslavischem gebiete gehören hierher lit. *szvankszczù*, schnaube, keuche, wiehere, rede leise, *szvygszcu*, rede heiser, ksl. *svistŭ*, sibilus, vgl. Kuhn, K. Z. XV, 317.

k¹vap. ksl. *sopą*, *αὐλῶ*, von Mikl. zusammengestellt mit nsl. *sopsti*, anhelare, *sapa*, halitus, russ. *sopětĭ*, exire (de aqua, vapore, fumo: wegen der bedeutungsentwickelung vgl. lat. *spiro*, w. *spas*), clamare. hierzu lit. *szveplù, szvepsù*, rede undeutlich, von Miklos. verglichen mit ksl. *siblivŭ*, blaesus. auch got. *hvōpan*, *καυχᾶσθαι*, ags. *hvōpan*, atrociter minari, ist herbei zu ziehen.

k¹var ist vorauszusetzen wegen lit. *szvarkszu*, quake (v. d. ente), *szvirksztu*, pfeife, sause, ksl. *svrŭčati*, russ. *sverčatĭ*, zirpen. — gehören auch ags. *hvelan*, clangere, altn. *hvellr*, shrilling, thrilling, ksl. *cviliti*, *cvilěti*, plangere, flere, trotz ihres *l* hierher?

Bereits oben in altn. *hvīsla* u. s. f. war übertritt der *a*-wurzel in die *i*-reihe wahrzunehmen. derselbe liegt auch vor in altn. *hvīna*, to give a whizzling sound, ags. *hvīnan*, fremere (Grein II, 122). mit diesen verben vergleicht Stokes K. B., V, 222 altir. *cóinim*, deploro.

3) va. blasen, wehen, hauchen.

die einfache wurzel trifft man in germ *vōma-*: altn. *ōmr*, sound, voice, ags. *vōm* und *vōma*, vgl. *vintres vōma*, wintersturm, *heofon-vōma*, himmelsrauschen. zur gleichen wurzel *va* stellt Curtius Grdz[4]. 390 gr. *ἰωή*, stimme, schall, und motiviert dies mit der bemerkung: 'aus der grundvorstellung des hauchens entwickelt sich die des rufens.'

Als erweiterungen fasse ich auf:

vāk[1], in sskr. *vāç*, brüllen, blöken (v. rinde), krächzen (v. grossen vögeln), *vāçrá-*, brüllend, blökend, tosend (v. sturme): es heisst RV. I, 37, 10 von den Maruts: *úd u tyē sūnávō girah kā'sthā ájmēšv atanata vāçrā' abhijñú yā'tavē,* 'diese söhne, die sänger, dehnten ihre bahnen auf ihren zügen aus, so dass brüllend sie (uns) ganz nahe kamen' (Ludwig). mit sskr. *vaçā'*, kuh, vergleicht man passend lat. *vāca* (*vacca*: Pauli, K. Z. XVIII, 13).

vagh[1] in gr. *ἠχή*, geräusch (des winds, der woge, volksmenge, des gesangs, der trompete); lat. *vāgio*, quicke (kleine kinder, hasen, ziegen, schweine), lit. *užù*, sause, brause, rausche (sturm, woge, flügelschlag, flammengeprassel, laub).

vat in gr. *ἀϋτμήν*, *ἀϋτμή*, hauch, dunst, got. *vōþeis*, ags. *vēde*, süss duftend, angenehm (s. 52). hierzu ags. *vōđ*, carmen, loquela, sonus, vgl. *vōđ-dor*, 'redetüre', mund, luftröhre, altn. *ōđr*, song, poetry.

vap in lit. *vapù*, schwatze, plappere, alts. *vōpian*[1]),

---

[1]) Ich habe mich in dieser zusammenstellung auf die herschende theorie gestützt, dass germ. *p* einem vorgerm. *p* entsprechen könne. ob dieselbe richtig sei, steht dahin; es wäre aber einmal zu untersuchen, ob

ags. *vōpan*, ahd. *wuofan*, klagen. von germ. *vōpa-* (altn. *ōp*, a shouting, crying, ags. *vōp*, alts. *vōp*, ahd. *wuof*, klage) stammt das denominativ got. *vōpjan*, *βοᾶν*, *φωνεῖν*, ahd. *wuofjan*, ululare.

Alle übrigen wurzeln, welche das element *va* enthalten, als *vad*, *var*, *vak*, sowie *av*, trenne ich von obigem *va*, blasen. bei *var* kann man mit sicherheit 'offenbaren' als grundbegriff nachweisen, bei *av* wenigstens mit hoher wahrscheinlichkeit. die tonwurzel *vad* lässt sich mit der gleichlautenden wurzel identificieren, welche 'quellen' bedeutet. endlich für *vak* gelingt es nicht, eine beziehung auf den wind aufzuzeigen. für *vap* allerdings auch nicht: doch hat lit. *vapù* die parallele des ags. *hvisprian*, germ. *vōpan* die des lat. *queri* zur seite.

IV. Tönen = schlagen, zerschlagen, zusammenschlagen.

1) **plak**, schlagen (lit. *plakù*, schlage, züchtige, ksl. *plačą*, *πλύνω*, 'schlage wäsche').

plask in lit. *plaskóti*, in die hände klatschen, *pleszkḗti*, prasseln, sieden, plaudern, schwatzen. ksl. *plešta*, *pleskati*, *κροτεῖν*, plaudere, *ὀρχεῖσθαι*, *pleskŭ*, *κτύπος*.

2) **kart**, schlagen, hauen.

gr. *κρότος*, jedes durch schlagen, stampfen, klatschen entstehende geräusch; auch wortschwall. *κρόταλον*, klapper, *κροτέω*, klappere, rassle.

3) **stup**, stossen, schlagen.

gr. *τύμπανον*, pauke, ksl. *tŭpŭtŭ*, *ψόφος*, strepitus.

---

germ. *p* nicht in manchen fällen aus vorgerm. *g(v)* erwachsen sein könnte. für folgende beispiele scheint mir diese annahme zulässig: 1) got. *iup*, *ἄνω*, wie gr. *ὑψι-*, *ὑψό-θεν*, hoch, von einer basis *ug*, vgl. gall. *uxello-*, ksl. *vysokŭ*. Fick, Beitr. II, 188. 2) ags. *pađ*, ahd. *phad*, zu w. *ga*, gehen. — nach dieser analogie könnte man auch *vōpan* zusammenbringen mit zd. *aoj*, sagen, dessen auslaut wol auch sskr. *vagnú-*, *vagvaná-*, *vagvanú-* bestätigt: wenigstens sehe ich keinen grund, in den letzteren wörtern mit Grassmann 'erweichung' des *g* aus *k* anzunehmen.

4) **ghan**, schlagen.

erweitert *ghand* in altn. *gnat*, a clash, davon *gnötra*, to rattle. die ursprüngliche bedeutung ist gewahrt in ags. *gnat*, d. stechende mücke. vgl. Zimmer, QF. XIII, s. 290.

erweitert *ghnas*, in altn. *gnadd*, a grumbling, muttering, dessen *dd* für *zd* steht wie in den von mir Zs. XXI, 214 besprochenen substantiven altn. *broddr*, (w. *bhars*), altn. *haddr* (w. *kas*), altn. *hodd*, (w. *kus*), altn. *rödd* (w. *ras*). dies *ghnas* erfährt eine abermalige erweiterung im altn. *gnesta*, to crack.

aus *ghan* wird *ghnu:* gr. *χνόη*, radbüchse, das knarren; altn. *gnūa*, to rub, *gnȳja*, to sound, *gnauđa*, to rustle, to ring, *gnyđja*, to mutter.

aus *ghan* wird *ghni*, dies wird erweitert zu *ghnidh:* ags. *gnīdan*, fricare, ahd. *gnītan*, *knītan;* hierzu gehört wol das schwache verbum ahd. *knistjan*, collidere, altn. *gnīsta*, to gnash the teeth, to snarl; vgl. nhd. *knistern*.

5) **glab**, zusammenschlagen.

a) umarmen: ags. *clyppan;* lit. *glėbýs*, ein arm voll.

b) schallen: ags. *cleopjan*, *clypian*, rufen, schreien, ahd. *claphōn*, complodere, sonare, crepitare, mhd. *kleffec*, geschwätzig.

6) **skal**, spalten, zerschlagen.

lit. *skéliu*, spalte, *skéldu*, platze; *skillu*, schlage feuer an. — lit. *skáliju*, schlage an (d. jagdhund), altn. *skjalla*, to clash, clatter, *sköll*, mockery, loud laughter, ahd. *scellan*, sonare, clangere hinnire, crepitare.

In die gleiche reihe scheint mir auch seiner bedeutung wegen das gr. *κτύπος* zu gehören. das wort ist aber etymologisch unklar.

B. Die tonwurzel bezeichnet eine sinnlich anschaubare tätigkeit als merkmal des tönens.

Bis hierher sind die ausdrücke zur sprache gekommen, welche nach ihrem etymologischen werte die tonerregung angegeben haben. mit ihrer aufzählung ist aber nur der geringere teil aller tonbezeichnungen erschöpft; es bleiben die wurzeln, in welchen der ton beschrieben wird.

Die sprache hat hier einen doppelten weg eingeschlagen. der ton wird entweder nach seiner wirkung beschrieben: Hes. Schild 252 - - - *ἰάχεσκε σάκος μεγάλῳ ὀρυμάγδῳ Ὀξέα καὶ λιγέως;* oder so, dass von der perception ganz abgesehen und die art und weise genannt wird, wie (nicht wodurch: das war tonerregung!) man sein hervortreten sich denkt: Od. XIX, 321 *ἥτε θαμὰ τρωπῶσα χέει πολυηχέα φωνήν.* durch beide gattungen von definitionen wird der ton selbst definiert: dort als schneidendes instrument, hier als quellender erguss. wir haben uns deshalb auf zweierlei arten von tonwurzeln innerhalb dieser gattung gefasst zu machen. die eine muss wurzeln enthalten, welche dem begriff des gr. *ὀξέα* nahe kommen. die andere solche, deren grundanschauung dem gr. *χέει* parallel geht.

Da sich ergeben wird, dass die bezeichnung des tons nach der erstgenannten weise eine consequenz derjenigen nach der zweiten art ist, so beginne ich mit der aufführung der letzt angedeuteten classe. ich stütze meine auffassung auf folgende belegstellen aus den alten literaturen:

a. Der ton wird rücksichtlich seines hervortretens beschrieben.

sskr. *is*, schicken entsenden.

RV. IV, 33, 1 *prá ṛbhúbhyō dūtám iva vā́cam iṣya,* hervor sende den Ṛbhus wie einen boten die stimme.

IX, 12, 6 *prá vā́cam índur iṣyati,* sein gebrüll entsendet der tropfen.

sskr. *sṛj*, ausgiessen.

RV. I, 9, 4 *ásṛgram indra tē gíraḥ,* 'lieder, Indra, erschallen dir' (Benfey; *ásṛgram* = wurden ausgegossen,

Entstehung und Verwendung der mit *r* anlautenden Personalendungen s. 53).

VIII, 35, 20 *sargā'ñ iva sṛjataṃ suṣṭutīr úpa*, strömen gleich giesset die loblieder empor.

gr. *ἵημι*, schicke, sende.

Il. XIV, 150 f. *τόσσην ἐκ στήθεσφιν ὄπα κρείων ἐνοσίχθων Ἧκεν.*

Aesch. Pers. 635 *ἱέντος τὰ παναίολ' αἰανῆ δύσθροα βάγματα.*

gr. *πέμπω*, schicke.

Aesch. Pers. 938 *πέμψω πολύδακρον ἰακχάν.*

Soph. Phil. 845 f. *βαιάν μοι, βαιάν, ὦ τέκνον, Πέμπε λόγων φάμαν.*

lat. *cieo*, mache gehen.

Verg. Georg. III, 517 *extremosque ciet gemitus*, sein letztes gestön von sich gibt.

lat. *effundo*, giese aus.[1])

Verg. Aen. V, 482 *ille super talis effundit pectore voces.*

altn. *verpa*, werfen.

Vafþr. 7 *hvat er þat manna | er ī mīnum sal | verpumk orði ā*, mich anredet.[2])

ags. *vrecan*, expellere.

Beóv. 1724 *ic þis gidd be þe āvrāc*, ich sang dieses lied über dich.

ags. *styrian*, to stir.

Met. XIII 48 f. *hi heore āgene Stefne styriað*, sie lassen ihre stimme erschallen.

---

[1]) Vgl. Notker's übersetzung des lat. *effundo in conspectu eius orationem meum* mit *fore imo lazo uz min gebet* (Wiener Notk. p. 280), wozu man halte Beóv. 2551 *lēt .... vord ūt faran.*

[2]) Was geworfen wird, fällt: *Gauts gjālfr fellr mēr ā gōma*, carmen mihi ore excidit, Egills. — was gegossen ist, fliesst: Hes. Theog. 83 f. *τῷ μὲν ἐπὶ γλώσσῃ γλυκερὴν χείουσιν ἐέρσην, Τοῦ δ' ἔπε' ἐκ στόματος ῥεῖ μείλιχα.* überhaupt gilt die rede — auch uns noch — öfter als strom, ich erinnere nur an die *sárasvatī*, die flussbegabte, die göttin der vom munde fliessenden rede, Benfey, Gesch. d. Sprachw. s. 42. und an gr. *ῥυθμός*, fluss, ebenmass der rede.

Diese stellen, die sehr leicht vermehrt werden könnten, wenn das nicht eulen nach Athen tragen hiesse, lehren laut genug, wie die menschen, welche in ursprünglicherer sinnlichkeit den erscheinungen gegenüber standen, den ton betrachtet haben. sie verglichen ihn mit dem pfeile, der von der sehne schwirrt, mit dem boten, der von dannen eilt, mit dem quell, der aus dem felsen strömt. tönen war ihnen ein entsenden oder ergiessen des tons: des letzteren characteristicum war das effundi. nun geht ja aber die benennung der erscheinung stäts von dem characteristicum derselben aus, alle anderen merkmale aus dem spiele lassend. etwas was zuckt, ist deshalb noch kein feuer, und zucken selber ist noch lange kein brennen: gleichwol sind sskr. *bhramá-* und germ. *brennan* ihrem etymologischen werte nach nichts weiter als zuckend und zucken. wie hier zucken das hervorstechende merkmal des brennens und als solches ausgangspunkt für die sprachliche darstellung desselben geworden ist, so hat die sprache in der tätigkeit des tönens das effundi des tons als characteristisch betrachtet und demgemäss das tönen selber ein effundi genannt. den beweis hierfür liefern folgende gleichungen:

1) **ak, ank,** biegen = **ak, ank,** tönen.

beweis: sskr. *añc* mit *ud* heisst 'aufheben, in die höhe ziehen; ausstossen, ertönen lassen'. man vergleiche mit dieser vorstellung sskr. *carayāmi* mit *ud,* welches bedeutet: 1) ich mache hervorgehen; 2) ich leere den leib aus; 3) ich stosse töne hervor. — ferner Aen. I, 371 *imoque trahens a pectore vocem;* II, 280 *compellare virum et maestas expromere voces.*[1])

ak, ank, tönen (in gr. *ὀγκάομαι*, brülle, *ὄκνος*, rohrdommel, got. *aúhjōn*, *θορυβεῖσθαι*, Bezzenberger, Beitr. I, 380, ksl. *jęčą*, gemo), heisst demnach wörtlich 'herausbiegen'.

---

[1]) Dies bestätigt Corssens (Ausspr. I², 361) scharfsinnige deutung des lat. *explōro:* 'mache herausfliessen' = erkunde.

2) **ambh**, strotzen, quellen, = **nabh**, idem = **ambh**, tönen.
RV. I, 173, 1 *gā'yat sā'ma nabhanyàm yáthā vē'r*, es ertöne das preislied, hervorquellend wie ein vogel (erg. hervorstürzt): 'so strömen des gesanges wellen hervor aus nie entdeckten quellen'. — *ambh*, tönen, in der unbelegten wurzel *ambh*, gr. *ὀμφή*, stimme.

3) **gh'u**, giessen, = **gh'u**, tönen.
RV, II, 27, 1 *imā' gíra ādityē'bhyō . . . juhōmi*, diese lieder ergiesse ich den A.
Hes. Schild 396 *καί τε πανημέριός τε καὶ ἠῷος χέει αὐδήν (τέττιξ).*
gh'u, tönen, in sskr. *hu*, laut aussprechen, rufen, zd. *zu*, anrufen, beten, got. *gaunōn*, *πενθεῖν*, *θρηνεῖν*, altn. *geyja*, to bark [1]), ksl. *zovą*, *κράζω*, *φωνῶ*, *καλῶ*. eine erweiterung ist vielleicht *ghus* in sskr. *ghuš*, mit geschrei erfüllen, ertönen, verkündigen, und den s. 62 genannten eran. wörtern. man vgl. altn. *gjósa* to gush, break aut (effundi), und *gjósordr*, verba effundens, garrulus.

4) **mu**, schieben, rücken. = **mu**, tönen.
Ov. Met. X, 147 *hoc vocem carmine movit.*
mu, tönen, in gr. *μῦ*, lat. *mū*, mucks. gr. *μῦθος* (wobei man HSchmidt, Syn. I, 13 betrachte); altn. *mār*, ags. *mæv*, möve, mhd. *māwen*, *māwen*, schreien, lett. *maut*, brüllen.

Von erweiterungen seien genannt
muk, loslassen, = *muk*, ertönen.
Pañcat. LVII, 14 *siṃhanādam mumōca*, stiess ein löwengebrüll aus.

[1]) Gehört ags. *gidd*, *gid*, *gyd*, cantus, cantilena, carmen, poema, sermo, dictum, ebenfalls hierher? so dass *gȳdd* zu schreiben wäre, wie vielleicht *hȳd*, Zimmer, Ostgerm. und Westgerm. s. 54, und sskr. *hūti-*, anrufung ('erguss') verglichen werden dürfte? eine ansprechende etymologie bietet Zimmer, Anz. I, 10: er stellt ags. *gidd* mit altn. *ged*, animus, zu *ghadh*, fügen: *gidd* = 'composition'.

muk, tönen, in gr. *ἔμυκον*, brüllte, ertönte, knarrte. germ. *mugja-* in altn. *mȳ*, alts. *muggja*, ahd. *mucca*.

mug, losslassen, = *mug*, ertönen.

Die bedeutung 'loslassen' reflectiert das lat. *emungo*, schnäuze aus, welches von genanntem begriffe ausgeht, wie gr. *ἀπομύσσω* (w. *muk*), schnäuze aus, vgl. Kirātārj. V, 38 *līḍhamuktā*.

mug, tönen, in dem unbelegten sskr. *muj*, *muñj*; sodann in gr. *μύζω*, töne, lat. *mugio*, brülle, krache, ertöne.

5) **sa**, loslassen, werfen, = *sa*, tönen.

Aesch. Pers. 635 *ἱέντος τὰ παναίολ' αἰανῆ δύσθροα βάγματα*.

sa, tönen, in sskr. *sā'man-*, lied, gr. *ἦ*, sagte. — *sa* wird erweitert zu *sak:* gr. *ἔσπετε*, *ἔννεπε*, lat. *insece*, *insectio*, umbr. *prusicurent*, declaraverint, Aufr.-Kirchh. II, 331; Aufrecht, K. Z. I, 352; altir. *saigid*, Ebel, K. B. II, 165; altn. *saga*, ags. *sagu*, ahd. *saga*, erzählung, lit. *pasakà*, *pásaka*, aussage, erzählung, ksl. *sokŭ*, *κατήγορος*; mit nasalverstärkung germ. *singan* in got. *siggvan*, *ᾄδειν*, *ᾄδειν καὶ ψάλλειν*, *ἀναγιγνώσκειν*, altn. *syngva* und *syngja*, ags. alts. ahd. *singan*, in ältester zeit begrifflich nicht geschieden von *sagajan* (altn. *segja*, ags. *secgan*, ahd. *sagēn*). im lit. weist auf einstigen nasal *sūkiu*, *sókiu*, singe; der nasal ist noch geschrieben in *sąkitis*, von sich sagen, Bezzenberger, zGLS. s. 321.

6) **stu**, stossen = *stu*, tönen.

Ein idg. *stu*, stossen, kann direct allerdings nicht nachgewiesen werden, wol aber indirect aus *stu-d* und *stu-p*, welche beide schon idg. sind.

stu, tönen, in sskr. *stu*, zd. *çtu*, lobpreisen. — hieraus erweitert ist sskr. *stubh*, einen laut ausstossen, jauchzen, trällern.

(s)tud, stossen, = *tud*, tönen. diese gleichung hat schon Graff (V, 235) erraten.

zd. *tuçen*, they whine (nach Haug, Essays 207; Bezzenberger, GgA. 1875, 281*), lat. *tussis*, germ. in got. *þuthaúrn*, *σάλπιγξ*, altn. *þjóta*, to emit a whistling sound, ags. *þeótan*, murmurare, ululare, ahd. *diozan*, stridere, mussare, fremere, strepere. — verwant jedesfalls ist altn. *þyss* an uproar, tumult, *þysja*, to rush, *þeysa*, to make to stirt out, to make rush forth, ags. *mereþyssa*, meeresdurchrauscher, schiff, ahd. *dōsōn*, tosen. da aber sskr. *tus*, tönen, unbelegt ist, die übrigen sprachen nichts entsprechendes bieten, so kann nicht entschieden werden, ob in den letztgenannten wörtern eine direct aus *stu* weitergebildete wurzel *stus* anzuerkennen, oder ob an das fertige *stud* ein 'determinierendes' *s* angetreten sei, in welchem nach einem den nordeuropäischen sprachen gemeinsamen gesetze *d* untergehen muste.

7) **nu**, vorwärtsbewegen, = *nu*, tönen.

Die hier angesetzte bedeutung kann streng genommen nur für sskr. *nu* nachgewiesen werden: sskr. *návatē*, er bewegt sich, caus. er bewegt vom platze. sie kann indes ausgangspunkt gewesen sein für die bedeutungen des gr. *νεύω* und des lat. *nuo;* und sie muss vorausgesetzt werden für die bedeutung der erweiterten wurzelform *nud*, welche in den asiat. sprachen anzutreffen ist: sskr. *nud*, stossen, treiben, zd. *nud* in *franudhyamnō*, sich emporhebend. dies, und die unbestreitbare analogie der vorhergehenden fälle legen den schluss nahe, es möchte auch in dieser wurzel der begriff 'tönen' aus dem begriff 'movere' geflossen sein.

nu, tönen, in sskr. *návatē*, *nāuti*, er brüllt, jauchzt, jubelt; lit. *niunui*, wehe, zGLS. s. 268, lett. *nauju*, schreie. — die erweiterung *nuk* in lit. *niúkiu*, rausche, lärme, tobe, schreie, schelte, ksl. *njukają*, *παραϑαῤῥύνω*.

Ueberall also bis jetzt hat es sich gezeigt, dass tönen ein loslassen *(vocem mittere!)* oder ergiessen der stimme ist. mit éinem worte kann man sagen: der ton ist offenbarung. auch die sprache fasst ihn in dieser weise auf. was ich vor die sinne des andern bringe, offenbare ich; ich bringe es aus dem geheimnis, in welchem es bisher vor ihm gestanden, in die welt der erscheinung. so begreift sich die redeweise Soph. Trach. 741 *τίν' ἐξήνεγκας λόγον;* und ihr ganz parallel steht, nur auf das licht bezogen, die wunderbar sinnliche anschauung Ov. Met. VII, 663 *Jubar aureus extulerat sol.*

Von hier aus können wir einen grossen schritt weiter tun. indischem boden entwachsen ist ein wort *āvís,* welchem ksl. *javě, δῆλον, φανερῶς,* im radicalteile entspricht. was heisst *āvís?* das gleiche, was *javě.* damit ist freilich wenig gesagt: aufklärung bringt aber Bopp. derselbe meint Vgl. Gr. III³, 493, sskr. *āvirbhūta-,* in beziehung auf den mond 'aufgegangen', heisse eigentlich 'herausgeworden' und *āviškṛta-,* geoffenbart, eigentlich 'herausgemacht'. bedeutet aber *āvís* ursprünglich 'heraus, hervor', so ist es nicht zu kühn, w. *av* als seine basis anzusehen. die bedeutung dieser wurzel definiert Grassmann richtig mit 'fördern'; sie bricht hervor in RV. I, 102, 4 *asmā́kam áṃçam úd avā bhárĕ bhare,* unsre partei fördere in jeder schlacht, und IV, 44, 6 *nárō yád vām açvinā stṓmam ā́van,* wenn die männer euch, A., lobgesang entsenden. man sieht, mit der bedeutung der w. *av* lässt sich diejenige von *āvís,* wofern Bopp mit seiner deutung recht hat, ungezwungen verknüpfen.

Lese ich nun eine stelle, wie Rv. I, 123, 10 *kanyḕva tanvā̀ çā́çadānā̆ ḗ'ši dēvi dēvám íyakšamāṇam | saṃsmáyamānā yuvatíḥ purástād āvír vákšāṃsi kṛṇušē vibhātī́,* einem mädchen gleich prangenden körpers schreitest dahin du, göttin, zum gott, der dein verlangt; eine lächelnde jungfrau lässt schauen ('machst offenbar') du deinen busen, lichtverbreitend, — so fällt mir eine andere aus der Ilias ein, welche kürzlich HSchmidt in der griech. Synon. I, 34 in ganz prächtiger weise dazu verwendet hat, um für gr. *ἐρεῖν* (w. *var*) als grundbegriff 'offenbaren' zu erweisen. Il. II, 48 f. heisst es nämlich: *Ἠὼς μέν ῥα θεὰ προςεβήσατο μακρὸν Ὄλυμπον, Ζηνὶ φόως ἐρέουσα καὶ ἄλλοις ἀθανάτοισιν.* Schmidt meint: '*ἐρεῖν* ist geradezu das hervorbringen und so vorführen des noch nicht sichtbaren und vorhandenen'. nicht allein aber um das sichtbare, sondern auch um das hörbare handelt es sich: denn gr. *ἐρεῖν* heisst vorwiegend 'sagen'. in gleicher weise nun, wie RV. IX, 3, 5 *āvíš kṛṇōti vagvanúm,* er lässt ein rauschen ertönen, verbunden, *āvíš kṛṇōti* also auf den ton bezogen wird: so ist jene wurzel *var* bereits proethnisch zur tonwurzel geworden, und die angeführte stelle aus der Ilias, zu welcher noch XXIII, 226 *ἦμος δ' Ἑωςφόρος εἶσι φόως ἐρέων ἐπὶ γαῖαν* zu fügen ist, bewahrt bloss noch eine griechische reminiscenz an altarische freiheit des wortgebrauchs.

Nach alledem halte ich es für erwiesen, dass die grundbedeutung der w. **var** (sskr. *vratá-,* wille, gebot, gesetz, nach Roth, über Yaçna 31, s. 14, = zd. *urvāta-,* übereinkunft, lehre, gesetz, gr. *ῥητά*, verabredete bedingungen, Bezzenberger, Beitr. I, 254: zd. *var*, lehren, altpers. *var*, verkündigen, gr. *ἐρέω*, lat. *verbum,* got. *vaúrd,* lit. *várdas,* name) 'offenbaren' gewesen ist. wenn dies zugegeben wird, kann auch die weitere vermutung nicht mehr bedenklich erscheinen: es verhalte sich *var* zu dem ihm begrifflich völlig gleichstehenden *av,* wie *var, van*, wählen, zu *av,* lieben, Scherer, zGDS. 324.

Eine weiterbildung von *var* ist *vark*: lit. *verkiù*, weine, ksl. *vrŭčą,* sonum edo, *vrŭkają, φθέγγομαι.*

Hat sich ergeben, dass *var* den begriff 'offenbaren' schon in proethnischer zeit zu 'tönen' verengt habe, und durfte aus den anwendungen des sskr. *āvís* gefolgert werden, die wurzel des letzteren sei die einfachere gestalt von *var:* so wird auch gegen die gleichsetzung von **av**, tönen (sskr. *ávatē,* er brüllt, gr. *αὔω*, schreie, tose; lat. *ovo,* frohlocke, ksl. *vyją, φωνῶ, ὠρύω*) und *av,* fördern (offenbaren: *āvíš kṛṇōti vagvanúm*), kein einwand erhoben werden können.

Anders fällt die entscheidung betreffs **vad**, tönen (sskr. *vad*, singen, erklingen, reden, sprechen, *vand*, preisen, rühmen; gr. *ὕδω*, singe, *αὐδή*, stimme, *ἀείδω* für *ἀϝένδω*, JSchmidt, Voc. I, 125 f., lit. *vadinù*, rufe). ich erinnere an Il. I, 249 *τοῦ καὶ ἀπὸ γλώσσης μέλιτος γλυκίων ῥέεν αὐδή*, und identificiere *vad*, tönen, mit *vad*, quellen, welch letzteres verb gleichfalls nasalverstärkung aufweist.

Das gleiche verhältnis der bedeutungen 'tönen' und 'quellen' scheint auch für **vak** (in sskr. zd. *vac*, reden, sprechen, verkünden, gr. *ὄψ*, stimme, *ἔπος*, wort, lat. *vōx*, stimme, wort, ahd. *gawahan*, memorem esse), neben welchem ein ostarisches *vag* (sskr. *vagvaná-*, schwatzhaft, *vagvaná-*, *vagnú-*, ton, geräusch, zd. *aoj*, sprechen, verkünden) bestanden hat, angenommen werden zu müssen. man beachte die stelle RV. X, 148, 5 *çrudhī' hávam indra çūra pṛthyā utá stavasē vēnyásyārkaiḥ | ā' yás tē yō'nim ghṛtávantam ásvār ūrmír ná nimnáir dravayanta vákvāḥ*, höre den ruf, Indra, o held, des Pṛthī und lass dich preisen von des Vēnya gesängen; der dich hersang zum ghṛtareichen schoosse; (dessen lieder) wie eine welle über abschüssiges rollend dich herbeieilen liessen, und vergleiche mit ihr III, 39, 1 *índram matír hṛdá ā' vacyámānā'chā pátim stō'matašṭā jigāti*, 'dem Indra zu geht aus dem herzen rollend das lied zum stoma gezimmert, dem herren zu', Ludwig. ist es zu kühn, auf grund dieser nachweise aus dem ältesten denkmale indogermanischen geistes die idg. *vāk* als *sárasvatī* zu fassen, d. h. die beiden wurzeln *vak*, sprechen, und *vak*, sich schwankend bewegen, wogen, rollen, für ursprünglich identisch zu halten?

Endlich[1]) sei hier w. **vi**, in bewegung setzen, treiben (sskr. *vē'ti*, er setzt in bewegung, erregt, erweckt; lit. *vēju*, verfolge), erwähnt. mit ihr kann man wiederum *vi*, tönen,

---

[1]) Das heisst, das ende muss hier unten stehen, weil es mir nicht gelungen ist, für w. *valb* in lit. *velbejóju*, lisple, ags. *vlisp* (für **vlips*, wie *äpse* für **äspe*) = ahd. *lisp* (= **lips*; vgl. nhd. *wespe* gegen mhd. *wefse*), blaesus, *lispjan*, blaesum esse, anhelare, einen sichern anhalt zu finden.

combinieren (gr. *ἰά*, geschrei, ruf, klang; *ἴσκε*, sprach; ksl. *otvě*, *otvěšę*, antwortete, Fick II[3], 657 f.).

'Offenbaren' war das hervorbringen und hervorführen des noch nicht zur erscheinung gekommenen. das tönende subject ist in bezug auf den ton hervorführend; der ton in bezug auf das subject, welches ihn erzeugt, hervorgeführt. wenn die *vāc* Näigh. I, 11 *mandrājanī*, die liebliches hervortreibende, genannt wird, so ist sie hervorführerin des tons: insofern freilich, als sie der ton selber ist, *se ipsam in auras expellens,* um mit Ovid. Met. IX, 704 f. zu reden. wenn wir aber Soph. Ai. 892 lesen *τίνος βοὴ πάραυλος ἐξέβη νάπους* ('wess ruf so nahe s c h o l l vom talgebüsch', Schöll), wofür es Beóv. 2792 drastischer heisst: *vordes ord breósthord þurhbräc*, so ist die stimme die hervorgeführte, die hervorkommende selbst. darum *ἐξέβη*: darum aber auch zu vermuten, dass zwischen den beiden wurzeln ga, gehen, und ga, tönen, ein engerer zusammenhang walten müsse. nun habe ich schon oben einmal hingewiesen auf RV. I, 173, 1 *gāyat sā́ma nabhanyàṃ yáthā vḗr*, es klinge das preislied, hervorbrechend wie ein vogel. man füge hinzu VIII, 1, 17 *prá gāyatrā́ agāsišuḥ*, 'erklungen sind die gāyatra' (Ludwig), und beantworte sich die frage, ob zwischen der w. *ga*, unter die man gr. *ἐξέβη* stellt, und der w. *ga*, von welcher man sskr. *gāyat* und *agāsišuḥ* abzuleiten pflegt, irgend welche bedeutungsdifferenz wahrzunehmen sei? doch wol kaum: ich wüste wenigstens sonst nicht, wie Schöll zu seiner übersetzung des gr. *ἐξέβη* gekommen wäre. ist es nun aber wahr, dass 'hervorkommen' die grundbedeutung hier wie dort ist: warum trennt man *gāyat* und *agāsišuḥ* von *ἐξέβη*? wegen der präsensbildung und des sechsten aorists, welche allerdings bei sskr. *ga*, gehen, unerhört sind. allein hier handelt es sich nicht um formenverhältnisse im sanskrit, sondern um solche in der grundsprache. also beweist erstens *agāsišuḥ* gegen die ursprüngliche identität der beiden wurzeln gar nichts, es beweist um so weniger etwas, als die vedische sprache auch die erste form des aorists gestattet hätte (Benfey, Vollst. Gr. s. 393, ausn. 1) note 2), und wirklich auch gestattet hat RV. VIII,

2, 38 *Káṇvāsō gātá vājínam*, 'singet, K., dem kraftvollen' (Ludwig). was zweitens das präsensthema *gāya* anlangt, so wird dasselbe allerdings durch die übereinstimmung von sskr. *gāyāmi* mit ksl. *gają*, crocito, als ursprachlich erwiesen; vielleicht aber gelingt es mir, für *ga*, gehen, etwas ähnliches zu ermitteln. ein indo-eranisches präsensthema *g'āya* ergibt sich aus sskr. *jā'yatē* und zd. *zayčitē*, er wird geboren. das verbum *g'a* welches hier conjugiert erscheint, ist synonym mit *ga*, von welchem sskr. *jāmí-*, zd. *jāma-*, sskr. *jāti-*, zd. *jaiti-* abgeleitet sind. in gleicher weise stehen bekanntlich *gan*, zeugen, und *g'an*, zeugen, neben einander. will man *g'a* und *g'an* ansehen als schon anfänglich von *ga* und *gan* geschiedene verba, so kann ich das nicht widerlegen: man wird aber zugestehen dürfen, dass von dem vorhin gefundenen *ga* genau ebenso ein thema *gāya* formiert werden konnte, wie *g'āya* von *g'a*. nun weis man lange, dass *su*, zeugen, von *su*, in bewegung setzen, erregen, ursprünglich nicht geschieden war: wie es ja im sanskrit noch oft genug vorkommt, dass formen des zweiten verbums die bedeutung des erstgenannten aufweisen, vgl. RV. V, 82, 9 *yá imā víçvā jātā'ny āçrāváyati çlō'kēna | prá ca suvā'ti savitā'* 'der alle diese irdischen geschöpfe durch das lied bekannt werden lässt, und sie hervorbringt' (Ludwig). können wir so verfolgen, wie der begriff 'zeugen' aus dem begriff 'in bewegung setzen, erregen, an's licht bringen' — vgl. Grassmann s. v. *sū* — sich entwickelt, so dürfen wir doch weiter schliessen, dass der begriff 'geboren werden', der medialbegriff von 'zeugen', aus dem medialbegriff von 'in bewegung setzen, erregen, an's licht bringen', also aus dem begriff 'kommen' hervorgehen konnte. wolan! das verhältnis von sskr. *gámati*, zd. **jamati*, got. *qimiþ*, nhd. *kommt*, einerseits und lit. *géma*, er wird geboren, kommt auf die welt, andrerseits, bestätigt diesen schluss. folglich ist die weitere annahme gestattet, dass einst auch sskr. *jāyatē*, zd. *zayčitē* nichts weiter geheissen habe, als: 'er kommt hervor'; und hieraus ergiebt sich ferner, dass jene wurzel *ga*, welche als neben *g'a* bestehend bereits nachgewiesen ist, mit dem bekannten *ga*, gehen, zusammenfällt. nunmehr sind wir jenem gesuchten präsensthema *gā'ya* von w. *ga*, gehen, ja wol nahe gerückt, nur dass wir dasselbe nicht von *ga*, sondern von dem gleichbedeutenden g^1a belegt finden. ist jedoch der am eingang dieser erörterung versuchte nachweis, sskr. *gā'yat*, ertöne, habe den begrifflichen wert von *ἐκβαίνοι*, nicht gänzlich verunglückt, so darf die vermutung gewagt werden, dass das gesuchte und dem tatsächlichen *g¹āya*, als parallel gehend vermutete *gā'ya* eben jenes *gā'ya* sei, welches durch sskr. *gā'yāmi*, ksl. *gają*, belegt wird, dass es aber noch in idg. zeit ersetzt worden sei 1) durch *g¹āya*, wenn der begriff 'auf die welt kommen', 2) durch ein präsensthema nach classe II (sskr. *ágām*, gr. *ἔβην* und Benfey, K. G. § 251), wenn der begriff der bewegung schlechtweg zum ausdruck gelangen sollte. ad 2) ist jedoch wiederum eine berührung von *ga*, gehen, und *ga*, tönen, anzumerken. fasst man das früher erwähnte *gātá*, singet, als imperativ oder als aorist: auf jeden fall beweist die form, dass *ga*, tönen, auch nach classe II flectiert werden konnte; und da gerade eben nachgewiesen wurde, dass *ga*, gehen, diese flection in der ursprache gehabt hat, so brauche ich nicht zu sagen, was hieraus folgt.

Die ableitungen von *ga*, als *gad* (sskr. *gad*, sprechen, sagen) lit. *żádas*, sprache, rede, zd. altpers. *jad*, bitten, altir. *guidid*, orat, cf. Windisch, K. Z. XXI, 430, gr. *βάζω*, rede, schwatze, ksl. *gądą*, *κιθαρίζω*, lit. *gaudżu*, wehklage, summe, Fortunatov, Beitr. III, 56. lit. *gûditis*, s. beklagen, winseln, jammern) und *gat* (bloss im germanischen: got. *qiþan* u. s. f.) haben hier kein weiteres interesse. nur das muss hervorgehoben werden, dass bei *gar* die bedeutung 'tönen' möglicherweise erst aus der bedeutung 'in bewegung setzen' gewonnen ist: im sskr. fällt *járatē*, er tönt, zusammen mit *járatē*, er setzt sich in bewegung; der letztere begriff, causativ gewant, wird durch gr. *ἐγείρω* ausgedrückt: und hierzu vergleiche man Soph. Oed. Col. 1778 f. *μηδ' ἐπὶ πλείω θρῆνον ἐγείρετε*.

Neben der bewegungswurzel *ga* steht die bewegungswurzel gi: sskr. *jínvati*, er regt sich, eilt; er erregt, setzt in bewegung, got. *keinan*, *βλαστάνειν*, ahd. *kīnan*, germinare. ebenso neben *ga*, tönen, eine wurzel **gi** in altn. *kvein*, wailing, altn. *kveina*, to complain, got. *qainōn*, *πενθεῖν*, *κόπτεσθαι*, ags. *cwānian*, klagen, erweitert *gid* in lit. *gēdu*, *gēdmi*, singe, krähe, *gaidýs*, hahn. — man kann die beiden gleichlautenden wurzeln wiederum nach dem muster von sskr. *uccārayāmi*, treibe hervor, treibe laute hervor, lasse ertönen, melde, vermitteln.

Endlich gehört in diese gruppe **gu**, tönen (sskr. *gávatē*, intens. *jō'guvē*, gr. *γόος*, klage, lit. *gauju*, heule, ahd. *chūma*, quaerimonia), erweitert *gug* (in sskr. *guñj*, summen, brummen, gr. *γογγύζω*, murre). auch neben diesem verbum des tönens läuft ein verbum des bewegens: sskr. *gávatē*, Nāigh. II, 14 unter den *gatikarmāṇas* aufgeführt, unterscheidet sich durch nichts von *gávatē*, er tönt. die wurzel wird bestätigt durch gr. *πρέσβυς*, Bezzenberger, Beitr. IV, 345. ton und bewegung fallen hier gerade so zusammen, wie wir RV. X, 103, 10 *úd ráthānaṃ jáyatām yantu ghō'šāḥ* an die stelle von 'erschallen' soll der siegreichen wagen getöse auch einsetzen können 'emporsteigen' ....

Nach der früheren auseinandersetzung (s. 77) wollten wir umschau halten auch nach solchen wurzeln, in welchen

b. der ton nach seiner wirkung benannt ist.

Wenn der eindruck, den eine vor meinen sinnen sich abwickelnde tätigkeit auf mich macht, beschrieben werden soll, so kann dies auf zweierlei art geschehen. ich kann die wirkung, welche ich verspürt habe, den andern, dem sie beschrieben werden soll, dadurch gleichfalls verspüren lassen, dass ich die gleiche tätigkeit ihm gegenüber entfalte, wie sie gegen mich zur ausführung gekommen ist. in bezug auf die tontätigkeit heisst das: *ὀνοματοποιῶ*. dass dieser weg, als die sprache entstand, recht selten eingeschlagen ward, lehren unsre wurzeln, von denen man als unbestreitbar onomatopoietische gebilde nur sehr wenige nachweisen kann; hat aus ihnen auch Fick in seinem Nachwort geschlossen, und zwar, wie Windisch in seiner reichhaltigen recension desselben gesteht, 'sehr einleuchtend'. die zweite art und weise ist die, dass die wirkung der betreffenden tätigkeit verglichen wird mit der wirkung, die eine andere, in ihrer wirkung als bereits bekannt vorausgesetzte tätigkeit gehabt hat: und dies ist der weg, auf dem man die sprache schritt für schritt antrifft. der mensch der urzeit stellte die wirkung des geruchs auf seine nase dar als ein berührt werden seiner nase durch den geruch: die wirkung der faust, die ihm auf die nase schlug, galt ihm für nicht wesentlich verschieden von der eines stechenden geruchs; sie erschien ihm in beiden fällen als ein schlag, nur dass er das ausübende subject dort sah, hier nicht.

Ganz analog ist es auch bei der bezeichnung des tons nach seiner wirkung hergegangen. die wirkung des tons wird verglichen mit der wirkung, welche ein schneidendes instrument ausübt. das geht aus folgendem hervor:

sskr. *páṭu-*, scharf: stechend (lichtstrahl); hell, laut (ton); scharf von geschmack.

gr. *πικρός*, spitze, scharf: hell, laut (ton); bitter, herbe. — umgekehrt

lat. *obtūsus*, abgestumpft; matt glänzend; dumpftönend.

Andere beispiele werden später angeführt. aber aus sskr. *tāra-* 1) überall durchdringend; 2) hell flimmernd; 3) laut, gellend; gr. *τορός,*[1]) 1) durchbohrend, 2) laut; gr. *τρανής*, scharf, hell, folgt unwiderleglich, dass

1) w. **tar**, durchdringen, = w. **tar**, tönen.

tar: lit. *tariù,* spreche, meine, denke; altpr. *tārin,* stimme (acc.). altgall. *Taranis,* donnergott, Fick II[3], 568.

targ: lat. *torvus,* durchbohrend; gellend bei Verg. Aen. VII, 399 f. *torvumque repente Clamat.*[2]) — dazu sskr. *tarj,* hart

---

[1]) Dass 'tönen' auf 'durchdringen' zurückgehen könne, hat schon Scherer, zGDS. s. 327 gewust.

[2]) vgl. Arist. Fried. 381 *εἰ μή τε τορήσω ταῦτα καὶ λακήσομαι*, 'wenn ich's ihm nicht verkünde noch verlautbare'; Thesm. 986 *τόρευε πᾶσαν ᾠδήν*, 'der volle sang erklinge' (Droysen).

anfahren, schmähen, höhnen; gr. ταρβέω, erschrecke; altn. *þjarka*, tumultus.

tarsk: lit. *tarszku*, klappre, rassle, ksl. *trěskŭ*, fragor. got. *þriskan*, ἀλοᾶν, ags. *þerscan*, ferire, pulsare, verberare, ahd. *drescan*, dreschen.

tarp: altn. *þrapl*, ags. *þräfl*, sermo immodicus, garrulitas. altn. *þrap*, sermo, garrulitas, Grein II, 596.

2) **star**, starr, stark sein, = **star**, tönen.

gr. στρηνής, welches bis auf das suffix mit lat. *strenuus* sich deckt, heisst stark, kraftvoll; zugleich aber wird es verwendet zur bezeichnung des kräftigen, durchdringenden tons. z. b. στρηνὲς φωνεῦσα θάλαττα bei Antipater aus Thessalonike, στρηνὲς βρέμεν ἀκτή bei Appian. das thema von lat. *strenuus* liegt zu grunde in gr. στρηνύομαι, bin überkräftig, und gr. στρηνύζω, schreie laut. wie hier der begriff des stark seins einfach auf den ton bezogen ward, ohne dass der letztere besonders bezeichnet worden wäre, so gilt auch w. *star* kurz vom stark sein des tones und damit vom tönen überhaupt.

Die einfache wurzel *star* ist vielleicht noch erhalten in germ. *stara-* (altn. *stari*, ahd. *stara*, mhd. *star*) und in europ. *starna-* (gr. ἀστραλός· ὁ ψάρος ὑπὸ Θετταλῶν, Curt. Grdz.[4] 357. thess. λ für ν, cf. Fick I[3], 825; lat. *sturnus*, ags. *stearn*), star.

Eine erweiterung aus *star* ist *starg* in gr. τόργος = germ. *storka-* (altn. *storkr*, ags. *storc*, ahd. *storah*). die bedeutung des gr. τοργός schwankt; wegen germ. *storka-* erinnere ich an das verhältnis von lat. *cicōnia* zu w. *kan*, Fick, Beitr. II, 196. — auf das hier belegte verbum lassen sich dann (cf. Sigismund, Stud. V, 181) gr. τρίζω, τρύζω nebst lat. *strix*, ohreule, zurückführen.

Die göste verbreitung hat die w. *star* im lateinischen gefunden. es gehören zu ihr

sternuo, niese, knistere. gewöhnlich stellt man das verbum mit gr. πτάρνυμαι, πταίρω zu w. *spar*. dabei ergeben sich jedoch solch unüberwindliche lautliche schwierigkeiten, dass von dieser zusammenstellung abgesehen werden darf.

sterto, schnarche.

strepo, lärme, rausche, schwirre, surre, juble; aber auch vom geregelten ton eines instrumentes gesagt.

strīdo, strīdeo, zische, sause, knirsche, summe u. s. f.

Hier mag noch ein wort über sogenannte onomatopoietische wurzeln seine stelle finden. LGeiger hat bekanntlich die ansicht geäussert (Ursprung und Entwicklung der menschlichen Sprache und Vernunft I, 309), jede tonwurzel sei schallnachahmung. nach den vorstehenden erörterungen halte ich mich für berechtigt, dies als einen irrtum zu bezeichnen. einen solchen ursprung darf man im gegenteil von nur sehr wenigen wurzeln behaupten. da bei einigen wahrgenommen werden kann, dass sie ihres onomatopoietischen characters allmählich sich entkleiden, so ist es allerdings möglich, dass die sprache am anfange ihres bestandes mit mehr solcher gebilde operiert hat, als uns heute scheint; zu beweisen aber ist es nicht.

Ein solches ablegen des onomatopoietischen characters nehme ich bei folgenden drei wurzeln an.

1) **ku** (in sskr. *ku, kū*, einen laut von sich geben, gr. *κωκύω* für **κῡκύω*, heule, ksl. *kujĭba, ζηλοτυπία, kujają, γογγύζω*), erweitert *kuk* (sskr. *kō'cati*, er gibt einen laut von sich, unbelegt, gr. *καύχη*, d. prahlen, lit. *kaukiù*, heule), dem intensivum zu *kug* (sskr. *kū́jati*, knurrt, brummt, zwitschert, girrt, murmelt, gr. *κνύζω*, knurre, winsle), endlich *kud* (sskr. *kutsáyati*, er schmäht, tadelt, gr. *κῦδος*, ruhm, *κυδάζω*, schmähe, ksl. *kuždą, μέμφομαι*).

Ich glaube, dass *ku* bloss gefolgert ist aus *kuku*, welches als basis in sskr. *kukkuṭá-, kukkubha-, kukkuvāc-*, gr. *κόκκυξ*, lat. *cucūlus* verwendet ist, und welches ursprünglich nachahmung des lautes war, der alle frühjahre auch noch in unsere ohren dringt. ein wort, wie sskr. *kukkubha-* = gr. *κουκούφας* stammt aus der kindheit der sprache: es heisst 'kuku-sagend', und ist um nichts besser, als der wauwau. die analogie der übrigen reduplicierten basen jedoch, die selber erst aus den betreffenden nicht-reduplicierten entstanden waren, drängte dazu, zu dem reduplicierten *kuku* ein nicht-redupliciertes *ku* zu schaffen, welches alsdann folgegemäss allgemeinere beziehung auf den ton erhalten muste. — in gleicher weise erkläre ich

2) **mar** (zd. *mru*, sskr. *brū*, Grassmann, K. Z. XII, 123) aus *marmar*, welches in sskr. *marmara-*, rauschend, gr. *μορμύρω*, rausche, u. s. f. zu erkennen und klärlich nachahmung des wellengetöses ist. — ebenso ist

3) **pi** (gr. *παιάν*, ksl. *poją*, *pěti*, *ᾄδειν*, *φωνεῖν*, *ψάλλειν*), weiter gebildet *pisk* (ksl. *pištą*, *piskati*, *αὐλεῖν*, lit. *pyskù*, knalle), erst aus *pipi*, *pip* (sskr. *pippivakā*, *pippīka-*, *pippala-*, gr. *πιπώ*, *πίπος*, *πίπρα*, *πίφιγξ*, *πιφαλλίς*, lat. *pipio*, sämmtlich vögelnamen: vgl. altpr. *pippalins*, vögel; lit. *pypiu*, pfeife, *pypė*, d. pfeife, ksl. *pipela*, *σαμβύκη*) gefolgert.

Die allgemein als onomatopoietische gebilde anerkannten wurzeln **bab**, **bub**, **buk**, **barbar**, **ma**, **min** können hier übergangen werden. zu ihnen treten aber wahrscheinlich noch zwei andere: nämlich **kak**, welches das lachen nachahmen sollte (sskr. *kakh*, lat. *cachinnus*, ahd. *huoh*, risus; nasaliert gr. *καγχάς* u. s. f.) und **gag**, welches ähnliche verwendung gehabt haben muss (sskr. *gaggh*, lachen, unbelegt; ahd. *kachazzan*, cachinnari, mhd. *kach*, lautes lachen; nasaliert sskr. *gañja-*, verachtung, *gañjana-*, verachtend, gr. *γαγγανεύω*, Hesych. (die endung steht aber nicht sicher!), verachte, verhöhne [verlache?], ksl. *gągnati*, *γογγύζειν*).

Wir haben jetzt diejenigen tonwurzeln, welche bloss tonwurzeln sind, bereits erledigt. es hat sich ergeben, dass in der tonwurzel entweder die t o n u r s a c h e genannt ist, oder die ton h e r v o r b r i n g u n g beschrieben wird, sei es als ein entsenden oder ergiessen der stimme, sei es ganz allgemein als o f f e n b a r u n g; oder endlich die ton w i r k u n g characterisirt erscheint. nun aber findet man eine ziemliche anzahl von tonwurzeln, die im bisherigen unbeachtet geblieben sind, neben welchen gleichlautende lichtwurzeln laufen. die grosse frage ist, in welchem verhältnis sie zu einander stehen.

Dass 'tönen' und 'leuchten' der alten sprache in vielen fällen gleich gegolten haben, weiss man längst; warum sie ihr aber als gleich gegolten haben, ist niemals ernstlich geprüft worden. man hat gewöhnlich mit der annahme sich begnügt, dass hier die eindrücke des éinen sinnes durch die eindrücke des anderen sinnes illustrirt würden, und hat, wofern man bei denjenigen, die alles trennen wollen, zweifelnde angesichter fand, sich darauf berufen, dass ja auch der Deutsche seit dem beginne des 16. jahrh. von einer hellen farbe rede, während er vor dieser zeit nur einen hellen ton gekannt habe. irre ich nicht, so wird hierbei ein sehr wesentlicher punkt übersehen. etwas anderes ist, ob man einer zeit gegenüber steht, welche die beiden begriffsreihen des leuchtens und tönens schon strenge unter sich und von den übrigen geschieden hat, welche also licht als licht und ton als ton bezeichnet; oder ob man mit einer epoche es zu tun hat, welche die begriffe erst schafft und in worte giesst, und dabei möglicherweise bei der bezeichnung des tönens und leuchtens von ihren characteristischen oder der sprache als characteristisch erscheinenden merkmalen aus in beiden tätigkeiten das gleiche merkmal findet und bezeichnet: folglich die letzteren sprachlich noch in einer dritten tätigkeit zusammenfallen lässt. im ersteren falle befinden wir uns, wenn wir die anwendung des wortes hell erwägen. begegnet bis in's 16. jahrh. hinein keine sichere stelle, in welcher dasselbe auf das licht bezogen erscheint, so ist deutlich, dass die von da ab zu belegende bedeutung 'lucidus' erst durch übertragung aus der früher allein herschenden 'canorus' gewonnen ward. Saunderson verglich, wie ich aus Steinthal, Abriss s. 377, lerne, die rote farbe mit dem klang der trompete: wo lag das tertium comparationis für den blindgeborenen? in der durchdringenden wirkung offenbar, welche der trompetenklang auf ihn ausübte, und von welcher er glaubte, dass sie der glanz der roten farbe auf ihn ausüben müste: ebenso wird auch die übertragung des wortes hell vom gehör auf's gesicht von dem begriff 'durchdringend' ausgegangen sein. dieser begriff muste jedenfalls erst gewonnen werden, denn unmittelbar liegt derselbe ja nicht in dem worte hell; und erst nach gewinnung desselben war die übertragung auf das licht möglich. nun aber ist doch denkbar, dass der begriff des durchdringeus schon in der wurzel liegt; und wenn derselbe das gemeinsame merkmal des tones und des lichtes ist, so muss auch die annahme möglich sein, dass eine wurzel, welche der sprachliche ausdruck des begriffs 'durchdringen' ist, in gleicher eigenschaft für die beiden begriffe 'tönen' und 'leuchten' fungiert. der Grieche, wenn er von der roten farbe sagte, sie wäre ὀξύς, andrerseits vom hellen tone äusserte, er wäre ὀξύς, übertrug nicht den betreffenden eindruck des gesichts auf das gehör; sondern er bediente sich zur beschreibung beider eindrücke eines wortes, welches die fähigkeit in sich trug, zur characterisirung jedes gewaltsamen eindruckes verwendet zu werden. es bedurfte hier keiner übertragung, oder vielmehr es war überhaupt keine übertragung möglich. wenn ich mich nun nicht vergeblich bemüht habe, zu zeigen, dass der ursprachliche begriff 'tönen' ein andrer ist, als der neuhochdeutsche, dass derselbe in einem ganz sicheren beispiele dem des gr. ὀξύς so nahe als nur möglich kommt; wenn sich fernerhin ergeben wird, dass auch das licht ὀξύς genannt worden ist: so glaube ich fordern zu dürfen, dass man, ehe man mit der annahme von übertragungen sich zu helfen sucht, reiflich bedenke: gibt es unter jenen tonwurzeln, welche gleichlautende lichtwurzeln neben sich haben, nicht solche, als deren grundbegriff 'durchdringen' erwiesen werden kann, so dass beide wurzeln in jenem grundbegriff auf genau dieselbe weise zusammen fielen, wie gr. ὀξύς in seinen bedeutungen 1) grell, blendend; 2) laut, gellend; 3) bitter, sauer; 4) stechend, scharf u. s. f. schattierungen einer einzigen besitzt?

Wir sind nun schon auf eine spur geraten, die wenigstens zu éiner quelle der gleichen benennung von licht und ton hinzuführen schien. in der gleichen wirkung beider glaubten wir sie vermuten zu dürfen. das vorstehende hat aber ergeben, dass ausser der methode, den ton nach seiner wirkung zu nennen, noch zwei andere im gebrauch gewesen sind: nennung der tonursache und beschreibung des tons in seinem ins dasein treten. man fragt also von selbst: verfuhr der sprachbildende geist nicht ebenso bei der benennung des lichts? und wenn so: bezeichnete er nicht die gleiche tätigkeit als ursache des lichts, die auch als ursache des tons galt? und beschrieb er nicht das licht in seinem ins dasein treten ebenso, wie er den ton beschrieb, der ihm gegenüber trat? sind das also die beiden anderen quellen der gleichen benennung von licht und ton?

Wir können hierauf erst antworten, wenn wir wissen, was leuchten heisse. wir fragen daher, was ist das merkmal innerhalb der tätigkeit des leuchtens, mit dessen bezeichnung die sprache die ganze tätigkeit bezeichnet hat?

Eine tonursache war schnelle bewegung. schnelle bewegung aber ist auch lichtursache: sie ruft ein flimmern oder schimmern hervor. wie tönen mit 'schnell bewegen' synonym war, so steht es auch von leuchten zu vermuten.

Schnelle bewegung ist nicht nur ursache, sondern auch eigenschaft des lichts. wer Veden gelesen hat, weiss, wie oft daselbst von den flammen als den rossen Agni's die rede ist; und vielleicht erinnert er sich der stelle RV. I, 140, 4 *mumukšvṑ mánavē mānavasyatē'* [vielmehr: *mānavásya tē*, Ludwig] *raghudrúvaḥ kṛšṇásītāsa ū júvaḥ* | *asamanā' ajirā'sō raghušyáddō vā'tajūtā úpa yujyanta āçávaḥ*, 'dem menschen werden diese deine, des dem menschen günstigen, die ungeduldigen, rasch laufenden renner, die schwarze furchen pflügen, die nicht beisammen zu erhalten, behenden, raschfüssigen, windgetriebenen, schnellen angespannt', Ludwig.

Somit treffen hier zwei verschiedene quellen der lichtbenennung zusammen. bezeichnung des lichts nach einer seiner ursachen kann nicht verschieden ausfallen von der bezeichnung des lichts nach einer seiner eigenschaften, wenn ursache und eigenschaft die gleiche tätigkeit ist. eine behandlung der lichtwurzeln, welche derjenigen der tonwurzeln parallel gienge, ist daher in diesem punkte nicht möglich; es kann nur bewiesen werden — was übrigens bei Tobler, Zs. f. Völkerps. u. Sprachw. I, 364, Fröhde, Beitr. I, 201 schon angedeutet ist —, dass

A. leuchten = schnell bewegen (vgl. lat. *coruscus, micans* u. s. f.)

1) **ar** in folgenden ableitungen:

arg[1], sich recken = *arg*[1], glänzen.

gr. *ἀργός*, schnellfüssig, hellschimmernd. sskr. *ṛñjáti, ṛñjátē,* er eilt, *ṛñjatē,* er röstet; sskr. *árjuna-*, weisslich, licht, zd. *arezañh,* der helle tag. gr. *ἀργής*, weissglänzend; lat. *arguo,* mache hell [1]). — aus *arg*[1] ward *rāg*[1]: sskr. *rāj*, glänzen, prangen, zd. *rāz*, leuchten.

ard, in innere bewegung der teile geraten, fliessen, = *ard,* leuchten.

lat. *ardeo*, brenne, Grassmann, Wrtbch. 114. — auch sskr. *rud,* glänzen (*rudrá-, rṓdasī* u. s. f.), ist hierher zu ziehen, falls nicht lit. *vérdu,* koche, zu vergleichen ist (zu letzterem cf. Weise, Beitr. II, 276).

2) **i**: sskr. *ē'ta-*, bunt, schimmernd, schillernd; gr. *αἰόλος*, beweglich, schnell, bunt, schimmernd. die beiden wörter hat rücksichtlich der basen und der bedeutung schon Benfey behandelt: GgN. 1872, s. 11. — der gleiche übergang in

---

[1]) Der begriff des durchdringenden ist in lat. *argūtus* übertragen auf den ton, geschmack, verstand. wenn Fortunatov, Beitr. III, 54 zwischen lat. *argūtus*, gellend, und lit. *algoti*, heissen, rufen, schreien, proethnischen zusammenhang vermutet, so ist das unrichtig. jene übertragung im lat. worte vollzieht sich vor unsern augen, sie gehört der einzelsprache an; das litauische *algoti* kann an ihr keinen anteil genommen haben. ich betrachte das lit. verbum als erweiterung von *al* in lit. *aldas*, *audas*, fröhliches bersingen (Fortunatov, aao. 64). — wenn übrigens Fortunatov gr. *λέγειν*, reden, von *λέγειν*, sammeln, trennt, so übersieht er die analogie von altn. *lesa*, colligere, und *lesa*, loqui: vgl. Háv. 25 *hitki hann fiðr þótt þeir um hann fár lesi.*

idh.

bewegung: altn. *iđja*, to do, perform, be active (altengl. *ithe* = thrive, Chaucer), *iđinn*, assiduous, steady, diligent, ags. *ædre*, sofort, lit. *atidė*, fleiss, aufmerksamkeit. diese wörter vergleicht Bezzenberger, GgA. 1875, 282, mit gr. *αἰθύσσω*, erschüttere, bewege, aber auch, womit es den übergang der bewegung zum

licht historisch belegt: funkle. sskr. *idh*, flammen, anzünden, gr. *αἴθω*, zünde an, med. brenne, altir. *aed*, feuer, ags. *âd*, ahd. *eit*, ignis, rogus.

is.

bewegung: sskr. *iš*, in schneller bewegung sein, resp. in schn. bew. versetzen; altn. *eisa*, stürzen, eilen, aestuare.

licht: altn. *eisa*, glowing embers, lat. *aestus*, das fluten, wallen des meers und der hitze, *aestuo*, walle (vom feuer und wasser), empfinde hitze, Fröhde, Beitr. I, 201.

Darf man altn. *eimr, eimi*, flamme, dem sskr. *ē'ma-, ē'man-*, gang, weg, vergleichen? etwa als der 'daherschreitende', analog sskr. *vakšī'*, flamme, zu sskr. *vah?*

3) tvi.

Diese wurzel hat sich bloss im zd. erhalten: *thwyañt-*, erschreckend, furchtbar, *thwya*, schrecken, furcht; der begriff ist intransitiv gefasst in *thwi*, gehen. — hierzu treten nun folgende erweiterungen:

tvis

sskr. *tviš*, in heftiger bewegung, erregt sein, funkeln, glänzen, flammen. zd. *thwaēša-*, furcht, schrecken, *thwiçra-*, glänzend. lit. *tviskù*, leuchte, *tvēskiu*, schwele.

sskr. *tíšya-, tišyá-*, name eines sternbilds, zd. *tištrya-*, name des Syrius, belegen eine wurzel *tis*, die zu *tvis* sich verhält, wie *tank*, zusammen ziehen, zu *tvank*, wie *taks*, zurechtmachen, zu *tvaks*, letzteres schon von

JSchmidt, Voc. II, 281, angeführt. Schmidt fasst aao. die formen ohne *v* als die älteren; da aber eine wurzel *ti*, welche zu *tvi* sich verhielte wie *tis* zu *tvis*, nicht nachzuweisen ist, so unterliegt seine meinung für diesen fall einem bedenken.

tvit.

lat. *titio*, feuerbrand.

tvid (tid?)

lat. *taeda*, kienholz. — gr. *τινθός*, rauch des kessels, *τινθαλέος*, kochend, heiss.

4) di.

bewegung: sskr. *dī́yati*, er schwebt, fliegt; gr. *δίεμαι*, eile, laufe, *δῖνος*, *δίνη*, wirbel.

licht: sskr. *dīdyati*, sie flammen, glänzen; gr. *δίζημαι*, sehe aus nach, = suche; *δέατο*, erschien, *δῆλος*, einleuchtend, klar. — noch deutlicher tritt die abstammung der bedeutung 'leuchten' aus der bedeutuug 'bewegen' hervor in der erweiterung

div.

bewegung ausschliesslich in gr. *δίω*, fliehe, *δίομαι*, jage, verfolge; mit letzterer bedeutung stimmt die von *dyut-* in sskr. *mṛgadyut-*, auf wild los stürzend, wild verfolgend. das verbum zu *dyut-* heisst *div;* dasselbe bedeutet 'hervorschiessen lassen, werfen, schleudern'; sodann mit bezug auf das licht: 'strahlen schleudern leuchten'. so erklärt sich idg. *dyau-*, himmel.

Das verhältnis der beiden bedeutungen 'bewegen' und 'leuchten' hat für *di* und *div* schon Grassmann festgestellt. — noch zwei erweiterungen sind zu erwähnen. aus *div* weitergebildet ist

dyut, welches auf das sskr. beschränkt ist. die bedeutung 'schleudern' weist Grassmann aus RV. V, 30,4 nach: *áçmānaṃ cic chávasā didyuto vi,* sogar den felsen warfst du mit gewalt entzwei. aus ihr entwickelt sich die bedeutung 'leuchten'. — direct aus *di*, leuchten, abgeleitet ist *dīp* in sskr. *dīp*, flammen, strahlen; gr. *διφάω*, suche auf (sehe nach; sehen = leuchten erweist der eingang von Cap. V).

5) **du.**

bewegung: sskr. *dávati*, er geht, bewegt sich, bloss bei den grammatikern erwähnt, aber gesichert durch sskr. zd. *dūta-*, bote, *dūra-* fern, wozu sskr. *dávīyaṃs-* und *daviṣṭhá-* treten. ferner durch gr. *δύω*, *δύομαι* und md. *zūwe*, ziehe, marschiere.

licht: sskr. *dunō'ti*, er brennt, verursacht schmerzen durch brand; *dunōti* und *dū'yatē*, er brennt, vergeht vor innerer glut. gr. *δαίω*, zünde an, *δαίομαι*, brenne, *δύη*, qual. lit. *dżústu*, werde trocken, *dżovinu*, mache trocken, JSchmidt, K. B. VI, 150.

dvi

bewegung: zd. *dvaȓtha*, schreck, gr. *δείδω*, fürchte, wörtlich: bebe, vgl. gr. *φέβομαι* : *φόβος*.

licht in der erweiterung ags. *tŷtan*, coruscare, lucere, ahd. *zwizarōn*, susurrare, unser 'zwitschern', welches schweizerisch auch unserm 'flimmern' entsprechen kann, Tobler, Zs. f. Völkerps. und Spr. I, 364. — eine andere erklärung von ags. *tŷtan* gibt Zimmer, QF. XIII, 305.

6) **bhar.**

bewegung in sskr. *bhur*, s. rasch hin und her bewegen, zucken. intens. *járbhur*; mit bezug auf das

licht: sskr. *parijárbhurāṇa-*, umherfunkelnd. — got. *brinnan*, altn. *brenna*, ags. *beornan*, alts. ahd. *brinnan* hat schon JGrimm, GDS 398, mit got. *brunna* verglichen. das gleiche verhältnis lässt sich auch für die ableitung *bharv* und die wurzelform *bhlu*, belegen:

bharv:

gr. *φρέαρ*, brunnen; lat. *fervo*, *ferveo*, brause, walle, siede, bin glühend heiss; *formus*, warm. vgl. Curtius, Grdz.[4] 304.

bhlu

begegnet in gr. *φλύω* = lat. fluo. aber *περιφλύω, περιφλεύω* heisst 'versengo', Fröhde, Beitr. I, 201.

7) **ma.**

bewegung: lit. *móju*, winke, nicke, ksl. *mają*, vibro. — übergang zum

licht ist bei lit. *mojóju*, winke, nicke, glänze, wahrzunehmen.

mar.

Uebergang von bewegung zu licht in gr. *ἀμαρυγή, ἀμάρυγμα*, schnelle bewegung; d. flimmern, funkeln. — sskr. *márīci-*, lichtstrahl, gr. *μαρμαίρω*, schimmere, flimmere. ags. *mære*, hell, klar, leuchtend, dann, wie lat. *mērus*, ksl. *mĕrŭ* stäts, berühmt. dem ags. *mære* geht alts. *māri* rücksichtlich der bedeutungsentwickelung ganz parallel. im ahd. findet man das wort in ursprünglicher anwendung — 'glänzend' — vielleicht in dem ersten teil des Wessobrunner Gebets, der bekanntlich aus Sachsen stammt: *der mārco sēu*, von Müllenhoff wiedergegeben mit: 'das grosse, herliche meer', Denkm.[2] 254; sonst bedeutet ahd. *māri* 'praeclarus, illustris'.[1])

8) **var.**

Das verbum bedeutet 'wallen', und wird auf wasser und feuer bezogen. auf das wasser: sskr. *vā'r*, wasser, zd. *vāra-* regen, altn. *ver*, ags. *vär*, d. meer. — auf feuer und hitze: germ. *varma-* (altn. *varmr*, ags. *vearm*, alts. *warm*, ahd. *waram*, got. in *varmjan*, *θερμαίνειν*), lit. *vérdu*, koche, ksl. *vrją*, ferveo, *varŭ*, calor. — sonst ist das wurzelhafte *r* stäts zu *l* geworden: sskr. *ulkā'*, meteor, feuerbrand; ebenso *ulkušī'*, in der bedeutung 'feuerbrand' auch *úlmuka-*; gr. *ἀλέα*, sonnenwärme, got. *vulan (ahmin vulandans τῷ πνεύματι*

[1]) Mit ablaut *ē : ō* entspricht gr. *ἐγχεσίμωρος, ἰόμωρος, ὑλακόμωρος*, mit dem speer, dem pfeile s. auszeichnend, durch bellen sich bemerklich machend.

ζέοντες), altn. *vella*, to boil, ahd. *wallan*, bullire, scatere, fervere, ahd. *walm* = ags. *välm*, aestus, scaturigo. hierzu die ableitungen

vark. sskr. *várcas*, glanz, = zd. *varecañh*. — mit radicalem l: gr. *ἠλέκτωρ*, sonne, lat. *Volcanus*, Grassmann, K. Z. XVI, 164; kret. *Γέλχανος*. cf. Fick, Beitr. III, 166.

varp. sskr. *várpas*, scheinbild, bild, gestalt. *rūpá-*, glänzende erscheinung, schönheit, gestalt, farbe, Bugge, K. Z. XX, 4.

aus *val* abgeleitet ist germ. *vlit:* altn. *litr*, colour, hue, complexion; the first dawn; ags. *vlite*, glanz, schönheit, aussehen, gestalt, alts. *wliti*, glanz, licht, aussehen, gestalt, got. *vlits*, *πρόςωπον*, *ὄψις*, *μορφή*. das starke verbum, altn. *līta*, ags. *vlītan*, bedeutet 'sehen': worüber Cap. V zu vergleichen.

9) **ska**, springen, erschlossen aus folgenden ableitungen.

skat.

b e w e g u n g: lat. *scateo*, springe hervor, sprudle; lit. *skástu*, springe, hüpfe.

l i c h t: lat. *scintilla*, funke. — Fick zieht hierher noch lat. *niteo*, blinke, gleisse, glänze, ahd. *gahneista*, *gneista*, altn. *gneisti*, funke, preuss. *knaistis*, brand, ksl. *gnĕštą*, *καίω*, indem er aus *skant* die form *sknit*, dann mit abfall des *s* die form *knit* entstehen lässt.

skad.

b e w e g u n g: sskr. *skand*, schnellen, springen, spritzen. altir. *sescaind*, sprang, Windisch, K. Z. XXIII, 215.

l i c h t: sskr. *cániçcadat*, glänzend, schimmernd. sskr. *candrá-*, gr. *ξανθός*, Benfey, K. Z. VII, 59; 126; lat. *candeo*, *incendo*.

skar.

b e w e g u n g: zd. *çkar*, gr. *σκαίρω*, hüpfe, springe, tanze.

l i c h t: gr. *ἐσχάρα*, rost zur kohlenauflage, herd; altn. *skar*, the snuff of a candle or lamp. ksl. *iskra*, *σπινθήρ*.

skard.

b e w e g u n g: sskr. *kūrd,* springen, hüpfen, gr. *κόρδαξ,* mhd. *scherzen.*

l i c h t: sskr. *chárdati, chṛṇatti, chṛntte,* sämmtliche unbelegt; gr. *σκαρδαμύσσω,* blinzle, altn. *skart,* show, finery.

10) spa, ziehen. zur primärwurzel verhalten sich die nachfolgenden ableitungen, wie 'zucken' zu 'ziehen'.

spad.

b e w e g u n g: sskr. *spand,* gr. *σφαδάζω,* zucke, zapple. — das

l i c h t zuckt: gr. *σπινθήρ,* funke, *σποδός,* asche, lit. *spìndżu,* scheine, leuchte.

spar.

b e w e g u n g: sskr. *sphur,* gr. *ἀσπαίρω,* zapple, zucke; gr. *σπείρω,* sähe, streue aus, sprenge, spritze, mhd. *spræjen,* sprühen, spritzen. von der letztgenannten modification des bewegungsbegriffes muss ausgegangen werden wenigstens für gr. *πρήθω,* von welchem man aber *πίμπρημι* und genossen nicht wird trennen wollen. gr. *πρήθω* nämlich bedeutet 1) lasse hervorsprudeln, Il. XVI, 349f. *(αἷμα) δ' ἀνὰ στόμα καὶ κατὰ ῥῖνας Πρῆσε χανών.* 2) hauche, blase. 3) brenne. bereits Curtius hat Stud. IV, 228 die beiden letzten bedeutungen auf die erste zurückgeführt. demzufolge denke ich mir für diese wurzel die beziehung auf das

l i c h t vermittelst des begriffs *σπείρειν φλόγα* (Arist. A. P. 21) hergestellt: gr. *πίμπρημι,* brenne, ksl. *para,* *καπνός,* preuss. *pore,* brodem. mit *l* in der wurzel: gr. *ψόλος,* russ, rauch, lit. *pelenai,* asche, ksl. *palją,* *φλέγω.* weiteres bei JSchmidt, Voc. II, 271. —

Auf die intransit. bedeutung 'zucken' dagegen führt sskr. *sphuliṅga-,* funke: vgl. sskr. *sphur,* zappeln, zucken, blinken, funkeln; ebenso *sparg.*

b e w e g u n g: ags. *flacor*, volitans, altn. *flaka*, to rove about, nhd. *flackern*, gr. *πλάζομαι*, ziehe umher. vgl. sskr. *sphūrj*, springen.

l i c h t: sskr. *phalgú-*, schimmernd, rötlich, lett. *spu'lgoht*, glänzend flimmern, Fick, Beitr. III, 86.

sprend.

b e w e g u n g in altn. *spretta*, to start, to spring, to spirt out, ksl. *prędati*, salire, JSchmidt, Verwantschaftsverh. s. 42.

l i c h t in gr. *σπληδός*, asche, lat. *splendeo*, lit. *splendżu*, glänze.

Die zusammenstellung ist nicht ganz sicher: éinmal wegen des *r* im verbum der bewegung; sodann wegen der abwesenheit des letzteren in den südeurop. sprachen.

spars

hat die bedeutung 'besprengen'. in der form *prus* wird dieselbe auf wasser und feuer bezogen: sskr. *pruš*, spritzen, träufeln, lit. *prausiù*, wasche das gesicht; sskr. *pluš*, brennen, versengen, lat. *pruīna*, ahd. *friosan*.

Auf die europäischen sprachen beschränkt sind:

11) **ghis.**

b e w e g u n g in germ. *gaista-* (ags. *gāst*, altndd. *gēst*, ahd. *geist*); 'geist' fasse ich nicht mit Bezzenberger, Beitr. II, 155, als 'licht', sondern als *θυμός*: vgl. ags. *gæstan*, aufsprudeln, auftoben, wallen, altn. *geisa*, to chafe, rage, vgl. Vsp. 57 *geisar eimi ok aldrnari.*

l i c h t in gr. *φαιός*, Fröhde, Beitr. III, 14, = lit. *gaisas*; lit. *gaistas*, schein, setzt Bezzenberger aao. dem zweiten teile von gr. *Ἥφαιστος* gleich; und dies ist jedesfalls eine bessere vermutung, als wenn Kuhn, K. Z. V, 215, den griechischen gott zu einem *sabhēyišṭha-*, oder wenn MMüller, aao. XVIII, 212 ff. ihn zu einem *yavišṭha*-macht; vgl. auch den stadtnamen *Φαιστός*, Fick, Beitr. III, 167.

Mit der eben besprochenen wurzel geht *ghid* (gr. *φαιδρός*, lit. *gĕdras*, *gĕdrùs*, *gaidrùs*, hell, klar, vgl. Fick, Beit. II, 187) auf eine urwurzel zurück. ich kann dieselbe aber nicht nachweisen.

12) **gh¹vak** (nach einer mitteilung von prof. Fick).

b e w e g u n g: gr. *παιφάσσω*, zucke, zapple, blicke schnell umher, *φάσσα*, d. taube.

l i c h t: lit. *żváke*, kerze, lat. *fax*, fackel, lat. *fŏcus*, herd, umbr. *vuko*.

B. Die lichtwurzel bezeichnet eine sinnlich anschaubare tätigkeit als merkmal des lichts.

a. S i e n i m m t b e z u g a u f d a s h e r v o r t r e t e n d e s l i c h t s.

Wir reden noch heute von einem s o n n e n s t r a h l. was heisst 'strahl'? pfeil: ahd. *strāla*, ags. *stræl*, ksl. *strĕla*, *βέλος*, sagitta. desgleichen sagt Lucretius I, 147 *non radii solis, non lucida tela diei* und in der Anthol. Pal. XIV, 139 lesen wir *χρύσεα κῆλα ἠελίου*. die sonne schiesst also pfeile: wie der bearbeiter des Boethius übersetzt *sciuzet sunna tien liuten under diu ougen*. dass der mensch der urzeit ebenso gedacht hat, lehren die zahllosen mythen, die in dieser vorstellung ihren quell haben; ausserdem aber die sprache selber. der alte Arier sagte von der sonne: *árkati* (sskr. *árcati*), was ursprünglich gar nichts weiter heisst, als 'er schiesst ab'. er gestand damit dem mächtigen gotte am himmel nicht mehr zu, als er selbst hatte: bogen und pfeile. nur war dieser gott schütze und bogen — pfeilabsender — in éiner person; der *arkás* war zugleich *arcus*, Sonne, K, Z. XV, 384.

Nur in éinem punkt unterschied sich der pfeil des gottes von demjenigen des menschen. der pfeil des gottes, der sonnenstrahl, war von der gleichen materie, wie der gott, die sonne selbst. was war denn aber die materie der sonne? oder allgemeiner: was war die materie des lichts? das sagt RV. VII, 63, 2 *mahā'n kētúr arṇaváḥ sū'ryasya*, des Sūrya grosses, wogendes licht; III, 22, 2 *tvēšáḥ sá bhānúr arṇavō' nṛcákšaḥ*, funkelnd ist dieser strahl, wogend, von männern beschaut. damit stimmt überein, dass Apuleius de Mundo p. 73 Oudend. den feuerstrom *fluenta flammarum* nennt, und dass Verg. Aen. XII, 673f. *vertex ... flammis inter tabulata volutus Ad caelum undabat* verbindet. also das wogen der flamme, die innere erregtheit der lichtteilchen, wird von der sprache mit dem wogen des wassers, der innern erregtheit der wasserteilchen verglichen. feuer und wasser werden so synonym, strahlen schiessen ist strahlen giessen: leuchten gilt der urzeit als ein träufeln des lichts.

Was hieraus sich ergibt, die auffassung des lichts als schuss oder erguss, lässt in der literatur sich genügend belegen. ich verweise auf folgende stellen:

sskr. *as*, werfen.

RV. I, 39, 1 *prá yád itthā' parāvátaḥ çōcír ná mā'nam ásyatha*, 'wenn ihr aus weiter ferne wie strahlen schleudert euren stolz'. Benfey.

IX, 76, 4 *yáḥ sū'ryasyā'sirēṇa mṛjyátē*, der mit der sonne strahlengeschoss gereinigt wird.

sskr. *sṛj*, ausgiessen, abschiessen.

IV, 4, 2 *tápūṃši agnē juhvā' pataṃgā'n ásaṃditō vi sṛja víšvag ulkā'ḥ*, 'mit deiner zunge, Agni, streue aus die geflügelten flammen, nach allen seiten feuerbrände' Ludwig.

VIII, 43, 32 *sá tvám agnē vibhā'vasuḥ sṛjánt sū'ryō ná raçmíbhiḥ*, als solcher (*jighnasē*, zerschlägst du), Agni, glanzesreicher, mit strahlen schiessend wie die sonne.

gr. *βάλλω*, werfe.

Od. V, 479 *Οὔτε ποτ' ἠέλιος φαέθων ἀκτῖσιν ἔβαλλεν.*

Eur. Hik. 650 f. *λαμπρὰ μὲν ἀκτὶς ἡλίου Ἔβαλλε γαῖαν.*

gr. *ἵημι*, werfe.

Il. IV, 75 f. *οἷον δ' ἀστέρα ἧκε Κρόνου παῖς*
Λαμπρόν· τοῦ δέ τε πολλοὶ ἀπὸ σπινθῆρες ἵενται.

Eur. Med. 1186 f. *Χρυσοῦς μὲν ἀμφὶ κρατὶ κείμενος πλόκος*
Θαυμαστὸν ἵει νᾶμα παμφάγου πυρός.

lat. *fundo*, giesse, schleudere.

Verg. Aen. III, 151 f. *se Plena per insertas fundebat luna fenestras.*

IX. 459 ff. *Et jam prima novo spargebat lumine terras*
Tithoni croceum linquens Aurora cubile:
Iam sole infuso . . . .

lat. *spargo*, sprenge, giesse, streue.

Ov. Met. XIV, 416 *Sparserat occiduus Tartesia litora Phoebus.*

Verg. Aen. XII, 113 f. *Postera vix summos spargebat lumine montis*
Orta dies.

Auf diese belege gestützt stelle ich folgende gleichungen auf

1) **div**, schleudern, werfen = **div**, leuchten; vgl. s. 99.

2) **star**, hinstreuen, = **star**, leuchten.

. sskr. *star-*, zd. *çtare-*, gr. *ἀστήρ*, lat. *stella*, u. s. w. stern; denn die sterne sind (MMüller, Vorles. II, 398) 'lichtstreuer'.

starp in gr. *ἀστράπτω*, blitze, strahle glanz aus; *ἀστεροπή*, blitze, glanz; lit. *tirpstu*, schmelze, zerfliesse. — radicales *l* in gr. *στιλπνός*, glänzend, blinkend, Benfey, GrWzlx. I, 662.

3) **vag**, träufeln, quellen, = **vag**, leuchten.

Die beziehung auf das licht kann für sskr. *ukš*, welches aus *vag* weiter gebildet ist und die bedeutung 'träufeln, beträufeln' hat, aufs klarste nachgewiesen werden aus RV. V. 42, 14 *yō abdimā́ñ udanimā́ñ iyarti prá vidyútā rṓdasī ukšámāṇaḥ* 'der wie ein meer, wasserreich mit dem blitz benetzend[1]) die beiden welthälften vorwärts bringt', Ludwig. der begriff 'leuchten' tritt hervor in sskr. *ṓjas*, welchem die

---

[1]) Vgl. RV. X, 134, 5 *áva svḗdā́' ivābhitō víšvak patantu didyávaḥ*, wie schweisstropfen sollen ringsherum überall hin die blitze herabfliegen.

lexicographen die bedeutung 'glanz' beilegen, und zwar nicht willkürlich, wie es scheint, da sskr. *ṓjas* durch gr. *αἴγες-* in *ἐριαυγής* u. aa. genau reflectiert wird.

4) **gh¹i**, werfen.

sskr. *hēti-*, waffe, flamme, sonnenstrahl.

gh¹ib in lit. *żibù* glänze, schimmere, leuchte, *żaibas*, blitz; gr. *φοῖβος*, rein; klar. — die unregelmässigkeit im gr. anlaut erklärt sich aus dem folgenden labialen consonanten, welcher den anlaut sich assimilierte.

Ausserdem sei an sskr. *kiráṇa-* (w. *kṝ*, schütten, giessen) erinnert. das wort bedeutet 1) staub, stäubchen; 2) lichtstrahl; und das P. W. bemerkt hierzu: 'gedacht als feine, staubartige teile, die von dem leuchtenden körper ausströmen'.

Alles weitere muss bis später aufgespart bleiben. nur wurzel **vas** kann gleich hier erledigt werden. wir haben oben s. 88 f. gefunden, dass der ton eine offenbarung ist. ich habe daselbst an Bopp's deutung von sskr. *āviṣkṛta-* und *āvirbhūta-* erinnert: 'herausgemacht' und 'herausgeworden'. eine ableitung der durch sskr. *āvís*, ksl. *javě* gewährten wurzel war das gr. *ἐρέω*, von welchem im anschluss an HSchmidt's treffliche forschungen zur griech. synonymik bewiesen werden konnte, dass es etymologisch genommen das hervorführen und herbringen des noch nicht in die erscheinung getretenen bezeichnete, dann aber auf die offenbarung der stimme, den ton, eingeengt worden wäre. der bedeutung nun, welche Schmidt an der stelle Il. XXIII, 226 *ἦμος δ' Ἑωσφόρος εἶσι φόως ἐρέων ἐπὶ γαῖαν* für gr. *ἐρέων* annimmt, entspricht völlig diejenige von *vas*, nur dass in dieser ableitung der w. *av* mehr der sinn des sskr. *āvirbhavāmi* als derjenige des *āviṣkṛṇōmi* hervortritt. wenn es RV. I, 146, 4 heisst *āvír abhavat sū́ryaḥ*, sichtbar ward die sonne, so weiss ich nicht, in wie ferne hier etwas anderes gesagt sei, als RV. I, 48, 3 *uvā́sōṣā́ ucchā́c ca nú dēvī́ jīrā́ ráthānām*, sichtbar ward ('gestrahlet hat': Benfey; 'ist aufgegangen': Ludwig) und sichtbar werde ('strahle':

Benfey; 'wird aufleuchten': Ludwig) heut die göttin, die die wagen treibt; oder I, 113, 7 *ēšā' divō' duhitā' práty adarçi vyucchántī yuvatíḥ çukrávāsāḥ*, dort ward sie erblickt, des himmels tochter, ans licht tretend die jungfrau im strahlengewand. allerdings macht das licht auch offenbar; und wenn es von *Ušas* aao. 15 heisst *citráṃ kētúṃ kṛṇutē cē'kitānā* und kurz vorher (4) *áceti citrā' vi dúrō na āvaḥ*, so haben wir das recht, in sskr. *ušás-*, zd. *ušañh*, gr. *ἠώς*, lat. *aurora* nicht nur diejenige zu sehen, welche *çáçvat purā' . . . vy ùvāsa* (13), von ewigkeit her erschienen ist, sondern auch die, welche (I, 92, 4) *jyō'tir víçvasmāi bhúvanāya kṛṇvatī' gā'vō ná vrajáṃ vy . . . āvar támaḥ*, licht schaffend allen geschöpfen öffnete die finsternis, wie kühe den stall.

Die ableitungen der wurzel *vas*, ich bin offenbar, ich mache offenbar, ich leuchte, sind bekannt. ausser den oben genannten bezeichnungen der morgenröte gehören gr. *ἦμαρ*, tag, lit. *auszta*, es tagt, hierher. dazu treten sskr. *uš*, sengen, zd. *ušta-*, gebraten, gr. *αὔω*, zünde an, *εὕω*, senge; lat. *uro;* altn. *usli*, a conflagration, ags. *ysle*, favilla, ahd. *usilvar*, gilvus.

b. Das licht wird nach seiner wirkung beschrieben.

I. Scherer zGDS. 326 erkannte bereits den zusammenhang, der zwischen dem begriff durchdringen und dem begriff strahlen besteht. in der tat, wenn das licht pfeile abschiesst, so muss es, da pfeile scharf sind, den körper, den es trifft, durchdringen, wenigstens verletzen. das licht wirkt mithin, wie ein schneidendes instrument wirkt, weshalb wir zu gewärtigen haben, dass in einigen fällen der begriff des leuchtenden und brennenden aus dem des stechenden und durchdringenden hervorgeht.

Nun lesen wir RV. VI, 3, 5 *sá id ástēva práti dhād asišyáñ chiçīta tē'jō' yasō ná dhā'rām*, wie ein schütze hat er angelegt, um zu schiessen; er schärfte seine schneide wie eine schneide aus erz. — es ist von Agni die rede, welcher sonst auch die epitheta *tigmájambha-*, *tigmábhṛšṭi-*, *tigmáçocis-*, *tigmáhēti-*

erhält. *tigmá-* ist verwant mit gr. *στίζω*, heisst also in erster linie 'stechend, scharf'; sodann bekommt es, wie auch wir von 'stechender' hitze reden, die bedeutung 'heiss'. sskr. *tē'jas* gehört zur gleichen wurzel, wie *tigmá-;* aus der bedeutung 'schärfe' ist 'hitze' und 'helle' (cf. RV. X, 3, 5 *jyē'ṣṭhēbhir yás tējiṣṭhāiḥ krīḷumádbhir várṣiṣṭhēbhir bhānúbhir nákṣati dyā'm,* der mit den trefflichsten, glänzendsten, hüpfenden strahlen den himmel erreicht) gefolgert: Näigh. I, 17 erscheint *tē'jas* in der gesellschaft von *arcis* und *çōcis.* heisst es nun oben *çíçīta tē'jas,* so bedeutet das wörtlich: er schärfte seine schärfe, was aber natürlich so viel ist als: er machte seine hitze, seinen glanz intensiver. dies wird dann weiter verdeutlicht durch den zusatz *áyasō ná dhā'rām.* ich glaube, das gesagte ist rechtfertigung genug für den ansatz

dhagh, stechen, = **dhagh**, brennen,

welcher s. 4 ff. bereits ausgeführt ist.

II. Wir reden noch heute von einer 'drückenden' hitze. der Litauer nennt diese hitze *tvankas;* heiss, schwül nennt er *tvankus.* ich meine nicht fehl zu gehen, wenn ich diese wörter mit Fick II[3], 575 an sskr. *tvañc,* zusammenschnüren, anschliesse und ganz entsprechend gleichsetze

tap, drücken, spannen = **tap**, glühen, leuchten.

tap, drücken: sskr. *vitapati,* er zwängt auseinander, zerreisst; *saṃtapati,* er klemmt ein, drückt, bedrängt; altn. *þōf,* gedränge, ags. *geþafa,* der sich wozu versteht ('sich duckt'? cf. gr. *ταπεινός*), *þafian,* zulassen. nasalverstärkung hat gr. *ταπεινός,* niedergedrückt und so 1) niedrig gelegen; 2) demütig verzagt, lat. *tempus,* zeit, lit. *tempiù,* spanne, dehne aus, recke, ziehe.

tap, glühen, leuchten: sskr. zd. *tap;* gr. *τέφρα,* asche, lat. *tepidus,* ksl. *toplŭ,* *θερμός.*

III. Die hitze reibt auf, verzehrt. ich gebe daher Grassmann recht, wenn er RV-Wrtb. sp. 499 s. v. *jūrv* sagt: 'grundbedeutung wahrscheinlich 'aufreiben, verzehren', und daher verwant mit *jur* und daraus entstanden . . ., aber auf das verzehren durch glut (des feuers, blitzes, der sonne) beschränkt'. demnach erhalten wir die gleichung:

gar, aufreiben, verzehren, = **gar**, glühen, leuchten.

Die belege für die erst genannte wurzel sind bekannt. die zweite wird gewährt durch sskr. *jval*, verbrennen, glühen, leuchten, flammen; gr. *γελεῖν· λάμπειν, αἴϑειν, γέλαν· αὐγὴν ἡλίου; γελάω*, lache, Benfey, Ved. 142 ff., *ἀγλαός*, hell, klar; altn. *kol*, n. pl. coals, charcoals, ags. *col*, kohle, *heofoncol*, das wolkenglühen, ahd. *colo*, carbo; ksl. *glavĭnja, δαλός, ἄνϑραξ*. — die wurzelform *gli* begegnet in ags. *clæne*, clarus, mundus, purus, ahd. *chleini*, Bugge, Stud. IV, 326; die variation *glu* in gr. *γλαύουσιν, ἀντὶ τοῦ λάμπουσι* Et. Magn. 233, 19; *γλαυκός*, glänzend; *ἄγλαιρος* = *ἀγλαός*.

Das wurzelhafte *r* ist gewahrt in sskr. *jvar*, fiebern, *jvărá-*, glut, beschwer, lit. *garas*, dampf, lit. *gorûti*, eifern, zGLS. s. 11, altpr. *gorme*, hitze, ksl. *gorją, καίομαι*.

Einzelheiten.

I. **k¹u**, leuchten.

Der grundbegriff dieser wurzel ist der begriff des lat. *tumeo* oder *tumesco*. wenn Ovid. Met. XI, 518 von einem *tumefactum pontum* spricht, so illustriert dies genau das gr. *κῦμα*, woge; vgl. auch lat. *cumulus* bei Verg. Aen. I, 105 *insequitus cumulo praeruptus aquae mons*. wenn ferner Verg. Aen. III, 357 den Auster *tumidus* nennt, so haben wir die zahlreichen ableitungen von der w. *k¹u*, welche 'blasen' bedeuten, kennen gelernt. wenn wir endlich von einem feuerschwall reden, so entspricht unserm sprachgebrauch genau der altarische: neben *k¹u*, schwellen, steht *k¹u*, brennen, welches wurzel ist für sskr. *çōṇa-*, hochrot, gr. *κυάνεος*, dunkelfarbig; zd. *çūirya-*, morgendlich, gr. *καίω*, brenne. die wurzel *k¹u*, schwellen, erfährt eine erweiterung vermittelst *i*: *k¹vi*, sskr. *çvi*, zd. *çpi*, anschwellen. neben ihr steht *k¹vi*, brennen: rein erhalten in ksl. *svĭnq*, illucesco, mane surgo; lit. *szvësà*, licht, helle, *szvësùs*, hell; erweitert *k¹vit* in sskr. *çvit*, weiss, licht sein, zd. *çpita-*, weiss, lit. *szvintu*, breche an (v. tag), ksl.

svêtŭ, lux; und *k'vid* in sskr. *çvid, çvind*, unbelegt, germ. *hvîta-* (got. *hveits*, altn. *hvîtr*, ags. *hvît*, alts. *hwît*, ahd. *hwîz*), lit. *szvidus*, Bezzenberger, Beitr. II, 129[2]). — *k'u*, brennen, wird erweitert zu *k'uk:* sskr. zd. *çuc*, leuchten, glänzen, lit. *szvánkus*, rein, reinlich, anständig, *βwànkti*, verherlichen, Bezzenberger, zGLS. 330. — auch sskr. *çubh*, leuchten, gehört hierher.

In die gleiche kategorie darf man vielleicht noch got. *funa*, altn. *funi*, altpr. *panno*, feuer; gr. *πᾶνος*, fackel, got. *fōn*, *πῦρ*, stellen. es wäre möglich, dass diesen wörtern die wurzel *pap*, schwellen, aber nicht redupliciert, zu grunde läge; dabei mag bemerkt werden, dass die indischen lexicographen ein *phā* in den bedeutungen *saṃtāpa-*, *niṣphalabhāṣaṇa-* (wortschwall?), *vṛddhi-*, *vardhaka-* aufführen.

II. Das feuer ist als helles, reines, bzhw. reinigendes element bezeichnet.

1) idg. **agní-**, feuer.

Die etymologie dieses wortes, welche bei Grassmann mitgeteilt wird ('das feuer als das bewegliche *(aj)* aufgefasst'), ist heute nicht mehr zu halten. die richtige teilt Fick mit I³, 9: sskr. *agní-*, lat. *ignis*, lit. *ugnìs*, ksl. *ognĭ* gehören nebst sskr. *áṅgāra-*, lit. *anglìs*, ksl. *ąglĭ*, kohle; sskr. *aktú-*, licht, tageshelle, glanz, nacht; gr. *ἀκτίς*, strahl; got. *ūhteigō, ōhteigō*, *εὐκαίρως*, Bezzenberger, Got. Adv. und Part. s. 40 f., lit. *ankstas*, *anksztus*, früh, Fick, GgA. 1873, s. 117 zu *ag, añg*, salben: vgl. gr. *λιπαρός*, fett, glänzend.

2) Die ableitungen von **pu**, reinigen: *τὸ πῦρ καθαίρει*, Plut. Quaest. Rom. 1.

Hierher stelle ich folgendes: *puir-* in gr. *πύϊρ, πούϊρ*, zusammengezogen *πῦρ*; sodann in umbr. *pir*, und in den auf *puira-* (Scherer, Zs. f. österr. Gymn. 1873, s. 286) beruhenden germanischen worten ahd. *fuir*, altniederfr. *fuir* (so, nicht *fiur*: wofern man die überlieferung nicht gar so unfreundlich behandelt, als es Moritz Heyne tut, vgl. Kleinere altndd. Denkm. s. 114 s. v. *fiur*). auch altn. ags. *fȳr* können hierher gezogen werden; ebensogut jedoch können sie mit ahd. alts. *fiur* auf der gesteigerten wurzel beruhen, mithin ein germ. *feura-* beweisen. — dem altn. *fūrr* (so, nicht *furr!* Cleasby-Vigfusson, Möbius, Gloss. z. Islendigadr.) kommt das altir. *úr* (Stokes, K. B. VIII, 334) sehr nahe; ob völlig überein mit ihm, weiss ich nicht, da Stokes bloss den nominativ anführt. die quantität des wurzelvocales ist nicht zu bestimmen in dem umbrischen *purome,* ins feuer, dessen stamm *puro-* zu *pir* sich verhält, wie der stamm *πυρο-* im plur. von *πῦρ* und in der composition (vgl. *πυροῤῥαγής*) sich verhält zu *πῦρ*. — der stamm *πὔρ* in *πυρός, πυρί* und in der composition (vgl. *πυρπολέω*) kann ein einfaches *r-* suffix enthalten wie gr. *ἀήρ*; die kürze des *υ* kann aber auch folge des tieftons sein, so dass im ganzen sing. von *πῦρ* der stamm *πϋρ-* vorläge. endlich ist *πυρι-* zu erwähnen, welches aber, analog *τείχεσι-* u. aa., bloss in der zusammensetzung erscheint.

JSchmidt, Voc. II, 273 ff., hat den hier genannten wörtern eine eingehende besprechung gewidmet. mit der gründlichkeit und dem scharfsinne, welche man an ihm gewohnt ist, bekämpft er die herschende auffassung, wonach gr. *πῦρ* u. s. f. zu *pu* gehören, und bemüht sich, dieselben als ableitungen von *pur,* sprühen, zu erweisen. in folgendem erlaube ich mir, auf die bedenken aufmerksam zu machen, die jener herleitung entgegenstehen.

Schmidt geht von dem stamme *πυρι-* aus. *πυρι-* sei durch epenthese zu *πϋρ, πῦρ* geworden; ebenso seien altn. *fȳr,* ahd. *fuir, fiur,* alts. *fiur* aus **furi, *fuiri* hervorgegangen. der neutrale *i*-stamm *furi-* habe decliniert wie gr. *πῦρ; πυρός, πυρί* seien aus **πυρjος, *πυρjι* entstanden, ebenso sei für das germanische anzusetzen **fūri, *fūrjas, *fūrji,* plur. **fūrjā, *fūrjām, *fūrimas.* von hier aus habe im nordischen die flexion von *fȳr* als *ja*-stamm sich entwickelt, jedoch mit beibehaltung des alten *i*-nominativs *fȳr;* im westgermanischen seien die vom auslautsgesetze betroffenen formen **fuiri; *fuiriu, *fuirio, *fuirim* durch *fuires, fuira* u. s. f. ersetzt worden. die schreibungen *ui, iu* in ahd. *fuir,* ahd. alts. *fiur* habe man als nichts weiter denn als umlautsbezeichnungen aufzufassen.

Hiergegen habe ich folgende bedenken. erstens wird auf diese art zwei sprachen ein neutraler *i*-stamm zugewiesen, die sonst so gut wie keine neutralen *i*-stämme besitzen. Schmidt spricht selber s. 280 von der 'grossen seltenheit oder dem gänzlichen fehlen neutraler *i*-stämme in allen europäischen sprachen ausser dem lateinischen'. zweitens muss auffallen dass der vorausgesetzte *i*-stamm *puri-* im germanischen nicht wie diejenigen neutralen *i*-stämme behandelt wird, welche sicher solche stämme sind. wir haben in got. *marei*, ags. *mere* (masc.), alts. *meri* (fem.), ahd. *mari* (masc. neutr.) entgegen lat. *mare*, altir. *muir*, deren stammbildung von dem masculinen altn. *marr*, meer, geteilt wird, ein beispiel dafür, nach welcher richtung das germanische einen überkommenen neutralen *i*-stamm umgestaltet. drittens glaube ich nicht, dass für den ansatz der flexion, welche der hypothetische stamm **furi-* im germanischen hatte, die art und weise massgebend sein darf, wie der stamm *πυρι-*, zugegeben einmal, *πῦρ* sei nur eine lautliche umwandlung von ihm, im griechischen flectiert. eher meine ich, dass jener germ. stamm **furi-* im singular declinieren muste wie ein *a-* (altn. *i-* oder *ja-*) stamm, nach analogie der masculina, oder wie ein *i*-stamm, nach analogie der feminina. auf jeden fall ist eine abwandlung **fuiri, *fuirjas* u. s. f. wie sie Schmidt sich denkt, im germanischen ohne parallele, und, was das schlimmste ist, man reicht mit dem besagten ansatze noch gar nicht einmal aus. zwar würde der altn. nom. *fýr*, welchen Schmidt gegen Egilsson als neutral fasst, aus germ. **furi* sich trefflich ableiten lassen, vorausgesetzt, dass man die möglichkeit der epenthese für das germanische zugibt. nicht so aber der genet. *fýris* aus *fûrjas*, welcher wol **fýrir* lauten würde. Schmidt sieht sich deshalb zu der annahme genötigt, im altn. sei der *i*-stamm in die reihe der *ja*-stämme getreten. warum blieb aber alsdann, den übrigen casus zum trotze, der nominativ *fýr* bestehen, ein monumentum aere perennius? die analogie von *él*, *fley* würde dem gen. plur. *stekkvifýra* gegenüber nicht angesprochen werden können. allerdings weiss ich zur erklärung des genannten gen. *fýris*, welcher neben *fȳrs* bezeugt ist, nichts beizubringen; dies ist aber jedesfalls die einzige schwierigkeit, welche der fassung von *fȳr* als *a*-stamm entgegensteht, und ich zweifle, ob sie stärker ist als diejenige, welche bei Schmidts annahme sich ergibt. noch bedenklicher aber sieht es für letztere im westgermanischen aus. hier spricht keine tatsache für ihn, wol aber alle gegen ihn: so dass er weiter annehmen muss (s. 279), die durch das auslautsgesetz umgestalteten formen **fuiri, plur. *fuiriu, *fuirio, *fuirim* seien, 'nicht zu ermitteln wann, durch *fuires, fuira* u. s. w. ersetzt' worden.

Gebe ich das aber alles zu, so kann ich doch folgendes unmöglich zu geben. Schmidt sagt: 'das *yu* in *lyuzil* [bei Isidor.] ist nun zweifellos ebenso zu erklären, wie das *y* des entsprechenden ags. *lytel*, d. h. als *i*- umlaut des *u* von *luzil*, alts. *luttil*. so muss auch *fyur* [ebenfalls bei Isidor.] aus **fūri* entstanden sein, und das *ui* der andern denkmäler, dessen priorität vor dem *iu* wir eben festgestellt haben, kann ebenfalls nichts anderes als umgelautetes *u* sein. der umlaut von *ū* als *ui* und *iu* geschrieben lässt sich schon vom neunten jahrhundert an nachweisen' (s. 276). der schluss von Isidors *lyuzil* auf *fyur* ist allerdings lockend; dennoch darf er nicht gezogen werden. warum schreibt der Vocab. St. Galli *fuir* (Henn. s. 76), warum der Tatian *fuir*, warum die gl. K., Pa, Ra. *fuir*? von den genannten denkmälern weist nur der Tatian eine spur des umgelauteten *u* auf in dem von Schmidt (s. 277) angeführten *sciura* = mlat. *scuria*: hier also *iu* geschrieben, nicht *ui*. ja, wie kommt es überhaupt, dass nur in dem éinen worte *fuir*, *fiur* der umlaut stäts und von der frühesten zeit ab geschrieben wird, wo wir doch wissen, dass 'noch mittelhochdeutsche handschriften, zum beispiel die Giessener des Iweins, ihn unbezeichnet lassen' (Scherer zu Denkm.[2] XVII, 38)? — ferner, dass das *iu* in alts. *fiur* als umlaut von *u* betrachtet werden dürfe, folgt aus dem zweimaligen *thiores holtes* der Essener Heberolle gewis nicht; ja, wenn wenigstens sonst noch ein beispiel des betreffenden umlautes aus dem Heliand beizubringen wäre! — die altniederfr.

psalmen haben durchweg *fuir.* die Lips. glossen, welche aus denselben gezogen wurden, führen allerdings einen acc. plur. *duiri,* januas, an; dafür aber steht die nicht umgelautete form *duri,* januas, im 73. psalme selber. es bliebe also gewis auffällig, wenn *fuir* in vier sicheren fällen mit umlaut, nie ohne umlaut, *duiri* aber in zwei fällen einmal mit, das andere mal ohne umlaut geschrieben wäre. — endlich aber liefert altfries. *fior, fiur* den bündigen beweis, dass die erklärung Schmidt's nicht festzuhalten ist. weder von *u* noch von *ū* kann altfr. *io, iu* umlaut sein; umgelautetes *u* wird fries. *i;* umgelautetes *ū* wird fries. *ē.* hingegen ist fries. *io, iu* der vertreter von germ. *eu: diore, diure* — ebenso *fior, fiur.*

Schmidt beginnt seine erörterungen über die behandelten wörter so: 'es wird niemand im ernste einfallen, πῦρ, g. πυρός. von πυρσός, πυρρός, feuerrot, zu trennen, aus einander abzuleiten sind sie aber nicht'. dem letzteren satze stimme ich bei. was aber den ersteren anlangt, so wird es sich fragen, ob wir lieber πυρσός von πῦρ, oder lieber πῦρ von den germanischen bildungen trennen wollen?

III. Sonne, K. Z. X, 356 erkannte die wurzelverwantschaft von *juba,* die mähne, und *jubar,* der glanz, das strahlende licht. auch die alten fühlten den zusammenhang der beiden wörter; beweis ist Paul. Fest. p. 104 M: Jubar, stella quam Graeci appellant φωσφόρον vel ἕσπερον; hoc est lucifer, quod splendor eius diffunditur in modum jubae leonis. — schon dem RV. ist diese vorstellung geläufig. vgl. I, 50, 8 *saptá tvā harítō ráthē váhanti dēva sūrya | çōcíškēçaṃ vicakšaṇa.* das nämliche epitheton, wie hier die sonne, erhält auch Agni: kurzweg *kēçín-,* behaart, heisst Agni I, 164, 44 *tráyaḥ kēçína ṛtuthā' ví cakšatē,* wozu man Haug, Vedische Räthselfragen und Räthselsprüche, s. 50f. des sonderabdruckes vergleiche. — ich erinnere ausserdem noch an *aṃçumālin-,* 'mit einem strahlenkranze versehen', sonne.

Schliesslich habe ich noch drei wurzeln zu erwähnen, für welche mir eine sichere herleitung nicht geglückt ist. — zunächst

lamp, leuchten: gr. *λάμπω*, leuchte, *λάμπη*, kahm, schaum, *λέμφος*, schleim; lat. *limpidus*, klar, hell; lit. *lëpsnà*, altpr. *lopis* flamme, lett. *lahpa*, kienfackel. wäre es richtig, lat. *lympha*, quellwasser, hierher zu stellen. so würde dadurch die beziehung auch auf das tropfbar-flüssige erwiesen sein. allein lat. *lympha* steht, wie schon Schweizer K. Z. XVIII. 289 dargetan hat, für **lumpa* und gehört zu osk. *Diumpa* (weihinschr. von Agnone). — sodann

die wurzel von lit. *żvaigżdė*, ksl. *zvězda*, stern. — endlich germ. **tand** (altn. *tundr*, ags. *tynder*, zunter u. s. f.).

Es hat sich jetzt ergeben, dass die bildner der sprache (um MMüller's ausdruck zu gebrauchen) bei der benennung des lichts in der hauptsache eben so verfuhren, wie bei der benennung des tons. als lichtursache lernten wir schnelle bewegung kennen: schnelle bewegung war auch eine der ursachen des tons. die lichthervorbringung dachte man sich als pfeilabschuss oder fluterguss, allgemein als offenbarung genau so die erzeugung des tons. das licht wirkt durchdringend: der ton nicht anders. bei einer solch durchgreifenden gleichheit in der methode der benennung darf es nicht auffallen, wenn die benennungen selbst gleich werden; es darf nicht auffallen, wenn gleichlautende wurzeln des tons und des lichts neben einander einherschreiten. die aufgabe, die jetzt noch zu lösen bleibt, ist die: für jede einzelne wurzel, welche die bedeutungen 'tönen' und 'leuchten' in sich vereinigt, eine urbedeutung nachzuweisen, aus der jene beiden ersten geflossen sein können.

A. Die wurzel bezeichnet schnelle bewegung als ursache des tons und als ursache oder merkmal des lichts.

lat. *vibro* 1) setze in zitternde bewegung, oder bin in zitternder bewegung. 2) trillere, schwirre, schrille. 3) schimmre, funkle.

ags. *bregdan* 1) vibrare, 2) modulari, 3) versicolorem esse.

Ebenso nun erkläre ich

1) **spag**, tönen,	=	**spag**, leuchten.
Das sskr. bietet eine unsichere spur in Nir. III, 18 *kamanīyaṃ çabdaṃ piñjayati*, lässt ein liebliches geräusch ertönen. unsicher: denn das verbum kann fabriciert sein, da eine etymologie des wortes *kapiñjala-*, haselhuhn, geliefert werden soll. — sicher aber sind die vertreter der wurzel in den europäischen sprachen:		sskr. *páǵas*, impetus, frische, regsamkeit, kraft, funkelnder lichtglanz, helle, schimmer. — das präsens hat nasalverstärkung: *piñga-*, braun.
gr. *φθέγγομαι*, bringe einen ton hervor.		gr. *φέγγω*, leuchte, glänze.
ags. *specan*, to speak, ahd. *gespähe*, [1]) affabilitas, mhd. *spaht*, lärm, geschwätz.		ahd. *fancho*, funke.
lit. *spengti*, *spengéti*, gellen, klingen.		lit. *spingéti*, glänzen.

Die bedeutung 'vibrieren', aus welcher ich 'tönen' und 'leuchten' herleiten möchte, kann ich an *spag* nicht nachweisen. da indes *spad* und *spar* zu *spa* sich verhielten, wie 'zucken' zu 'ziehen', so darf die erstere bedeutung auch für *spag* erschlossen werden, um so eher, als sie in sskr. *páǵas*, ahd. *fancho* noch hervortritt.

Auf gleiche weise lassen sich im begriff des vibrierens vereinigen

2) *ras*, tönen,	und	*ras*, leuchten.
sskr. *rásati*, er brüllt, wiehert, dröhnt.		
got. *razda*, *λαλία*, *γλῶσσα*, altn. *rödd*, ags. *reord*,		

---

1) *ingagan spehhan*, Graff VI, 380, schreibfehler?

stimme, laut, rede, ahd. *rarta*, modulatio, melos. sskr. *rā'satē*, er heult, schreit, *rāspiná-*, *rāspirá-* rauschend.	

mit *l* in der w.

sskr. *lásati*, er schallt, ertönt.	sskr. *lásati*, er strahlt, glänzt.
gr. *λάσθη*, spott, schmähung.	gr. *λάω*, sehe: cap. V.

Gewiss wenigstens führt 'leuchten' auf 'vibrieren' zurück; man vergleiche sskr. *lásati*, er spielt, tanzt, *ullāsayati*, er versetzt in bewegung, lässt tanzen, *vilasita-*, sich hin und her bewegend, als subst. gebraucht von der zuckenden bewegung des blitzes. für 'tönen' wird der gleiche ursprung wahrscheinlich gemacht durch sskr. *prōllasat-* a) s. hin und her bewegend; b) ertönend, erschallend; c) strahlend, glänzend. man hat dann anzusetzen: idg. *rásati* (cf. gr. *ἐρωή*, heftige bewegung, schwung; altn. *rās*, fall, ags. *ræs*, impetus, cursus, saltus.), a) er vibriert; b) er tönt; c) er glänzt. zweifelhaft kann die combination nur durch das vorhandensein eines tonverbums *ra* gemacht werden; denn so steht die möglichkeit offen, dass *ras*, tönen, direct von ihm aus weiter gebildet ist. — endlich:

3) *aig*, leuchten	=	*aig*, sagen.
gr. *αἴγλη*, glanz, schimmer, *αἰγλήεις*, glänzend, strahlend, lett. *viſét*, glänzen, schimmern, *viſilût*, flimmern, glänzen, Bezzenberger, Beitr. I, 163.		got. *aikan*, bloss in *af-aikan*.

Beide gruppen vereinigen sich in dem begriff 'vibrieren': sskr. *ēj*, s. rühren, bewegen, beben, nach dem Dhātup. auch leuchten; gr. *αἴξ*, ziege, *αἰγίς*, sturmwind, germ. *aikā* (altn. *eik*, ags. *āc*), eiche. sollte das Dhātup. mit seinem *ē'jati*, er leuchtet, recht haben, so dürfte die entwickelung vibrieren:

leuchten noch der ursprache zugeschrieben werden. — got. *aikan* hat schon Bezzenberger, Zs. f. d. Phil. V, 230 zu sskr. *īj* gestellt, aber einen anderen bedeutungsgang angenommen. ich berufe mich für meinen ansatz auf das verhältnis von altn. *bifa*, rede, zu ahd. *biba*, tremor. wem er zu verwegen erscheint, der muss eine ähnliche übertragung annehmen, wie sie in ahd. *zwizarōn* (vgl. s. 100) stattgefunden hat.

B. Die wurzel enthält eine tätigkeit, die zugleich merkmal für ton und licht ist.

a. Sie nimmt bezug auf die hervorbringung von ton und licht.

Durch schilderung der hervorbringung von ton und licht (schuss, erguss) werden ton und licht selber beschrieben. es kann aber auch ganz allgemein das hervorbringen betont werden: dann sind tönen und leuchten mit letzterem synonym. hierher gehören:

1) w. **ar**, in bewegung setzen, in bewegung sein. gesagt vom tone: RV. I, 116, 1 *stṓmān̆ iyarmy abhríyēva vā'taḥ*, lobgesänge entsende ich — lasse ich ertönen — wie wasserwolken der wind. — medial:

V, 25, 8 *utō' tē tanyatúr yathā svānō' arta tmánā diváḥ*, und dein getös erhebt selbst wie des himmels donner sich.

Il. XV, 718 *Οἴσετε πῦρ, ἅμα δ' αὐτοὶ ἀολλέες ὄρνυτ' ἀϋτήν*. — medial:

XI, 500 *βοὴ δ' ἄσβεστος ὀρώρει.*

vom lichte: RV. VIII, 44, 4 *út tē bṛhántō arcáyaḥ samidhānásya dīdivaḥ | ágne çukrā'sa īrate*, empor geschossen sind deine grossen strahlen u. s. f.

V, 52, 6 *ánv ēnān̆ áha vidyútō jájhjhatīr iva bhānúr arta tmánā diváḥ*, ihnen, den M. nach, (schwingen sich) gleichsam lachende (Benfey, Ved. 133 f.) blitze, schwingt sich sogar des himmels strahl. — vgl. Grassmann, s. v. *ar*, und

Il. VIII, 135 *δεινὴ δὲ φλὸξ ὦρτο θεείου καιομένοιο.*

Von diesen stellen aus behaupte ich die identität von

ar, tönen. und *ar*, leuchten.

sskr. *ā'ryati*, er preist.[1])
gr. *ἀρά*, gebet, flehen, fluch. die nebenform *ra* in
sskr. *rā'yati*, er bellt.
lit. *rė́ju*, schimpfe, lett. *rāju*, schelte.
ksl. *rarŭ*, sonitus.

sskr. *aruṇá-*, rötlich, *arušá-*, rot, zd. *auruša-*, glänzend, weiss.

die wurzel entwickelt *l*.

lit. in *aldas*, *audas*, fröhliches hersingen, *aldo*, er singt, ferner in der erweiterung *algoju*, schreie laut, rufe. Fortunatov, Beitr. III, 64 u. 54. — die nebenform *la* in
gr. *λάρος*, möve.
lat. *lātro*, lit. *lóju*, ksl. *lają*, belle.
got. *lāian*, *λοιδορεῖν*, JSchmidt, K. Z. XIX, 278.

sskr. *alāta-*, feuerbrand, kohle. (spät!).
lat. *adolesco*, lodre auf.
altn. *eldr*, ags. *äled*, alts. *eld*, feuer, ahd. *elo*, fulvus.

w. *ar*, in bewegung setzen, in bewegung sein, wird erweitert zu *ark*. die bedeutung 1) transitiv 'abschiessen', 2) intransitiv 'hervorquellen' weist Grassmann nach. ad 1) Ath.V. I, 2, 3 *vṛkšáṃ yád gā'vaḥ parišasvajānā' anusphuráṃ çaráṃ árcanty ṛbhúm*, wenn die kühe, des bogens stab umfassend, den schwirrenden pfeil abschiessen, den? ad 2) RV. I, 113, 18 *vāyór iva sūnṛ́tanām udarkē'*, beim sturmgleichen hervorquellen der schönen lieder.[2]) die bedeutung 'abschiessen'

[1]) Dass die ursprüngliche bedeutung 'erheben' gewesen sei, wie Grassmann meint, macht das gr. *ἀρά* unwahrscheinlich. man wird eher an stellen zu denken haben wie RV. X, 4, 1 *prá tē yakši prá ta iyarmi mánma*, 'dir will ich darbringen, dir senden das lied'.

[2]) Parallelstelle: I, 173, 1 *gā'yat sā'ma nabhanyàṃ yáthā vē'r.*

ist erhalten in lat. *arcus* (activ.), ags. *earh*, pfeil (pass.). von ihr aus leitet Grassmann s. v. *arc* die gleichung ab:

ark, tönen, =	*ark*, leuchten.
sskr. *árcati*, er preist, brüllt, jubelt.	sskr. *árcati*, er strahlt. lat. *morbus arquatus*, gelbsucht, Sonne, K.Z. XV,384. ir. *carc, erc*, sonne. Pictet, aao. IV, 355.
rak. gr. *ῥέγχω*, schnarche, schnaube. lat. *ranco, racco*, brülle (vom tiger); *rāna*, frosch. ahd. *ruohhōn*, rugire. lit. *surinku*, schreie auf, *rėkiù*, schreie, weine. ksl. *rekq*, *λέγω*, *φημί*, *εἶπον*, *λαλῶ*.	

mit *l* in der wurzel.

gr. *λάσκω* für **λάκσκω*, *ἔλακον*, töne, krache, schreie, spreche. lat. *loquor*, *lŏcusta*. ags. *leán*, alts. ahd. *lahan*, vituperare. vgl. LMeyer, K. Z. VIII, 252.	altir. *lassad*, flammen; die stammbildung ist genau die des gr. *λάσκω*, Windisch, K. Z. XXI, 426; dagegen entspricht dem gr. *ἔλακον* corn. arm. *lagat*, auge, Ebel, K. B. II, 176.

Hieran mögen sich die weiteren verwanten von w. *ar* schliessen, soweit sie nicht schon besprochen wurden. es sind die verba des tönens

1) **rap** (sskr. *rap*, laut rauschen, sprechen, preisen, schwatzen, flüstern; ksl. *rŭpŭtŭ*, *γογγυσμός*, Miklos.; in beiden sprachen hat die wurzel auch *l* entwickelt: sskr. *lap*, schwatzen, flüstern; im intensivum oder in der verbindung mit *pra, vi, vipra* = wehklagen; ksl. *lŭpŭtŭ*, strepitus).

Nebenform *rip* in sskr. *riph*, knurren, lat. *lipio*, vom geschrei des miluus, Fick I³, 741, lit. *lẽpti*, befehlen, *atsilẽpti*, antworten JSchmidt, Voc. II, 496.

2) **rabh** (sskr. *rambh*, brüllen, *uparambhati*, er erfüllt mit schall, lässt erschallen; daneben unbelegtes *lambh*, dessen *l* an germ. *lamba-* (got. altn. ags. alts. ahd. *lamb*), lamm, erinnert). ausser sskr. *rambh*, *lambh* wird auch *ramb*, *lamb* angeführt: beide freilich unbelegt, so dass auch die herkunft von gr. *ἄραβος ὀδόντων*, zähnegeklapper, *ἀράβαξ*, lärmer, tänzer, *ἀραβάσσω*, lärme, stampfe auf, durch sie nicht aufgeklärt wird.

Nebenform *ribh* in sskr. *ribh*, murmeln (wasser), plaudern, schwatzen, rauschen, jubeln, knarren, knistern, und lett. *ríbét*, dröhnen, poltern, Fick I³, 741.

3) **ru** (sskr. *ru*, brüllen, schreien, quaken, dröhnen, summen, gr. *ὠρύομαι*, brülle, heule, juble, lat. *raucus*, schreiend, kreischend, heiser, dumpf; ags. *rȳd*, rugit, = ksl. *rĭvetĭ*, *μυκᾶται*, *ὠρύεται*, JSchmidt, K. Z. XXIII, 439). hierher die erweiterungen *rug*, *rud*, sowie die nebenform *ur*, *ul*, erweitert *ulbh* (gr. *ὄλοφυς*, klagend, lit. *ulbauti*, winseln, Fick, Beitr. I, 64).

Neben *rap*, *rabh* und *ru* laufen gleichlautende verba der bewegung. dass zwischen hier und dort ein zusammenhang bestehe, ist damit nicht gesagt. die fertige bedeutung des tönens, welche an *ar*, *ra* nachgewiesen ist, kann ebenso in *rap*, *rabh* weiter leben, als aus dem begriff der bewegung in *rap*, *rabh* von neuem gefolgert sein. und ebenso konnte neben *ra*, tönen, ein verbum *ru*, tönen, auch unabhängig von dem *ru* einherlaufen, welchem wir die bedeutung 'brechen' beilegen. wem also die nachfolgende andeutung, wie etwa die beiden reihen zu vermitteln sein möchten, misfällt, der glaube nicht, dass darum auch das ganze princip misfallen verdiene. denn da das verbum der bewegung *ra* und das verbum des tons *ra* als im verhältnis von lat. *mittere* zu *vocem mittere* stehend erwiesen, mithin so nahe als nur möglich mit einander verknüpft wurden, ferner die annahme offen bleibt, es seien *rap*, *rabh*, *ru* directe nachkommen, beziehungsweise seitenwurzeln jenes tonverbums *ra* (gerade, wie sskr. *raṇ*, tönen, von *ra* in der fertigen bedeutung 'tönen' ausgegangen sein muss), so würde das princip durch jenen einwand nicht als unbrauchbar erwiesen werden.

Am ungenügendsten fällt der versuch zu vermitteln bei dem zweiten der genannten verba, bei *rabh*, aus. die überlieferung der tonwurzel ist so mangelhaft, dass man über ihre verwendung, d. h. über die art des durch sie bezeichneten tones, nicht urteilen kann. war ihre bedeutung wesentlich eins mit der von *ribh*, so kann der begriff 'tönen' aus dem begriff 'aufgeregt, wütend, rasend sein' (in *rabh:* vgl. sskr. *rábhas*, ungestüm, gewalt, *rabhasá-*, wild, ungestüm, stark, heftig; lat. *rabies*, wut, raserei) gefolgt sein wie bei *bhar:* *πορφύρεον κῦμα*, u. s. f. — eine andere vermutung wäre die: sskr. *rabhasá-* wird gebraucht u. aa. von der lebhaften farbe; in dieser verwendung hat man gr. *ἀλφός*, lat. *albus* längst mit ihm verglichen. ebenso könnte der begriff des lebhaften auch auf den ton übertragen sein; es verhielte sich alsdann *rabh*, tönen, zu *rabhasa-* nicht anders, als die früher nachgewiesene tonwurzel *star* (lat. *sterto*, *strepo*, u. s. f.) zu gr. *στρηνής*.

Etwas besser sieht es mit der verknüpfung bei den beiden übrigen tonwurzeln aus. ich beginne mit *ru*. es soll hier nicht untersucht werden, ob *ru*, brechen, bloss eine etwa durch *r* veranlasste phonetische wandlung des alten *ar*, oder eine zu *ar* gehörige seitenwurzel ist, die zu letzterem in ähnlichem verhältnis steht, wie *g¹u*, treiben, zu *ag¹*. sondern es soll bloss gezeigt werden, dass an einem nachkommen der w. *ru* sämmtliche bedeutungen, die mit *ar* verbunden erscheinen, zu belegen sind.

lat. *ruo* heisst: 1) ich renne, stürze, eile: vgl. dazu *dhánōr ádhi pravátа ā́ sa r̥ṇvati* (RV. I, 144, 5); *ὦρτο δ' ἐπ' αὐτούς* (Il. V, 590). 2) treibe empor (Verg. Georg. II, 308 f. *ruit atram Ad caelum . . . nubem*), treibe hinab (Aen. IX, 516 *immanem Teucri molem volvuntque ruuntque*), caus. zu *ruo*, stürze empor (aao. II, 250 *ruit oceano nox*), stürze hinab (aao. V. 695 f. *ruit aethere toto Turbidus imber*). grundbegriff hier: 'bin in bewegung'; dort: 'setze in bewegung'. die richtung der bewegung definiert der zusammenhang, sprachlich ist sie alldeutig. 3) reisse auf, aus, auseinander (lat. *rutrum*, grabscheit; lit. *ráuju*, ziehe aus der erde, jete aus, ksl. *ryją*, ὀρύσσω; lit. *raviù*, ksl. *rŭvą*, reisse aus, jete; sskr. *ru*, zerschlagen, zerschmettern; auch schneiden, wenn sskr. *rō'man-*, haar, verwant ist). grundbegriff ist 'trennen', wie aus Verg. Aen. I, 35 *spumas salis aere ruebant* hervorgeht; *ruebant* steht synonym mit V, 2 *fluctus secabat*. nun aber kann der begriff trennen, verletzen, an *ar* gleichfalls nachgewiesen werden: einmal in ksl. *orją*, λύω, καθαιρῶ, *oritelĭ*, qui destruit; vgl. sskr. *árus*, gr. ἀρημένος, verwundet; sodann in europ. *ar*, pflügen: denn pflügen ist trennen der zusammengeballten erde.

Also: lat. *ruo* hat alle bedeutungen, die wir an w. *ar* wahrnehmen: 1) bin in bewegung; 2) versetze in bewegung; 3) trenne, breche. die bedeutung 3) hat es mit seinen reflexen im sskr. und den lituslavischen sprachen gemein. nun ist ein doppeltes möglich. entweder hatte die ursprache eine w. *ru*, deren bedeutungen von derjenigen der w. *ar* bloss quantitativ sich unterschieden. dann hat lat. *ruo*, diese bedeutungen alle bewahrt; sskr. *ru*, lit. *ráuju* u. s. w. bloss die dritte. oder die ursprache hatte eine w. *ru*, die von den bedeutungen der w. *ar* nur die dritte ausdrücken konnte. dann sind die bedeutungen 1) und 2), die wir dem lat. *ruo* zukommen sahen, im sonderleben des lateinischen aus 3), etwa vermittelt durch den begriff 'brechen', hervorgegangen. im ersten falle kam dem idg. *ru* die bedeutungsreihe zu: 1) in bewegung sein; 2) in bewegung versetzen; 3) trennen, brechen: dann darf man, gestützt auf Verg. Aen. VI, 44 *unde ruunt totidem voces* (vgl. RV. V, 83, 3 *dūrā't siṃhásya stanáthā úd īratē*; Il. XVI, 633 ὀρυμαγδὸς ὀρώρει), annehmen, idg. *ru*, tönen, sei gleich idg. *ru*, stürzen, eilen, so dass also die bedeutung 1), die für idg. *ru* bloss gefolgert werden konnte, in wirklichkeit doch vorhanden wäre, nur eingeengt auf das hervorbrechen des tons. im zweiten falle kam dem idg. *ru* bloss die bedeutung 'trennen, brechen' zu: dann darf man, gestützt auf gr. ἔρρηξε δ'αὐδήν (Eur. Hiket. 710), lat. *rumpit vocem* (Aen. II, 129), annehmen, idg.

ru, tönen, sei gleich idg. *ru*, brechen: 'hervorbrechen lassen', 'ausbrechen in', sind verbindungen, die ja auch uns geläufig sind.

Zur vermittelung von *rap*, tönen, mit dem gleichlautenden *rap* 1) sich bewegen; 2) verletzen, liesse sich etwa folgendes sagen. sicher ist das letztgenannte *rap* eine erweiterung von *ar*, dessen bedeutungen, bewegen, verletzen, es ja völlig teilt. was die erste anlangt, so ist sie belegt durch zd. *rap*, in den europäischen sprachen durch ein verbum, das *a* bewahrt (lett. *rāpát*, kriechen; lat. *rāpum*, ahd. *ruoba-*, lit. *rópė*, rübe), oder in *e* übergehen lässt (lat. *rĕpente;* aber *rēpo* = lit. *rėplóju* mit ablaut *ē*: Fick, Beitr. II, 212). die zweite liegt vor in sskr. *rápas*, verletzung, schädigung, hauptsächlich aber in dem aus *rap* entstandenen *rup* (JSchmidt, Voc. II, 292f.): sskr. *rōpa-*, loch, höhle, lat. *rumpo*, zerbreche, u. aa. will man nun *rap*, tönen, mit der zuletzt besprochenen wurzel verbinden, so bietet sich als einzig mögliche annahme die: w. *rap*, tönen, ist synonym mit lat. *rumpere* in verbindungen wie *rumpere vocem, rumpere questum* (Aen. II, 129; IV. 553; XI, 377).

2) **ghar**, träufeln.

S. 9 habe ich sskr. *jigharti*, er besprengt, mit gr. *χραίνω* und *χραύω*, zusammengestellt, und daraus ein idg. *ghar*, spargere, erschlossen. wegen des verhältnisses von 'besprengen' zu 'berühren' genügt es an die wurzelgleichheit sskr. *pṛçni-*, *περκνός*, und sskr. *spṛç*, berühren, erinnert zu haben.

w. *ars*, heisst 'fliessen'. ihr sskr. reflex ist *ṛš*. der geistreiche Grassmann hat aus stellen wie RV. IV, 58, 10 *abhy àršata sušṭutím* längst erschlossen, dass der *ṛ́ši-* der 'lieder ergiessende' ist. er hat auch gewust, dass *ṛšú-*, flamme, wörtlich 'strahlen ergiessend' heisst. die vorstellung ist nicht bloss vedisch; sie ist durchaus altarisch; sie wiederholt sich in der gleichheit von

ghar, tönen, und	*ghar*, leuchten.
Die einfache w. ist im sskr. schlecht vertreten: *ghar-ghara-*, geknister, gerassel, gelächter; *ghurghurā*, ge-	sskr. *jigharti*, er leuchtet, glüht. zd. in *garema-*, warm, heiss.

knurre, *ghurghurī*, grillo; sie wird aber vorausgesetzt durch die ableitungen *hrap, hrād*. —
gr. χελῑδών = lat. *hirundo*.

gr. θέρομαι, werde heiss, verbrenne.

gh geht in *gh*[1] über:

sskr. *hrād*, tönen.
zd. *zrādha-*, d. kettenpanzer.
— aber ksl. *gradŭ*, χάλαζα.

sskr. *hári-*, feuerfarben, goldgelb, ==
zd. *zairi-*.
lit. *żériù*, glänze, schimmere; ksl. *zorja*, φαῦσις, ἀκτίς, αὐγή.

l in der wurzel.

germ. *galan*: altn. *gala*, singen, ags. *galan*, canere, insonare, clamare, ahd. *galan*, canere, incantare.

germ. *gellan*: altn. *gella*, *gjalla*, brüllen, schreien; ahd. *gellan*, mutire, tinnire.

ksl. *glagolją*, λαλῶ, λέγω.

Von der wurzel *ghal*, *gh*[1]*al* lit. *żeliù*, grüne) sind durch umstellung gebildet:

gh[1]*la* in altn. *glōa*, ags. *glōvan*, ahd. *gluojan*, ardere, candere. lit. *żlėjė*, dämmerung.

ghli in gr. χλίω, werde warm, alts. *glīmo*, glanz, schimmer.

ghlu in gr. χλεύη, scherz, gewöhnlich in malam partem gewant.

altn. *glȳ*, laetitia, ags. *gleó*, gaudium, facetiae, ludus musicus, Grein I, 515. altn. *glaumr*, getös, ags. *gleám*, jubilatio. bedeutungsübergang wie in dem ags. *gläd*, micans, coruscans, splendens; hilaris, laetus; die laute freude wird zum getös.

Die urwurzel von *ghar*, sprengen, schleudern, schnellen, hat man vielleicht in sskr. *ha*, zd. *za*, loslassen, fahren lassen, zu erkennen, welche auch auf europ. boden nachzuweisen ist. sie muss gh^1a angesetzt werden, und das folgende *r* verhinderte das regelmässige auftreten von gh^1 in der erweiterung gh^1ar. darf man an jenes primäre gh^1a die gleichfalls identischen idg. agh^1, sagen (sskr. *āha*, lat. *aio*), und ostar. agh^1, leuchten, (sskr. *áhan-*, zd. *azan-*, tag), anschliessen?

3) **bha.**

Es stehen wiederum nebeneinander

bha, tönen,	und *bha*, leuchten.
gr. ἔφην, sagte. φήμη, lat. *fāma*, sage. ksl. *bają*, μυθεύομαι, fabulor.	sskr. *bhā'ti*, er leuchet. sskr. *bhā'ma-*, zd. *bāma-*, lichtstrahl. sskr. *bhā'na-*, d. erscheinen, gr. φανός, licht, hell, altir. *bán*, weiss. lit. *bóju*, achte worauf (schaue aus nach).

Hieraus ergibt sich, dass idg. *bhā'ti* beide bedeutungen, tönen und leuchten, in sich vereinigt, mit andern worten: das gewahrmachen durch ton und licht, oder, wie Benfey, GgN 1878, s. 166, sich ausdrückt, durch laut und gebärde, zugleich bezeichnet hat.

In ähnlicher function haben wir früher w. *var* angetroffen. die beziehung auf das licht stellten zwei homerische belege ausser zweifel; die beziehung auf den ton war allbekannt. als grundbedeutung der wurzel ergab sich unwiderleglich die des offenbarens, des hervorführens und hervorbringens des noch nicht zur erscheinung gekommenen.

Vielleicht lässt sich ein gleiches für *bha* erweisen, und zwar von einer wurzel aus, von welcher man es am wenigsten erwarten sollte. *bhar*, tragen, in seinem verhältnis zu *bha*, leuchten und sprechen, ist von jeher als das riff betrachtet worden, an welchem eine wurzelanalyse scheitern müsse, wie sie Scherer (zGDS. 354 die entstehung der reduplication 'dürfte in eine zeit zurückreichen, in welcher nur erst die wurzelform consonant mehr vocal existierte*) angedeutet und Fick durchgeführt hat. die sache sieht auch wirklich verzweifelt drein —: wenigstens so lange als man die begriffe nicht auf ihre geschichte hin ansieht. die bisherige untersuchung aber hat gezeigt, wie wichtig eine solche prüfung ist; möglich also, dass auch hier der augenschein teuscht.

sskr. *bhṛ* hat die bedeutungen: 'etwas im laufe mit sich führen, etwas irgend wohin bringen, sei es von einem punkte weg, sei es auf ein ziel zu'. die übersetzung 'tragen', die wir ihm gemeinhin beilegen, ist etwas zu eng. ausserdem heisst *bhṛ* 'erschallen lassen': RV. X, 76, 4 *dēvāvyàṃ bharata çlṓkam adrayaḥ,* das göttersuchende geräusch lasst erschallen, steine; 94, 1 *yád adrayaḥ parvatāḥ sākáṃ āçávaḥ çlṓkaṃ ghṓšam bhárateˊndrāya sōmínaḥ,* wenn ihr, o presssteine vom berge, zusammen die renner, preisliedes schall (Benfey, Or. u. Occ. I, 595, anm. 690; GgN. 1875, s. 195; 1878, s. 194) erklingen lasset dem Indra, von soma triefend. wer aus stellen wie I, 61, 2 *bhárāmy āṅgūšám,* 148, 2 *úpastutim bháramāṇasya kārṓḥ,* glaubt folgern zu dürfen, er reiche mit der übersetzung 'darbringen' aus, der lerne aus der avestischen redensart *vācem baraiti,* 'er spricht', dass seine folgerung nicht zutrifft. sskr. *bhṛ*, zd. *bar* sind in dieser verwendung völlig synonym mit gr. *προφέρειν* Eur. Med. 188 f. *ὅταν τις Μῦθον προφέρων πέλας ὁρμηθῇ*; Aesch. Agam. 964 *δόμοισι προυννεχθέντος ἐν χρηστηρίοις*, wäre es im hause des orakels mir verkündet, als wille der götter vorgelegt, geoffenbart worden, Stein zu Her. V, 63, 4; oder *προσφέρειν* Eur. Hik. 600 *τίν' αὐδὰν τάνδε προσφέρεις νέαν*; —

Also noch in historischer zeit wird *bhar,* indem sein verbalbegriff 'etwas irgend wohin bringen' als 'hervorbringen' definiert wird — eine ähnliche definition trafen wir in europ. *ank,* tönen, eigentlich 'biegen', genauer 'hervorbiegen': sskr. *udañcita-,* — vgl. s. 79 — fähig, in gleichen verbindungen, wie in sskr. *āvíš kṛṇōti vagvanúm,* er lässt die stimme erschallen, gebraucht zu werden. die eine der bedeutungen mithin, die der w. *bha* proethnisch zukommen, entwickelt *bhar* in historischer zeit. dass auch die andere, leuchten, an *bhar* hätte ausgeprägt werden können, lehrt gr. *προφέρειν:* Il. X, 479 *ἀλλ' ἄγε δὴ πρόφερε κρατερὸν μένος*, zeige mut; denn dem entspricht *ávih sū́ryaṃ kṛṇuhí*, RV. VI, 17, 3, was ich wol nicht weiter zu verfolgen brauche.

Der abstand also zwischen den bedeutungen von *bha* einerseits und der von *bhar* andrerseits ist nicht so gewaltig, als es auf den ersten blick den anschein hat. denn es konnte bewiesen werden, dass die in *φέρειν* enthaltene wurzel zu der éinen bedeutung von *bha* wirklich gekommen ist, zu der andern leicht hätte kommen können. zwei lautcomplexe, die innerlich so nahe sich berühren, äusserlich nicht anders sich verhalten, als *spa* und *spar*, werden schwerlich von einander unabhängig sein. gieng nun in sskr. *bhṛ* der begriff der tonoffenbarung von dem begriff des hervorbringens aus: sollte der begriff des offenbarens von ton und licht, wie er am primären *bha* ausgeprägt ist, nicht auf die gleiche anschauung zurückzuführen sein? mir scheint: ja! denn ist dieselbe auch für unser *bha* nicht mehr nachweisbar, so tritt sie doch an einer seitenwurzel von *bha* deutlich hervor.

gr. *πιφαύσκω* führt auf eine wurzel *bhu*, welche, wie *bha*, auf ton sowol als licht bezug hat. wir lesen:

Il. X, 202 *ἔνθα καθεζόμενοι ἔπε' ἀλλήλοισι πίφαυσκον.*
XVI, 12 *ἠέ τι Μυρμιδόνεσσι πιφαύσκεαι ἢ ἐμοὶ αὐτῷ;*
XXI, 333 *πιφαύσκεο δὲ φλόγα πολλήν.*

Aesch. Ag. 23 f. *ὦ χαῖρε λαμπτὴρ νυκτὸς ἡμηρήσιον φάος πιφαύσκων.*

HSchmidt, Gr. Syn. I, 59 f., stellt die vermutung auf, gr. *πιφαύσκω* heisse: 'ich bringe zur erscheinung'. die angeführten belege aus der gr. literatur beweisen, dass die vermutung gegründet ist. dies lässt sich auch vermittelst der etymologie zeigen. die wurzel *bhu*, welche redupliciert vorliegt in gr. *πιφαύσκω*, kann nicht getrennt werden von der wurzel *bhu*, welche aus den von Curtius Grdz.[4] 297, 298 genannten griech. bildungen ohne reduplication abstrahiert werden kann. *πιφαύσκειν* heisst 'offenbaren' von ton und licht; jene dagegen gehen auf die offenbarung des lichts allein. ganz allgemein gefasst liegt der begriff der offenbarung vor in sskr. *bhāvana-*, zur erscheinung bringend, bewirkend, sskr. *bhāvanā*, das in d. erscheinung bringen, bewirken. diese wörter sind ableitungen der durch gr. *φύω*, zeuge, belegten wurzel. die letztere kann von derjenigen nicht getrennt werden, welche in gr. *ὑπόφαυσις* und *πιφαύσκω* erscheint. somit ist bewiesen, dass nicht nur hervorbringung eines neuen erdenlebens, sondern auch hervorbringung von ton und licht als zeugung gilt: grundbegriff ist hier wie dort *προφέρειν εἰς τὸ φῶς*.

Dass der begriff des w. *bhu* tatsächlich dem des gr. *προφέρειν* sehr nahe gestanden haben muss, lehrt die analoge bedeutungsentwickelung. gr. *προφέρειν* heisst 'hervorbringen' im sinne von *φύειν* und *πιφαύσκειν*. es heisst aber auch 'fördern'; und hiermit halte man die übereinstimmung von sskr. *bhāvayati*, er fördert, und lat. *fovet* zusammen. es ist dies genau das gleiche verhältnis, welches zwischen sskr. *aviškṛnōmi*, *πιφαύσκω*, und sskr. *avati*, lat. **avet*, waltet.

Damit wäre die vermutung begründet, dass *bha*, wie *var*, die grundbedeutung des hervorführens und hervorbringens des noch nicht in die erscheinung getretenen gehabt hat. weder ist 'leuchten' aus 'tönen', noch umgekehrt 'tönen' aus 'leuchten' durch übertragung gewonnen; sondern beide begriffe sind verschiedene deutungen des éinen begriffs 'offenbaren', gerade, wie lat. *dīco* eine besondere deutung des begriffs 'zeigen' ist, welche im griech. *δείκνυμι* noch nicht wahrgenommen werden kann.

Von *bha* gibt es drei, vielleicht sogar vier ableitungen, welche gleichfalls offenbarung von ton und licht ausdrücken.

1) *bhan*. im gegensatze zu sskr. *bhan*, sprechen, ahd. *bannan*, mannire, citare; gr. *φωνή*, stimme, altn. *bœn*, ags. *bēn*, bitte, hat gr. *φαίνω* die doppelbeziehung auf ton und licht beibehalten: vgl. Aesch. Eum. 568 f. *σάλπιγξ . . . Ὑπέρτονον γήρυμα φαινέτω στρατῷ*; aber Il. II, 353 *ἀστράπτων ἐπιδέξι'*,

ἐναίσιμα σήματα φαίνων, medial VIII, 555 f. *ἄστρα φαεινὴν ἀμφὶ σελήνην Φαίνετ' ἀριπρεπέα* 'scheinen in herlichem glanz', Voss.

2) *bhas.*

bhas, tōnen,	=	*bhas*, leuchten.
sskr. *bhā'šatē*, episch *bhāšati*, er redet, spricht.		sskr. *bhā'sati*, später *bhā'satē*, er leuchtet, scheint.
sskr. *bhá̄šati*, er bellt.		zd. *bañh*, glanz.
sskr. *bhišaj*, *bhišáj-*, u.s.f. zd. *bis*, *baēšaz*, — Bezzenberger, GgN. 1878, s. 274 f.		ahd. alts. *bar*, ags. *bär*, nackt, bloss.
ksl. *besēda*, *ῥῆμα*, *λαλιά*, Miklos. s. v.		lit. *básas* / ksl. *bosŭ* — baarfuss.

3) europ. *bhal.*

bhal, tōnen,	=	*bhal*, leuchten.
lat. *balatro*, schwätzer (wegen *b* im anlaut vgl. JSchmidt, Voc. II, 225).		gr. *φαλαρός*, glänzend, blässig.
		lat. *flāvus*, gelb.
		altir. *blá*, flāvus, Stokes, K.B. VIII, 324.
ahd. *bellan*, boare, mugire, latrare.		ahd. *blāo.*
lit. *bàlsas*, stimme.		lit. *balù*, werde weiss.
ksl. *blějq*, bālo, cf. LMeyer. K. Z. VIII, 256.		

In der bedeutung 'leuchten' erfährt *bhal* eine erweiterung: *bhlas.* die wird belegt durch altn. *blys*, fax, *blossi*, flamma, ignis, calor, ags. *blys*, *bläsc*, fax, ardor, candor, mhd. *blas*, fackel (Grein, I, 77); ksl. *blĭsnq*, *ἀστράπτω*, *blĭskŭ*, splendor, *blěskŭ*, *αὐγή*, *κεραυνός*, *χρόα*; lit. *blyskiu*, *blīzgu*, schimmere, funkle: vgl. Bezzenberger. zGLS. 82 anm.

Endlich ist eine idg. wurzel *bhar*, tönen und leuchten, aus zahlreichen ableitungen zu erschliessen. auch sie kann von *bha* ausgegangen sein. da jedoch das gleichlautende *bhar*, etwas wohin bringen, im sskr. und zd. auf die nämliche weise zu der bedeutung 'erschallen lassen' kommt, wie *bha* die bedeutung 'tönen und leuchten' empfangen hat, so wäre es möglich, dass *bhar*, tönen und leuchten, erst von *bhar*, etwas wohin bringen, ausgegangen ist: auf analogem wege, wie gr. *προφέρω* aus dem begriff 'hervortragen' den des zeigens (durch laut und gebärde) entwickelt.

4) **su**, in bewegung setzen; medial: eilen.

sskr. *suváti* heisst: er setzt in bewegung; mit *ā* und *pra* verbunden: er schleudert. genau entsprechend ist die verwendung von gr. *σεύω*: ich setze in bewegung, jage, verfolge. das medium von *σεύω* heisst: eile; das medium von *suváti* in der bedeutung von 'er eilt' steht nicht ganz sicher. Grassmann setzt ein part. *svāná-* an; er sagt aber selbst, dass *svāná-* an den stellen, wo es vorkommt, als *svāná-*, rauschend, gelten könne.[1]) die entscheidung ist deshalb nicht möglich, weil rasche bewegung tonursache ist; wenn der wagen dahineilt, so veranlasst seine eile sein geräusch. — einige vertreter der wurzel im altirischen, welchen der begriff 'vertere' gemeinsam ist, bespricht Ebel, K. B. IV, 172.

An gr. *σεύω* lässt sich auch die beziehung auf das tropfbar flüssige nachweisen: Il. V, 208 *αἷμ' ἔσσευα*, ich machte das blut hervorsprudeln; med. Il. XXI, 167 *σύτο δ' αἷμα κελαινεφές*, d. blut sprudelte hervor. diese beziehung muss in w. *su* noch zur zeit der sprachgemeinschaft ausgeprägt gewesen sein; das beweist eine reihe von ableitungen (vgl. *svad, svar*, s. 32), sowie gr. *ὕει*, umbr. *savitu*, regen (Aufrecht-Kirchhoff II, 268), ags. *seáv*, ahd. *sou*, sucus.

---

[1]) Vgl. RV. I, 104, 1 *tám ā' ni šīda svānō' nā'rvā*, in ihm lass dich nieder, 'wie ein renner, der den wettlauf gemacht hat', Ludwig. Benfey übersetzt: 'wie ein wiehernd ross'. — RV. V, 10, 5 Agnis strahlen lodern einher *svānō' ráthō ná vājayúḥ*, 'wie ein kraftnahrung erbeutender wagen im vollen laufe' Ludwig. man kann aber *svānō'* auch mit 'prasselnd' übersetzen. — die andern stellen, welche Grassmann aufführt (VIII, 7, 17 *úd u svānē'bhir īrata úd ráthāir úd u vāyúbhiḥ*, und IX, 10, 1 *prá svānā'sō ráthā ivā'rvantō ná çravasyávaḥ | sō'māsō rāyē' akramuḥ*), beweisen eben so wenig.

Man weiss, dass mit der eben besprochenen wurzel eine andere, welche 'zeugen' bedeutet und im sskr. die präsensthemen *sunṓ'ti, suvḗ* bildet, identisch gewesen ist. die bedeutungsverknüpfung lehrt RV. V, 82, 9 *yá imā' viçvā jātā'ny āçrāváyati çlṓ'kēna prá ca suvā'ti savitā',* Savitar, der alle diese geschöpfe durch das lied bekannt werden lässt, und sie hervorbringt, *prasuvati* also = er treibt hervor, = *sunōti*, er zeugt: wem fällt nicht *procreare* ein?

Wir haben so drei bedeutungen gefunden, welche der w. *su* in idg. zeit zugekommen sind. aus allen dreien konnten die bedeutungen 'tönen', 'leuchten', 'tönen und leuchten' hervorgehen. dass hervorbringung von ton und licht der sprache nicht weniger als zeugung gilt, denn hervorbringung eines erdenlebens, habe ich vorhin zu beweisen gesucht; es sei hier noch an zd. *yatha aēšãm vacãm haonaoiti* erinnert. — ton und licht als erguss lernten wir früher kennen; es sei auf sskr. *ŕši-* und *ŕšú-* zurück verwiesen. — schnelle bewegung ward als eine ursache von ton und licht, ebenso als characteristicum des letzteren, durch viele beispiele aufgewiesen: wie eng 'tönen' mit dem begriff wirbelnder bewegung zusammenhängt, zeigt das oben besprochene *svāná-;* für 'leuchten' führe ich noch sskr. *amáti-* an, welches bedeutet: 1) ansturm; 2) lichtglanz: RV. I, 64, 9 *ā' vandúrēšv amátir ná darçatā'*, 'an euern deichseln ist wie ein schöner schein', Ludwig. dessen ungeachtet treten die bedeutungen 'tönen' u. s. f. nicht an w. *su* selbst auf, sondern erst in einigen erweiterungen. neben den letzteren laufen zumeist gleichlautende verba, welchen der begriff der raschen bewegung, des fliessens u. s. w., zukommt. wir stehen darum vor einer doppelten möglichkeit. entweder die bedeutungen 'tönen' und 'leuchten' zweigten sich direct von einer der bedeutungen der primärwurzel ab — dann lässt sich nicht bestimmen, von welcher; oder sie zweigten sich erst von der bedeutung des erweiterten verbums der bewegung ab — dann muss gefragt werden, wie? dies soll im folgenden ausgeführt werden.

a) *svar*, sich schwankend bewegen, wogen, fliessen.

Diese wurzel habe ich schon früher (s. 32 f.) besprochen. ich kann daher an bekanntes erinnern: sskr. *súrā* = zd. *hura*, getränk, zu zd. *qar*, to swallow, gehörig, vgl. ndd. *swiren*, auf's saufen ausgegangen sein. — schwankende bewegung bezeichnet das lit. *svirti*, *svyrūti* s. schwankend bewegen, *svèrti*, wägen, *sverdě'ti*, schwanken.

In der gestalt *sval* führt sie Curtius Nr. 556 auf: gr. *σάλος*, *σάλη*, schwanken, unruhige bewegung, vorzüglich von der bewegung des meers. *σαλεύω*, schwanke, schwenke; lat. *salus*, *salum* = gr. *σάλος*. ahd. *swellan*, intumescere, *swalm*, vorago in aqua. 'alle hier zusammengestellten wörter' sagt Curtius, 'durchdringt die vorstellung schwankender bewegung'.

Die bedeutung 'fliessen' steht also sicher. nun lesen wir bei Lucretius VI, 929 *nec varii cessant sonitus manare per aures*; und bei Apul. d. Mundo p. 73. *fluenta flammarum*. — damit erklärt sich die identität von

svar, tönen.	und *svar*, leuchten.
sskr. *svárati*, er gibt einen laut von sich, ertönt.	sskr. *svarati*, er leuchtet, glänzt, strahlt.
	zd. *hvare*, sonne, *qarenaṅh*, glanz.
gr. *σειρήν*, sirene.	gr. *σειρός*, heiss, hitzig.
lat. *sorex*, spitzmaus,[1]) = gr. *ὕραξ*.	lat. *serenus*, heiter, hell, klar. — mit *surdus, sordidus* vergleiche
altn. *svar*, antwort, wie ags. *andsvaru*. sonst hat w. *svar* im germ. die spe-	germ. *svarta-* in got. *svarts*, altn. *svartr*, ags. *sveart*, alts. *swart*, ahd. *swarz*;

[1]) Hierher will Bopp, VGr. I³, 36, Benfey, Gr. Wzlx. II, 7 auch lat. *sermo*, ziehen. seine bedeutung jedoch weist eher auf zusammenhang mit *sero*, reihe an; so dass gleiches verhältnis obwaltet, wie in gr. *λέγω*, sage, zu *λέγω*, sammle; vgl. auch 'germ. *talā*: 1) zahl, summe; 2) aufzählung; 3) erzählung; 4) gerichtliche klage und verteidigung (altfries.)' Zimmer, QF. XIII, 268; sowie altn. *lesa* (s. 97 anm.)

cialisierte bedeutung 'mit einem eide beteuern': got. *svaran*, altn. *sverja*, ags. *sverian*, alts. *swerian*, ahd. *swerjan*. 'summen' heisst es in ahd. *swarm*, examen, vgl. lat. *susurrus*, d. flüstern, zischen, summen.

grundbedeutung: russig, verbrannt.

lit. *surmà*, pfeife,
ksl. *svirją*, συρίζω.
Auf das lit. beschränkt ist *svarg*, *surgu*, wimmre, winsle.

mit ahd. *sūr*, acidus, crudus, ('brennend') vergleiche
lit. *surus*, salzig, gesalzen.
ksl. *syrŭ*, ὠμός.
Auf das germ. beschränkt ist *svarg*: ags. *sveorcan*, alts. *swerkan*, ahd. *swercan*, caligari, obscurari, contristari; altn. *sörkvir*, caligator.

mit *l* in der wurzel.

altn. *svala*, ags. *svealeve*, ahd. *swalawa*, schwalbe: vgl. gr. χελιδών zu w. *ghar*.
Eine erweiterung *svalp* belegt lit. *szvelpti*, *szvilpti*, pfeifen, summen, gr. σάλπιγξ, trompete.

gr. σέλας, glanz.
lat. *sil*, ocher, Fick II², 288.
altir. *soilse* (Windisch, K. Z. XXI, 428), glanz.
ags. *svelan*, brennen, glühen, ahd. *swilizōn*; altn. *svalr*, cool.
Eine erweiterung *svalg* belegt ndd. *schwalken*, verglichen mit gr. σελαγέω, glänze.

b) *svag*, fliessen.

ahd. *swehhan*, ebullire, scatere, foetere, ags. *svec*, alts. *swek*, geruch, ahd. *swahh*, debilis, lat. *sanguis*, blut, belegen die wurzel. wie *svap* zu *svip*, so ward *svag* zu *svig* geschwächt: lit. *svaigti*, taumeln, schwanken, schwindeln, und, insofern 'schweigen' mit 'kraftlos sein' synonym ist,[1]) gr. *σιγή* gehören hierher.

Neben *svag*, fliessen, steht das intensivum *svak* in gleicher bedeutung: ksl. *sęknąti*, fluere, *ἐλαττοῦσθαι*, lit. *sùnkti*, abseihen, ablaufen lassen, ksl. *sokŭ*, *χυμός*.

svag treffen wir dann weiterhin in anwendung auf das *λόγων νᾶμα ἔξω ῥέον* (Plato, Tim. p. 68) und das *νᾶμα παμφάγου πυρός* (Eur. Med. 1187). in diesem gebrauche hat es als intensivum *svagh* neben sich, wie neben gr. *σιγή* vorgerm. *svigh*, schweigen, steht. auf den begriff des *νᾶμα* also geht ton und licht zurück auch in

svag, *svagh*, tönen und	*svag*, *svagh*, leuchten.
gr. *σίζω*, zische.	gr. *σιγαλόεις*, hell, glänzend, got. *sviknz*, *ἁγνός*, *ὅσιος*, *ἀθῷος*, altn. *sykn*.
lat. *singultus*, d. stöhnen, seufzen, Fortunatov, Beitr. III, 71.	

---

[1]) Schweigen =

a. erlöschen: vgl. Parz. 182, 2 *dō lasch ouch anderhalp der schal*, und Gr. II, 86. 4.

1) ksl. *mlŭčą*, *σιωπῶ*; vgl. ksl. *mrŭkną*, *σκοτίζομαι*, sskr. *marká-*, d. erlöschen, P. W. V, 574.

2) sskr. *tūṣṇī'm*, still, zd. *tūsna-*, still, zufrieden, ksl. *tichŭ*, *γαληνός*, *πρᾶος*, *ἤπιος*; vgl. ahd. *irthwesben*, auslöschen.

b. stocken, stehen:

1) alts. ahd. *stilli*, ags. *stille*; zu altpr. *stallit*, stehen. — hierher lit. *tìlstu*, *tyliù?*

2) gr. *σιωπάω*, schweige, ahd. *giswiftōn*, conticescere; vgl. got. *sveiban*, *διαλείπειν*, altn. *svīfa*, ferri, labi; *svīfast*, nachgeben, *svīfr*, clemens, placidus.

3) lat. *sileo*, got. *anasilan*, *σιωπᾶν*; nach Fick II³, 259 zu *sa* (cf. sskr. *syáti* mit *ava*, etc.), lassen.

4) got. *slavan*, *σιωπᾶν*. — das vorauszusetzende nomen **slava-* kann von einer w. *slu* abgeleitet sein, welche wie *sli* (vgl. germ. *slaiva-* in altn. *sljór*, alts. *slēu*, schwach, kraftlos) aus *sal* entstanden ist. ableitungen des letzteren sind *slag* (germ. *slaka-*, Fick III, 358), *slab*, und *slup*, über welch letztere JSchmidt, Voc. II, 121 auskunft gibt.

lat. *sibilus*, *sifilus*, pfeifen, zischen, von Fröhde, Beitr. III, 15, dem

got. *sviglōn*, *αὐλεῖν*, ahd. *swegalōn*, tibicinare, gleichgestellt.

alts. *swōgan*, rauschen, ags. *svōgan*, rauschen, tönen, krachen; got. *ufsvōgjan*, *στενάζειν*, *svēgnjan*, *ἀγαλλιάζειν*, *εὐχάριστον γίγνεσθαι*.

lit. *svagėti*, tönen, *sugti*, heulen, winseln, lett. *swadfēt*, rasseln klappern.

ags. *svegl*, aether, caelum, sol; *svegle*, hell (v. licht und ton); alts. *swigli*, licht, hell.

c) *svid*, schwitzen,

hängt mit *svid*, glänzen (lat. *sīdus*, gestirn, ags. *sveotul*, klar von licht und ton, lit. *svidù*, glänze), durch den begriff 'schmelzen' zusammen: das licht ist nach seiner wirkung 'schweissaustreibend, schmelzend' genannt. in ähnlicher weise verbinden sich ahd. *dahhazan*, ags. *þeccean*, comburere, *þecele*, fackel, mit gr. *τήγανον*, schmelztiegel, und lassen sich ansehen als bildungen einer w. *tag*, zerfliessen, schmelzen, deren primärgestalt durch ksl. *tają*, *τήκομαι*, lat. *tābum*, *tābies*, schwund, jauche, repräsentiert wird.

d) europ. *svan*, agi, ferri.

Diese wurzel ist hauptsächlich in den germ. sprachen zu belegen. schon JGrimm, Gr. II, 12 gibt als grundbedeutung von ags. *asvīnan*, ahd. *swīnan*, mhd. *swīnen* (tabescere, decrescere, evanescere), ahd. *sweinjan*, mhd. *sweinen* (perdere, minuere) u. s. f.

---

c) zerfliessen:

lat. *taceo*, got. *þahan*, alts. *thagōn*, ahd. *dagēn*. Leo Meyer, K. Z. XIV, 83 vergleicht *ὄμμα τέτηκται — oculi tacuere*. dass JGrimm, Gr. II, 17 mhd. *swīgen* u. s. f. dem altn. *sveigja*, premere, gleichgestellt hat, ist mir nicht unbekannt. ich kann es aber nicht über mich bringen, ersteres von gr. *σῖγή* loszureissen.

'agi, ferri' an. hier sowol, wie s. 35 verweist er bei gelegenheit des nhd. *schwindel* auf lat. *vertigo* (wirbel). dass er recht gesehen hat, lehrt nachstehende entwickelung.

Der begriff des 'agi, ferri' liegt am deutlichsten vor in germ. *svinþa-* (got. *svinþs*, *ἰσχυρός*, altn. *svinnr*, swift, quick, wise, ags. *svîđ*, kräftig, stark, alts. *swîđ*, heftig, stark, mhd. *swinde*, ungestüm, heftig, wild). nach der analogie von germ. *linþa-* lentus, zu *linnan* zu schliessen, gehört germ. *svinþa-* zu einem verbum der *a*-reihe. dieses ist im germ. nicht mehr nachzuweisen; wol aber ein verbum der *i*-reihe, eben das vorhin erwähnte ahd. *swînan* u. s. f., dessen bedeutung (tabescere) mit derjenigen von **svinnan*, (agi, ferri) durch den begriff des ahd. *swintal* (vertigo) vermittelt wird: ebenso mhd. *swîme*, bewege mich hin und her, *sweim*, d. schwanken, schweben, d. schwung; *beswîme*, werde ohnmächtig. hat Fick (I³, 843; II³, 285; III, 365) recht, lat. *sanies* als schwund, gr. *σῖνομαι* (aus **σϝένjομαι*) als 'swenden' zu fassen, so treffen wir in diesen bildungen die *a*-wurzel zu ahd. *swînan*, damit auch die wurzel von germ. **svinnan*, *svinþa-*. von diesem *svan* ist *svand* in ags. *svindan*, ahd. *swintan*, evanescere, mhd. *swant*, zerstörer, eine erweiterung. die Europäer besassen mithin eine w. *svan*, an welcher die bedeutungsreihe: sich tummeln — taumeln — ohnmächtig werden, schwinden, nachzuweisen ist.

Nun liegt neben europ. *svan*, agi, ferri, ein europ. *svan*, welches sowol 'tönen' als 'leuchten' bedeutet. letzteres verbum haben auch die Ostarier, ersteres ist bei ihnen nicht nachzuweisen. wir stehen vor einer doppelten möglichkeit: entweder sie haben es überhaupt nicht gehabt; oder sie haben es gehabt, der begriff des 'agi ferri' aber lässt sich nur in einer modification wieder erkennen. im ersteren falle besteht zwischen *svan*, agi, ferri, und *svan*, 'tönen und leuchten', kein directer zusammenhang, denn letzteres ist idg., ersteres bloss europäisch. idg. *svan*, 'tönen und leuchten' ist alsdann direct aus idg. *su* hervorgegangen, nicht zu entscheiden, aus welcher bedeutung des letzteren. — in jenem falle aber, dass *svan*, agi, ferri, schon idg. wäre, kann ein directer zusammenhang zwischen ihm und zwischen *svan,* tönen und leuchten, bestanden haben, und zwar kann dieser auf doppelte weise gedacht werden. entweder war das 'ferri, agi' ursache, oder es war merkmal von ton und licht. für ersteres scheinen folgende stellen zu sprechen: RV. IV, 27, 3 *áva yac chyēnṓ ásvanīd,* als der falke herabstürmte, herabrauschte; RV. I, 44, 12 *síndhōr iva prásvanitāsa ūrmáyō,* wie des meeres weit schallende wogen (rollende wogen). doch ist eine sichere entscheidung nicht möglich. — nimmt man einen solchen zusammenhang zwischen den beiden verben an, so wird man etwa folgendes sagen dürfen: beide wurzeln fallen in idg. zeit zusammen in eine einzige, welche aus *su* hervorgegangen ist. ihre grundbedeutung entsprach derjenigen des gr. *ἔσσυμαι.* aus diesem begriff gieng der des rauschens und schimmerns hervor, und zwar noch in idg. zeit. als die Indogermanen sich geschieden hatten in östliche und westliche, kam den östlichen das bewustsein von dem grundbegriff der w. *svan* gerade so abhanden, wie uns der grundbegriff des wortes *schlecht;* bei den westlichen dagegen blieb er in kraft, konnte sich also in der oben bezeichneten weise weiter entfalten. — auf solche weise könnte man sich erklären die gleichheit von

svan, tönen, und	*svan,* leuchten.
sskr. *svan,* schallen, tosen, dröhnen.	
zd. *qanaṭcakhra-,* klirrende räder habend.	zd. *qéṅg,* sonne, verglichen mit
	gr. *ἦνοψ,* funkelnd, von Bezzenberger, Beitr. I, 338.
lat. *sonus,* schall, geräusch, getöse, klang.	
germ. *svana-* (in altn. *svanr,* ags. *svon,* ahd. *swan, swano),* Müllenhoff, Altertumsk. I, s. 1.	got. *sunna, sunnō, ἥλιος,* altn. *sunna;* ags. *sunna, sunne:* über Grein's *sunnu* vgl. Sievers, Paul-Braune I, 504; alts. ahd. *sunno, sunna.*

Die erweiterung *svans* ist bloss nordeuropäisch: ags. *svinsian*, sonare, modulari, ahd. *sūsēn*, stridere, ksl. *sysają*, sibilo.

Die erweiterung *svandh* ist bloss nordeuropäisch: ags. *sūđa*, süd, ahd. *sund*, meridies, auster; altn. *suđr*, the south, ahd. *sundar*, meridies, auster. — aus dem slav. gehören die von Miklosich unter *svęd* genannten wörter hierher.

svat, heiss werden, brennen (ahd. *swethan, swedan*, cremare, ags. *svađul*, rauchqualm, lohe; lit. *szuntù*, schmore, werde heiss, Fortunatov, Beitr. III. 71), scheint kein gleichlautendes verbum der bewegung neben sich zu haben. es muss daher die an *svat* wahrzunehmende bedeutung an eine der für wurzel *su* zu belegenden angeschlossen werden. bedenkt man nun, dass auch w. *sut* (in altn. *sjóđa*, ags. *seóđan*, ahd. *siodan*) als contractionsproduct von *svat* hierher zu ziehen ist, so ergibt sich zwischen *svat (sut)* und *su* genau dasselbe verhältnis, welches zwischen ksl. *varŭ*, hitze, lit. *vìrti*, kochen, und sskr. *vā́r*, wasser, besteht; vgl. ags. *seáđ*, mhd. *sōt*, brunnen, quelle, Zimmer, QF. XIII, 32.

b) Die wurzel nimmt bezug auf wirkung von ton und licht.

gr. *καπυρός* bedeutet 1) versengt, dürr: vgl. Theokr. VI, 15 f. *ὡς ἀπ' ἀκάνθας Ταὶ καπυραὶ χαῖται*, wozu der scholiast bemerkt: *αἱ κεκαυμέναι ὑπὸ τοῦ ἡλίου*. 2) versengend, dörrend: Theokr. II, 85 *ἀλλά με τις καπυρὰ νόσος ἐξαλάπαξεν*. 3) hell, rein, vom ton: Theokr. VII. 37 *καὶ γὰρ ἐγὼ Μοισᾶν καπυρὸν στόμα*, ... wozu Luc. Göttergespr. XXII, 3 *συρίζω πάνυ καπυρόν* zu vgl.

Es fragt sich, wie diese bedeutungen zu verbinden seien. ich denke, so. die gewalt der sonne ist es, welche die *καπυραὶ χαῖται* bewirkt. die gewalt der sonne aber nennt Hes. Werke 414 *μένος ὀξέος ἠελίοιο*. *ὀξύς* heisst ferner der durchdringende laut: Il. XV, 312 f. ὤρτο δ' ἀϋτὴ Ὀξεῖ' ἀμφοτέρωθεν. wird nun der ton auch καπυρός genannt, so darf man schliessen, diese gemeinsame bezeichnung von licht und ton durch καπυρός habe in der gemeinsamen wirkung derselben — ὀξύς — ihren grund. der begriff 'scharf sein' liegt ursprünglich nicht in der wurzel *kap*, letztere bedeutet vielmehr 'dampfen'; mithin, ist derselbe das band, welches die besprochenen bedeutungen von καπυρός zusammenhält, so muss er nachträglich gewonnen sein. gewonnen aber ist er aus dem des dörrens, welcher seinerseits aus 'dampfen' abgeleitet ist: so dass die bedeutungsentwickelung folgendermassen gedacht werden muss: dampfen — in dampf aufgehen lassen, dörren — ὀξὺν εἶναι, letzteres gesagt von licht und ton.[1])

So weite wege hatte das sanskrit nicht zurückzulegen, um in *khara-* licht und ton zusammen zu schliessen. denn *khara-* bedeutet 'scharf, stechend, rauh'. die sonne schiesst pfeile: sskr. *hēti-*, die wurfwaffe, heisst flamme (vgl. RV. IV, 6, 8 *paraçúṃ ná tigmám*, von Agni gesagt) und sonnenstrahl, und Lucret. nennt die sonnenstrahlen *tela dici*. geschosse aber sind scharf: somit erklärt sich, wie *khara-* zur bedeutung 'heiss' kommt. andrerseits lesen wir bei Homer (Il. X, 535) κτύπος οὔατα βάλλει, bei Propert. (I, 16, 28) *auriculae (voce) percussae;* das bild wird vollständig durch hinzunahme einer stelle wie RV. IX, 84, 4 *ēṣá syá sō'maḥ pavatē sahasrajíd dhinvānō' vā'cam iṣirā'm uṣarbúdham,* d. stimme schleudernd etc. also ist der ton gedacht als pfeil, der *hinvānō* οὔατα βάλλει und *percutit.* dies macht wiederum deutlich, wie *khara-* zur bedeutung 'laut' gelangt. was in historischer zeit sich belegen lässt, darf auch proethnischem denken zugetraut werden. wie in sskr. *khara-* die bedeutungen *laut* und *heiss* im wurzelbegriffe von *khara-*, scharf, sich vereinigen, so fallen die begriffe 'tönen' und 'leuchten' zusammen in dem begriff 'schneiden'

[1]) Vgl. auch gr. καρφαλέος, trocken, dürr; aber Il. XIII, 409 f. καρφαλέον δέ οἱ ἀσπὶς ἐπιθρέξαντος ἄϋσεν ἔγχεος.

1) In w. ska, schneiden.

ska, tönen, = *ska*, leuchten.

Als einfache wurzel nicht vorhanden, aber vorauszusetzen für folgende ableitungen, welche kein verbum des schneidens neben sich haben, aus welchem sie geflossen sein könnten:

skabh: gr. *ψόφος*, ton, laut, klang, geräusch; lit. *skambù*, töne, schalle, klinge.[1])

skam: ksl. *skomati*, gemere, *skymati*, susurrare, lett. *skumt* murren. — mit einbusse des anlauts (Fick I[3], 520): sskr. *camará-*, bos grunniens, ahd. *humbal*, apis, lit. *kimsti*, heiser werden.

sskr. *kša*, mit *ava:* zu ende brennen; mit *pra*: verbrennen. caus. mit *sampra:* verglimmen machen. — *kšatí-*, glut, *kšará-*, brennend = gr. *ξηρός*, verbrannt.

Auch *skar*, tönen (altn. *skarr*, lärm, ahd. *scrīan*, und in *skrar*, auf welches gr. *κελαρύζω*, rausche, tose, jauchze, ags. *scralletan*, altn. *skröllta*, dithm. *schralen*, Grein II, 41, weisen), kann direct zu *ska* gehören; ebenso gut aber auch an *skar*, schneiden, sich anschliessen. und das gleiche gilt von *skarp*, *skarbh*, tönen, welche Fick I[3], 813 belegt.[2]) auch diesen erweiterungen gehen gleichlautende verba zur seite, die 'schneiden' bedeuten, und noch in mhd. zeit erhält eine ableitung von dem ersteren derselben, mhd. *scharpf*, beziehung auf den ton.

---

[1]) sskr. *cibh*, *çibh*, die Fick I[3], 241 anführt, sind unbelegt. sskr. *çábda-*, laut, schall, ton, stimme, geräusch, hat Benfey (Chrest. Gloss.) wol richtig aus *çap-da* erklärt.

[2]) Die belege aus dem sskr. sind alle zweifelhaft: *çalbh* ist gar nicht bezeugt, *carbhaṭī* sehr elend. — für das germ. vgl. noch altn. *skarfr*, pelicanus, sammt den von Zimmer, QF. XIII, s. 30, angeführten bildungen.

w. *skarg*, tönen, geht jedesfalls auf den begriff 'schneiden' zurück; seine ableitungen aber scheinen darauf hinzuweisen, dass der begriff 'schneiden', der ihm zu grunde liegt, nicht von dem hervorgebrachten, von dem hörer als 'scharpf' empfundenen tone gilt, sondern, wie bei lat. *screo*, es kratzt mich im halse, ich räuspere mich, von der empfindung, welche das subject, das seine ursache ist, bei der hervorbringung erfährt. sskr. *kharjati* heisst: er knarrt (v. wagen); *khargálā* ist der name der eule oder eines sonstigen nachtvogels mit heiserer stimme; vgl. ferner lit. *kregżdě*, schwalbe. nun knarrt der wagen, wenn er den erdboden kratzt; die stimme, die heiser ist, kratzt den hals: 'kratzen' aber bedeutet *skarg* klärlich in sskr. *kharju-*, d. kratzen, beissen, jucken, *kharjikā*, ein durst erregender imbiss. da lit. *kregù*, grunze, ksl. *skrŭżą*, frendo, gegen die vorgeschlagene auffassung keine verwahrung einlegen, so wird sie der erst erwähnten vorzuziehen sein. — übrigens liegt neben *skarg* ein intensivisches *skark*: gr. *κέρχνη*, turmfalke, vgl. *κέρχνος*, trockenheit, rauhheit, heiserkeit, böhm. *skvrčeti* (Miklos. s. v. *skvrŭk*), prasseln.

Wie altn. *skarpr* zuweilen 'scharf', meist jedoch 'trocken' (= rauh) bedeutet, so geht der begriff 'dörren, sengen', der dem gr. *σκέλλω* eigen ist, auch an diesem verbum von demjenigen des scharf- oder rauhmachens, des einschrumpfenlassens aus.

Neben *ska*, schneiden, finden wir *ski* und *sku* mit verwanten bedeutungen. ebenso neben *ska*, brennen, *ski* und *sku* in der ursprachlich gleichwertigen bedeutung 'leuchten'. über den grad der verwantschaft, der zwischen den beiderseitigen *i*- und *u*-wurzeln besteht, lässt sich um so weniger etwas entscheiden, als das starke verbum von *sku*, leuchten, nicht mehr reconstruiert werden kann. ich begnüge mich daher einfach mit der aufführung der beiden wurzeln:

Die ursprüngliche bedeutung von *ski* ist am besten im germanischen bewahrt: got. *skeinan*, *λάμπειν*, *ἐξαστράπτειν*, altn. *skîna*, ags. ahd. *scînan*, alts. *skînan*. daran schliesst sich sskr. *chāyā́*, lichtschattierung, farbenspiel, widerschein, abbild, schatten, gr. *σκιά*. die weiteren verwanten gibt das folgende capitel unter I, 8.

Dass *sku* ehemals 'leuchten' bedeutet habe, zeigt sskr. *chavi-*, glanz, schönheit, farbe, hautfarbe, haut, welches sich deckt mit got. *hivi*, *μόρφωσις*, ags. *heó*, forma, species. auch ist der begriff der schönheit, wie er in got. *skauns*, *ὡραῖος*, ags. *scŷne*, splendidus, pulcher, alts. *skōni*, ahd. *scōni* ausgeprägt erscheint, stäts aus dem des glanzes hervorgegangen.[1]) die weiteren verwanten aao. I, 9.

2) In einigen wurzeln, die ich als erweiterungen von **ak**, **ak**[1], scharf sein, schärfen, durchdringen, betrachte.

Von der genannten primärwurzel sind bekanntlich gr. *ὀξύς*, lat. *acutus*, *acer*, *catus* abgeleitet.[2]) diese aber werden auf den ton sowol wie auf das licht bezogen:

gr. *ὀξύς*, scharf.

ton: Il. XV, 312 f. *ὦρτο δ' ἀϋτὴ Ὀξεῖ' ἀμφοτέρωθεν.* Hes. Schild 232 f. *ἰάχεσκε σάκος μεγάλῳ ὀρυμαγδῷ Ὀξέα καὶ λιγέως.*

licht: Il. XVII, 371 f. *πέπτατο δ' αὐγὴ Ἠελίου ὀξεῖα.* Ar. Fried. 1173 *τρεῖς λόφους ἔχοντα καὶ φοινικίδ' ὀξεῖαν πάνυ.*

lat. *acutus*, scharf.

ton: Ovid. Met. III. 224 *acutae vocis Hylactor.* Verg. Georg. III, 94 *Pelion hinnitu fugiens implevit acuto.*

lat. *acer*, scharf.

licht: Lucret. IV, 330 f. *praeterea splendor, quiquomque est acer, adurit Saepe oculos.* Verg. Georg. I, 92 f. *rapidive potentia solis Acrior.*

---

[1]) So dass, was unser nhd. *schön* anlangt, Kant und Hegel in der sache recht haben gegen Wackernagel, Poetik s. 3.

[2]) sskr. *aṃçú-*, bedeutet in der vedischen sprache (Haug, GgA. 1875, s. 585 f.) 'schoss'; indem die schösslinge der somapflanze mit den sonnenstrahlen verglichen werden (vgl. IX, 15, 5 *ēšá rukmíbhir īyate vājī́ çubhrḗbhir aṃçúbhiḥ*, Haug aao.), bekommt *aṃçú-* in der späteren sprache auch den wert 'strahl'. somit gehört *aṃçú-* nicht direct zum *splendor acer*, er ist nicht direct ein *telum diei*, sondern schliesst sich an *áṃça-*, teil.

lat. *catus*, scharf. — bezogen auf den
ton bei Ennius (Varro, L. L. VII, 46 M.) *jam cata signa fera sonitum dare voce parabant.*

Da bei *ak*, *ak*[1] der laut *k* mit *k*[1] wechselt, so müssen auch die ableitungen von diesem wechsel betroffen werden. wir haben also im folgenden doppelformen zu gewärtigen. und wie bei *ak*, *ak*[1] mit der lautlichen differenz eine begriffliche verbunden erscheint in der weise, dass *ak* auf die schärfe des auges, auf den durchdringenden blick eingeengt ist — doch finden sich spuren von freierem gebrauche der wurzel — *ak*[1] von der schärfe schlechthin gilt: so dürfen wir erwarten, vielleicht auch bei den ableitungen gelegentlich auf etwas ähnliches zu stossen.

a) *kan*, *k*[1]*an*, stechen, schneiden.

Die erste dieser wurzeln ist nicht belegt, sie muss aber vorausgesetzt werden wegen *kant*. die letztere wird bezeugt durch sskr. *kanthā*, lumpen, geflicktes kleid, welches Fick I³, 39, mit ahd. *hadara*, lumpenkleid, zusammenstellt. sskr. *kunta-*, speer, lanze, ist JSchmidt, Verwantsch. s. 62, geneigt als lehnwort von gr. *κοντός*, stange, zu betrachten, und zwar wegen des wurzelvocals; das *u* könnte jedoch der natur des *k* zu danken sein, vgl. sskr. *kaláça-* gegen *kulā'ya-* und Grassmann zu dem letzteren worte; ausserdem wird entlehnung durch die reiche entfaltung des wortes im sskr. unwahrscheinlich gemacht. — der unbelegten wurzel *knath* gegenüber steht *çnath*, dieses trefflich bezeugt. zu ihm gehört zd. *çnaithis*, waffe zum schlagen, gr. *κέντρον*, stachel, spitze. idg. *k*[1]*ant* selbst ist abgeleitet von *k*[1]*an*, welches gleichfalls sicher steht. es zeigt sich mithin ein strenger parallelismus zwischen **kan*, *kant* und *k*[1]*an*, *k*[1]*ant*. von letzterer wurzel, die 'stechen' bedeutet, ist vermöge des suffixes, welches im sskr. als *ká-*, im gr. als *κό-* erscheint, ahd. *handag*, *hantag*, gebildet, Gr. II, 293. die grundbedeutung dieses wortes ist 'scharf': *mit handigen zeinen* bei Herbort. allein wie gr. *ὀξύς* nicht nur von den gewaltsamen eindrücken auf den tastsinn gilt, sondern jene auf die übrigen sinne mit umfasst, so hat auch ahd. *handag*, der wendung des grundbegriffs 'scharf' nach der geistigen seite zu geschweigen, die manchfachsten beziehungen. der bearbeiter des Boethius gibt *intolerabili dolore* mit *mit handegemo sere* wieder; in den Emm. Prudentiusglossen ist lat. *mordax allium* mit *hantaga chlouualouch* glossiert; endlich zeigen zwei belege die anwendung des wortes auch auf's licht: *(rapidive potentia solis) acrior* Verg. Georg. I, 93 ist mit *hantigores* übersetzt (der genetiv steht wahrscheinlich wegen des voraufgehenden *solis*), und in den genannten Prudentiusglossen ist lat. *corusco lumine* mit *von demo hantagin pliccha* gegeben. nur in der verbindung mit dem tone kann ich *hantag* nicht nachweisen; dies wird aber als zufall betrachtet werden dürfen. — es ergibt sich hieraus, dass noch in ahd. zeit die begriffe der hitze und der helle aus dem begriff der schärfe hervorgehen konnten. hiess also in idg. zeit *kant, k'ant* etwa '*handag sîn*', so waren die begriffe 'tönen' und 'leuchten' implicite mitgegeben: wie in dem grundbegriffe des lat. *vibro*, schwinge, der keim lag für die bedeutungen 'töne' und 'leuchte', und in demjenigen der wurzel *tar*, durchdringen, die voraussetzung enthalten war für die bedeutungen 'tönen' und 'leuchten', wenn auch allein die Inder in dem worte *târa-* beide consequenzen gezogen haben, die übrigen sprachen dagegen bei der übertragung des wurzelbegriffs auf den ton stehen geblieben sind. *kant, k'ant* sind begrifflich von *kan, k'an*, als deren ableitungen sie gelten müssen, nicht verschieden. was also von jenen gilt, muss auch für diese wahr sein. genau, wie der begriff der schärfe, der *ak* wie *ak'* zukommt, in der ersteren wurzel auf die schärfe des auges eingeengt ward, in der letzteren allgemeinere geltung behielt: genau so gebrauchte die altarische zeit *kan* von der durchdringenden wirkung des tons und des lichts, *k'an* von der durchdringenden wirkung überhaupt. in dem begriffe des ὀξύς also fallen zusammen

kan, tönen, und	*kan*, leuchten.
sskr. *kánati*, er gibt einen ton von sich, wehklagt; vielleicht auch *kváṇati*,	sskr. *kan*, leuchten, erschlossen aus *kanaka-*, gold, und aus der bedeutung 'heiter,

klingt, tönt, wofern *kv* aus *k* entstanden ist, vgl. sskr. *jval* gegen gr. *γελάω*.
gr. *καναχή*, geräusch, getön, geknirsch.
lat. *cano*.
altir. *canaid*, canit, Ebel, K. B. II, 156.
got. *hana*, altn. *hani*, ags. *hana* u. s. f.; altn. *hæna*, ahd. *huon*, vgl. lat. *cicōnia*, Fick, Beitr. II, 196.
lit. *kanklas*, cither.

fröhlich sein', die für das verbum zu belegen ist: vgl. ags. *gläd*, glänzend, *glädmōd*, fröhlich. — ferner gehört hierher sskr. *kācá-*, glas (wegen der bedeutungsvermittelung vergl. Sonne, K. Z. XII, 359; wegen der form JSchmidt, Voc. I, 153): sodann *kāñcaná-*, gold, gr. *κάγκανος*, trocken, dürr; gr. *κνηκός*, gelblich, altpr. *cuca-n*, braun.

b) *kas*, *k'as*, schneiden, spalten. vgl. Delbrück, K. Z. XVII, 80.

Die erste wurzel finde ich belegt in sskr. *kas* mit *ud* und *vi*, sich spalten, s. öffnen, auftun; mit sskr. *kasta-* in *víkasta-*, zerspalten, zerrissen, deckt sich gr. *κεστός*, durchstochen, gestickt. — die zweite in sskr. *ças*, schneiden, woher *çastrá-*, messer, abgeleitet ist, welchem gr. *κέστρος*, pfeil, genau entspricht. Fick stellt hierher auch gr. *κῆλον*, pfeil, welches für **κέσλον* stehen kann, wie *σπήλαιον*, höhle, für **σπέσλαιον*. ich ziehe diese etymologie der herkömmlichen vor, weil keines der drei zum vergleich gezogenen wörter sskr. *çará-*, *çárya-*, *çalyá-* genau mit dem griechischen übereinkommt. — gr. *κῆλον* hat folgende anwendungen. 1) es steht von den wettererscheinungen; vom schnee: Il. XII, 280 *πιφαυσκόμενος τὰ ἃ κῆλα;* vom donner und blitz: Hes. Theog. 707 f. *βροντήν τε στεροπήν τε καὶ αἰθαλόεντα κεραυνόν*, *Κῆλα Διὸς μεγάλοιο*. 2) von den tönen der lyra: Pind. Pyth. I, 21 *κῆλα φόρμιγγος*. 3) von den strahlen der sonne: Anthol. Pal. XIV, 139 *χρύσεα κῆλα ἠελίου*. mit diesen stellen halte ich die vermutung für begründet, dass in dem wurzelbegriffe von *κῆλον* zusammenfallen

k'as, tönen, und	*kas*, leuchten.
sskr. *çáṃsati*, er recitiert laut, ruft an, preist; sskr. *çásti*, er weist zurecht, straft.	sskr. *kaṃsá-*,[1]) messing, glockengut, *cakš* (aus **cakas*, Aufrecht, K. Z. II, 152; Windisch, XXI, 424), leuchten, sehen;
zd. *çaṅhaitē*, er nennt sich, *çaçtī*, er befehligt; *çāçti*, er lehrt.	gr. *παπταίνω*, sehe umher, Benfey, Gr. Wzlx. I, 232, Brugman, Stud. VII, 205;
lat. *carmen*, ton, gesang, lied, = sskr. *çásman-*, lied.	lat. *cānus*, alt *casnus*, grau.
lat. *censor*; lat. *castigo*, Fröhde, K. Z. XXIII, 310 f.	altn. *höss*, ags. *hasu*, *heasu*, grau. Aufrecht, aao.
got. *hazjan*, *αἰνεῖν*, *ἐπαινεῖν*, ahd. *harēn*, clamare.	altir. *ciu* (**cesiu*), sehe, Windisch aao.

c) *kar*, *k'ar*, schneiden.

Die indische grammatik kennt ein verbum *kṛṇā'ti*, *kṛṇō'ti*, er verletzt, tötet; das part. perf. pass. hierzu heisst *kīrṇa-*. dass dieses verbum mit *kṛ*, machen, in letzter instanz zusammenfalle, also in seinem anlaute ein *s* eingebüsst habe, wird, des genannten part. zu geschweigen, durch das praesens nach cl. IX unwahrscheinlich gemacht. das hohe alter dieser flexionsweise ergibt sich aus der übereinstimmung des sskr. praesensthemas mit russ. *kornatī*, verstümmeln, beschneiden. — zu der genannten wurzel *kar* gehört noch sskr. *kāra-*, mord, lit. *káras*, krieg, ferner sskr. *kīrṇa-*, verstümmelt, sskr. *kāṇá-*, einäugig, ksl. *krūnū*, *ὠτότμητος*. in den europäischen sprachen steht ihr *kal* als selbständiges verb gegenüber.

Das zweite verbum, *k'ar*, conjugiert im sskr. ebenfalls nach classe IX: sskr. *çṛṇā'ti*, er birst, reisst, bricht, geht aus

---

[1]) Grassmann wollte sskr. *kāç* leuchten, aus *kas* erklären: s. v. *cakš* bemerkt er, das *ç* sei 'durch lautanziehung des *k* aus *s* entstanden'. dabei hat er offenbar zd. *kaç* in *ākaçaṭ* übersehen. die wurzel ist auf das indoeranische beschränkt.

einander. zu ihm gehört *çárya-, çalyá-*, pfeil; *çáru-*, geschoss, speer, pfeil, got. *haírus*, *μάχαιρα*, altn. *hjörr*, ags. *heoru*, alts. *heru*, schwert, Benfey, Gr. Wzlx. II, 175.

Von *kar* abgeleitet ist *kart.* sskr. *kaṭú-*, scharf, wird bezogen 1) auf den geschmack: das genau entsprechende lit. *kartùs* ist auf diese bedeutung eingeengt. 2) auf den ton: *kaṭukvāṇa-*, eine art huhn; *kaṭurava-*, frosch (auch lat. *rāna* heisst 'schreier').

Wenn nun so bewiesen ist, dass ein verbum *kar* neben einem verbum *k'ar* läuft, beide synonym mit gr. *ὀξὺν εἶναι*, und bewiesen werden kann, dass ebenso ein verbum *kar* neben einem verbum *k'ar* existiere, welche beide vom tone und vom feuer aussagen, sie seien *ὀξύς*: ist es bedenklich, zusammenhang zwischen diesen verben anzunehmen? so wenig, als es verboten war, *tar*, durchdringen, und *star*, starr, rauh sein, mit den tonwurzeln *tar* und *star* zu combinieren. und somit erklärt sich wiederum aus der gemeinsamkeit des grundbegriffs die lautliche übereinstimmung von

kar, k'ar, tönen, und *kar, k'ar*, leuchten.

auf *kar* gehen:

sskr. *karkarí-*, saiteninstrument, *kārú-*, lobsänger.

gr. *καρκαίρω*, dröhne, gr. *κῆρυξ*.

Die wurzelform *kra* im germanischen: altn. *hrōđr*, praise, reputation, ags. *hrōđor*, gaudium, laetificatio, commodum.

Ebenso die wurzelform *kru:* altn. *hreymr*,[1]) sonitus, ags. *hreám*, clamor, tumultus,

sskr. *karká-*, schimmel; auch die bedeutung 'feuer' wird angegeben.

lit. *kàrsztas*, heiss, *kúru*, feure ein, *kresnas*, feuerbrand, *krósnis* = lett. *krásns*, ofen, vgl. Fortunatov, Beitr. III, 66 f. got. *haúri*, *ἄνθραξ*, altn. *hyrr*, embers. — erhitzung aufs geistige übertragen in lit. *kèrsztas*, zorn, altn. *herstr*, barsch, Bezzenberger, K.Z. XXII, 479.

---

[1]) Bei Egilss. als *hreimr* aufgeführt.

alts. *hrōm*, ruhm. auch ahd. *hrōm* trotz *hroam*, *hruom*, *hruam?*

mit *l* in der wurzel.

sskr. *kalmalí-*, funkelnder glanz, wofern das radicale *l* nicht durch assimilation an das suffixale entstanden ist.

gr. *κικλήσκω*, rufe.
lat. **calēre*, vgl. *calendae*.
ahd. *hellan*,[1]) sonare, consonare; altn. *hjal*, chatter, talk, mhd. *hel*, laut, tönend.
lit. *kalbà*, rede, Bezzenberger, GgA. 1874, s. 1246.

lat. *calidus*, warm, *callidus*, weissstirnig, umbr. *kalerŭf*, callidos.

Die wurzelform *kla* in lat. *clāmor*, *clārus*, letzteres auch auf's licht übertragen, und in ags. *hlōvan* (to low), altn. *hlōa*, ahd. *hlōjan*, *hluojan*, mugire.

Die wurzelform *kla* im germanischen: altn. *hlær*, *hlŷr*, warm, mild, ahd. *lāo*, tepidus, ags. *hleón*, *hleóvan*, calefacere.

die form *k'ar* wird belegt durch

idg. *k'ru*, tönen, hören, vgl. s. 62.

sskr. *çr*, sieden, kochen.
sskr. *çir*, kochen, braten; lit. *szìrmas*, *szìrvas*, apfelgrau, schimmelfarbig; *szilumà*, wärme, *szìlti*, warm werden.
sskr. *çrāta-*, gekocht.
sskr. *çri*, glühen, flammen, kochen; got. *hráins*, *καθαρός*. ksl. *srěnŭ*, *λευκός*.
sskr. *çriš*, brennen, unbelegt;

---

[1]) Man beachte die lautliche übereinstimmung mit lat. *percello:* Val. Flacc. II, 91 *Vox inde repens ut perculit urbem.*

aber vielleicht bestätigt durch
gr. *κιῤῥός*, schwefelgelb, Sonne, K. Z. X, 105.

Die weiteren sehr zahlreichen ableitungen der jetzt besprochenen wurzel hier aufzuzählen hätte keinen zweck. hier sollte bloss der nachweis versucht werden, dass der wechsel im anlaute von *kar* und *k'ar* seinen grund habe im wechsel des auslautes von *ak* und *ak'*; dass also *kar* und *k'ar* beide als erweiterungen von *ak* und *ak'* zu fassen seien, denen der begriff des durchdringens zukomme. die übertragung des letzteren auf ton und licht dürfe auf die gleiche weise gedacht werden, wie der Inder an seinem worte *khara-* eine bezeichnung für das scharfe messer, den lauten ton und den heissen sonnenstrahl besitze; und wie man im altnordischen sagen könne nicht nur *hvass hjörr*, sondern auch *hvasst hljóð*, und *hvassir geislar*.

Ich habe nun noch [1]) eine seitenwurzel zu *k'a*, schärfen, wetzen, nämlich *k'i*, zu besprechen, neben welchem *k'i*, brennen, steht. gegen den ansatz eines *k'i*, schärfen, hat JSchmidt, Voc. II, 482 einsprache erhoben, 'da im indischen die wurzelform *çi* nur im part. *çitá-* belegt, hier aber das *i* wegen der tieftonigkeit entstanden ist wie in *sthitá-*, *hitá-* u. s. f.' ich kann zwar die existenz des fragl. *çi* im sskr. nicht stringent beweisen, da weder das Nir. IV, 8 erscheinende *niçyati* etwas entscheidet, noch das präsensthema *çinōti*, *çinutē*, belegt ist. jedoch stimmt gerade *çinutē* so auffällig zu gr. *κίνυται*, er bewegt sich, und die bedeutungen 'scharf' und 'schnell' (vgl. altn. *hvatr*, scharf, mutig, eilig, *hvata*, eilen, u. s. f.) sind so nahe verwant, dass an der zusammengehörigkeit von sskr. *çinutē* und gr. *κίνυται*, damit auch an der echtheit von sskr. *çinutē* nicht wol gezweifelt werden kann. ist damit eine w. *k'i* wahrscheinlich gemacht, so sind wir auch der notwendig-

---

[1]) Mit der wurzel *kat* in sskr. *katth*, prahlen, loben, tadeln, gr. *κωτίλος*, geschwätzig, weiss ich nichts anzufangen.

keit enthoben, für germ. *haina-*, wetzstein (altn. *hein*, ags. *hān*), mit Scherer und JSchmidt (aao.) entstehung durch epenthese anzunehmen.

Die vermittelung zwischen 'schärfen' und 'leuchten' ist jetzt sehr einfach. man erinnere sich der früher schon einmal angeführten stelle RV. VI, 3, 5 *sá íd ástēva práti dhād asišyáñ chíçīta tḗjō' yasō ná dhā́'rām*, als schütze hat er angelegt, um zu schiessen; seinen glanz (seine 'schneide') hat er geschärft wie eine schneide aus erz, und urteile, ob hier die schärfe des feuergottes begrifflich von dem ahd. *hei* sich unterscheide, welches das lat. *uridus* wiedergibt? das denken der urzeit liegt in diesem verbum sonnenklar vor augen: sie dachte sich das feuer *paraçúṃ ná tigmám*. und hiermit soll denn die letzte unsrer gleichungen begründet sein:

k'i, schärfen, scharf sein, = *k'i*, brennen, leuchten.[1])

k'i, brennen, leuchten, erscheint als

k'i in sskr. *çíti-*, weiss, hell, got. *háis*, *φανή*, ahd. *hei*, uridus, lit. *szēnas*, heu, ksl. *sěno*, desgl., ksl. *sinq*, illucesco.

k'ya in sskr. *çyāyati*, er macht gefrieren (lat. *pruina* zu sskr. *pluš!*), gerinnen, *çyāna-*, trocken geworden, *çīná-*, gefroren, dick geworden, geronnen; sskr. *çyāmá-*, schwarz, schwarzgrau, schwarzblau, schwarzgrün; lit. *szēmas*, blaugrau; sskr. *çyāvá-*, schwarzbraun, braun; lit. *szývas*, schimmelig, ksl. *sivŭ*, grau.

Zur besprechung bleibt jetzt nur noch sehr wenig übrig. zunächst die wörter für laut und leise. kein einziges unter ihnen ist proethnisch, alle fallen in das leben der einzelsprachen. ihre etymologie ist meist so einfach, dass ich mich

[1]) Auf sskr. *çīrá-*, heiss, brennend, glühend, habe ich schon s. 20 hingewiesen. es sei hier noch bemerkt, dass auch Grassmann, RV.-W. sp. 1393, sskr. *çiti-* mit den worten erklärt: 'wol von *çí* = *çā*, vgl. bed. 3'. diese 'bed. 3' lautet bei ihm: 'das feuer schärfen, d. h. entflammen'.

der arbeit begeben könnte: lichthell, hoch, stark und deren gegenteil, das sind die grundbegriffe, an die sie sich anschliessen.

Also **laut** ist

I. übertragen aus '**lichthell**'.
sskr. *citrá-, dīpta-(?), dyumánt-, bhárgasvant-.*
gr. *λαμπρός, λευκός.*
lat. *argutus, candidus, limpidus, serenus.*
altn. *skīrr;* ags. *beorht, hādor, scīr, sviglc, sveotul, torht.* ahd. *berahtal, hlūtar.*
lit. *áiszkus* (nebst ksl. *jasĭnŭ* = **ěsĭnŭ* [cf. *jadro* = *ědro, κόλπος*] = **ěksĭnŭ*) für **aikszkus* zu sskr. *īkš,* sehen.
ksl. *svĕtloglasĭnŭ, λαμπρόφωνος.*

II. synonym mit '**hoch**'.
sskr. *ucca-, udātta, uddhūta-, utkṛšṭa-.*
gr. *ὑψηλόφωνος.*
lat. *altus.*

III. synonym mit **stark**.
sskr. *balhē'* (vgl. *báṃhišṭha-,* d. festeste), *bṛhánt-, māṃsalá-* ('fleischig'), *mūrchita-* (geronnen und compact geworden.
zd. *khraoždañt-, bereza-.*
gr. *θαλερός(?), μέγας.*
lat. *magnus, plēnus.*

IV. synonym mit **scharf**.

Die hierher gehörigen wörter sind schon alle erwähnt. — die ausdrücke, welche von verben des tönen selber abstammen, als germ. *hlūda-* uaa., sind natürlich übergangen.

Ganz entsprechend wird **leise** bezeichnet.

I. als **dunkel**.
sskr. *kala-* ('beschüttet' = undeutlich).
gr. *μέλας, φαιός.*
lat. *fuscus, surdus* (vgl. ahd. *swarz*).
altn. *dimmr.*

II. als **tief**.
sskr. *niyata-, nīcā'is.*

gr. *ὑφειμένῃ φωνῇ, ὑφειμένῳ τόνῳ.*
lat. *demissā, depressā voce.*

III. als schwach.

sskr. *jarjára-* ('zerfetzt'), *tanú-*, *mandu-* (langsam; hieraus schwach), *laghú-* (schnell — leicht — schwach).
gr. *ἰσχνός, λειριόεις* (zu *li*, schwinden), *λεπτός, μικρός, σομφός* ('schwammig'), *τιτθός.*
lat. *exilis, lēnis.*
altn. *sljór* (ags. *slāv*, Grein II, 803 [wo aber ein lapsus vorgekommen ist!], alts. *slēu*, ahd. *slēo*, matt, kraftlos: w. *sli* = *sar*, zerfliessen).
lit. *lèngvas* (= sskr. *laghú-*).

IV. als abgestumpft.

lat. *obtusus.*

Als einzelheiten bleiben sskr. *dhī́ra-*, lange nachtönend (und dadurch schwächer werdend), tief, dumpf. — gr. *ἠρεμαῖος*: zu *ram*, aufhören, Benfey, K. Z. IX, 97. — ahd. *leno* ist etymologisch unklar; etwa zu altn. *linr*, weich?

Endlich über taub ist folgendes zu sagen. sein stammwort heisst

I. binden.

sskr. *badhirá-*, taub, = altir. *bodar*, Windisch, K. Z. XXI, 430 f. mit letzterem worte hatte JGrimm, Zs. VI, 12, got. *báuþs, κωφός*, verglichen. dass diese etymologie richtig sei, davon kann mich auch die eingehende besprechung bei Zimmer, QF. XIII, 94, nicht überzeugen. — *badhira-* zu idg. *bhandh*, binden.

II. verstümmeln.

1) sskr. *káṇva-* für **karṇva-*, zd. *karena-*, gr. *καρός· κωφός*, Hesych.; lit. *kùrczes, kurlas* (Geitler, LSt. 93) = lett. *kurls.* zu *kar*, schneiden.
2) sskr. *kṛdhukárṇa-*, kurzohrig, übelhörig: vgl. *kṛdhú-*, verkürzt, verstümmelt.
3) gr. *κωφός* hat JGrimm aao. bereits mit alts. *hāf*, ahd. *hamf*, zusammengestellt. Fick II³, 51 vergleicht noch lat. *cāpus*, kapaun. zu *skap*, graben.

III. verdunkeln.

1) sskr. *kalla-*, taub, *kalya-*, taubstumm, *kala-*, stumm, heiser. zu vergleichen ist sskr. *kāla-*, schwarz, wurzel ist *kṝ*, schütten, bedecken: das bedeckte ist dunkel, undeutlich, und dieser begriff ist vom gesichtsinn auf den gehörsinn übertragen. — ebenso bei

2) lat. *surdus*, undeutlich für die sinne, dann undeutlich vom gehörsinn selber. die richtige ableitung hat schon JGrimm, Zs. VII, 462 gefunden: er vergleicht ahd. *swarz*, welches seiner abstammung nach 'verbrannt' bedeutet.

3) germ. *dauba-* in got. *dáubs*, altn. *daufr*, ags. *deáf*, alts. *dōf*, ahd. *toub*. damit stellt Schweizer K. Z. XIII, 307, Hehn², 301, altir. *dub*, atramentum, zusammen.

Als einzelheit bleibt altir. *cluas dall*, 'ohrblind' = taub, zu erwähnen, Stokes, K. B. VIII, 351, wozu altn. *augu heyrarinnar* (Sn. Edd. Arnamag. I, 538), 'oculi auditus' = aures, passt.

Unklar sind mir ksl. *němŭ* (lett. *nēms*, Miklos. s. v.) und *gluchŭ*.

Fünftes Capitel.

SEHEN.

I. Hat im verlauf der bisherigen erörterungen fest gestellt werden können dass in den bezeichnungen der sinneswahrnehmungen durch die sprache nicht die sinnestätigkeit selbst, sondern nur ihr stoff genannt wird, nicht die perception des riechens, sondern das object der perception, der rauch, so schliesst man nach der analogie von selbst, dass auch sehen nach dem, was allein sein object sein kann, bezeichnet sein wird. so ergibt sich als erste gleichung: sehen = hell sein, glänzen, leuchten. freilich ist diese gleichung wahrer als die andere: hören = tönen. denn das auge, welches sieht, glänzt auch; das ohr aber, welches hört, hat der Indogermane schwerlich deshalb einen 'töner' genannt, weil das trommelfell durch die schallwellen in schwingungen versetzt wird, also selbst mittönt. somit war nicht nur das sichtbare ein glänzendes, nicht nur der stoff des sehens war ein glänzen: sondern auch das sehende glänzte, das sehen selbst war ein glänzen. insofern nun sehen mit glänzen zusammenfiel, muste in jener alten zeit das grosse licht, welches die erde erhellt, dem menschen als das auge des himmels erscheinen: *tád víšṇōḥ paramám padáṃ sáda paçyanti sūráyaḥ | divī̀va cákšur á'tatam* heisst es RV. I, 22, 20: 'zu ihr, des V. höchster statt, schauen die weisen immer auf, die wie ein aug' am himmel ragt' (Benfey). so ist die innigste wechselbeziehung zwischen glänzen und sehen hergestellt, und es darf denn auch nicht wunder nehmen, wenn die gleiche w. hier in der bedeutung 'sehen', dort in der bedeutung 'leuchten' gebraucht wird, ja in éiner sprache beide anwendungen in sich vereinigt.

Diese sätze werden durch folgende beispiele bewiesen.

sskr. *kāç*, glänzen, leuchten; intens. 1) hell leuchten, 2) hell sehen. mit *ā* erkennen, wahrnehmen, = zd. *kaç* mit *ā*, bemerken.

sskr. *bhāla-*, glanz, stirne; *nibhālana-*, d. sehen, *nibhālayati*, *nibhālayatē*, er nimmt wahr: vgl. gr. *παμφαλάω*, sehe mich um.

gr. *αὐγάζω*, verbreite einen glanz; *αὐγάζομαι*, sehe.

lat. *sīdus*, gestirn; *consīdero*, nehme in augenschein, besichtige.

Ebenso sind zu beurteilen die ableitungen von:

1) w. **arg** = **rag**, leuchten.

sskr. *rájyati*, er färbt sich; caus. er färbt, erhellt, erleuchtet; *rañga-*, farbe, gr. *ῥέζω*, färbe. — lit. *regėti*, gewahr werden, anschauen, nach etwas sehen; lett. *redſét*, sehen, *par kádu redſét*, für jem. sorgen; ahd. *ruochēn*, *ruochjan*, alts. *rōkian*, besorgt, bedacht sein, Bezzenberger, GgN. 1875, s. 228 f.

2) w. **kas**, leuchten.

altir. *ctu*, sehe. — sskr. *cakś*, leuchten, schauen; in späterer zeit auch 'verkünden, ansagen'. zd. *caś* ist erschlossen aus *caśman-*, auge; gr. *παπταίνω* zieht schon Benfey, Wzlex. I, 232, hierher.

3) w. **dī**, leuchten.

sskr. *dī*, scheinen, glänzen, leuchten; aber zd. *dī* sehen, gr. *δίζημαι*, 'schaue aus nach', suche.

dīp in sskr. *dīpyatē*, er strahlt; gr. *δῑφάω*, suche.

div in sskr. *dīvyati*, er strahlt; zd. *ādīvyēiñti*, sie bemerken.

4) w. **ras**, leuchten.

sskr. *las*, glänzen. gr. *λάω*, sehe. vgl. Hymn. Merc. 360 *αἰετὸς ὀξὺ λάων*. *λάετε · σκοπεῖτε* Hesych.

5) w. **ruk**, *ruk*[1] (vgl. sskr. *rúçant-*, licht, hell, weiss), leuchten.

sskr. *lōcana-*, erhellend, erleuchtend; *lō'katē, lōkáyati, lō'catē, lōcayáti*, er schaut, betrachtet, die beiden letztgenannten formen von der inneren beschauung gebraucht. — gr. λευκός, weiss; aber λεύσσω, sehe. lit. *lūkù*, warte, hoffe (schaue aus nach), *lúkuru*, warte, hoffe, mhd. *lūre*, hinterhalt, *lūren*, lauern, Bezzenberger, GgA. 1875, 1339.

6) w. **gar**, leuchten: gr. γελέω u. s. f.

europ. *galp*, sehen: gr. βλέπω, ksl. *glipają*, ὁρῶ, cerno.

7) **ghar**, *gh'ar*, leuchten.

lit. *żėriù*, glänze, ksl. *zarja*, αἴγλη, αὐγή, *zorja*, φαῦσις, splendor; aber lit. *żiuriù*, sehe, ksl. *zrją*, ὁρῶ, βλέπω.

ghlad, 'glänzen' in got. *glitmunjan*, στίλβειν, mhd. *glinzen*; 'sehen' in ksl. *ględają*, JSchmidt, Voc. I, 57.

8) **ski**, leuchten.

got. *skeinan*, ἐξαστράπτειν, λάμπειν, u. s. f. — 'sehen' in sskr. *khyāti*, doch vgl. *abhikhyā'*, schein, glanz, schönheit, anblick; das verbum teilt im übrigen die bedeutungsentwickelung von *cakš*.

Mit abfall des *s* haben wir idg. *ki* anzusetzen. für dieses ist die bedeutung 'leuchten' gar nicht mehr nachzuweisen, sondern nur die abgeleitete, 'sehen': sskr. *cikē'ti, cinōti*, er nimmt wahr, sieht. hingegen die ableitung *kit* hat die bedeutung 'leuchten' bewahrt: sskr. *cē'tati*, er erglänzt, erscheint, *kētú-*, helle, licht, fackel, = got. *háidus*, τρόπος (erscheinungsform); altn. *heiðr*, bright, ags. *hādor*, alts. *hēdar*, ahd. *heitar*; daneben aber heisst *cē'tati* auch 'er sieht'.

9) **sku**, leuchten: vgl. s. 145.

ags. *sceavian*, alts. *skawōn*, ahd. *scawōn*, unser *schauen*; got. *usskavai sijáima*, νήφωμεν; sodann gr. θυο-σκόος, Ebel, K. Z. IV, 157. — verloren ist der anlaut in sskr.

ku mit *a*, beabsichtigen, *kavi-* = zd. *kavi-*, weise, und in gr. *κοῷ · ἀκούει* Curtius, K. Z. IV, 239; ferner in ksl. *čują, γιγνώσκω*, russ. *čuctŭ*, audit, Ebel, K. B. I, 270, doch *šlušlą, αἰσθάνομαι*, JSchmidt, K. B. VI, 134. mit lat. *caveo*, bin vorsichtig, stimmt zufällig das aus poln. *chować* entlehnte lit. *kavóti*, hüten, bewahren, pflegen. endlich ist auch für's germanische verlust des *s* zu verzeichnen: ags. *carfodhāve*, visu difficilis, *hāvian*, aspicere, spectare, intueri.

10) **vlit**, glänzen: vgl. s. 102.

altn. *līta*, ags. *vlītan*, sehen; denom. zu altn. *leit*, a search, exploration, ist got. *vlaitōn, περιβλέπεσθαι*, altn. *leita*, to seek, search.

II. Das auge glänzt, der glanz ist scharf: folglich ist auch das auge scharf, sehen fällt zusammen mit scharf sein, durchdringen. hierzu JSchmidt, Wurzel AK s. 20. Die nämliche gleichung, zu welcher die äussere erscheinung des auges führte, ergab sich aus der betrachtung der organischen verrichtung desselben. vermöge des auges unterscheide, d. h. trenne ich die gegenstände im raume von einander; sehen fällt also zusammen mit sichten, trennen, welche die sprache mit 'schneiden' synonym fasst. in dem lat. *cerno* vollzieht sich diese bedeutungsentwickelung vor unsern augen. *cernere per cribrum*, *cernere cribro* sind dem Lateiner noch geläufige redensarten, während er das verbum schon zur bezeichnung sinnlicher wahrnehmung (auch durch's gehör: Att. tr. 268 Ribb. *vox illiust; certe idem omnes cernimus*) verwendet.

Es lässt sich natürlich im einzelnen falle nicht mehr bestimmen, auf welchem von den besagten wegen die sprache zu dem in der wurzel niedergelegten resultate gekommen ist. dass got. *saíhvan* mit lat. *secare* gleiche basis habe, weiss man längst; ob aber die im got. verbum zu grunde liegende vorstellung des schneidens vom durchdringenden glanz des auges oder von dessen tätigkeit, zu unterscheiden, ausgegangen sei, wer könnte hierauf antworten?

Ich stelle daher die belege für die gleichung: sehen = scharf sein hier gemeinsam zusammen.

1) **ak**, scharf sein.

gr. *ὄσσομαι, ὄπωπα, ὄψομαι*. — erweitert *aks* in zd. *akhš*, sehen (bezweifelt von Haug, Pahl.-Paz. Gl. s. 74; vgl. indessen Hübschmann, zCasusl. s. 162[1]), *uši*, auge, = sskr. *ákši*; sskr. *īkš*, sehen.

2) **sak**, schneiden.

got. *saíhvan*, *βλέπειν*, *θεᾶσθαι*, *θεωρεῖν*, *ὁρᾶν*, altn. *sjá*; ags. *seón*, alts. ahd. *sehan*.

III. Folgende verba haben die bedeutung 'sehen' aus 'aufmerken, wahrnehmen' specialisiert.

a. Grundbegriff ist 'halten, ziehen'.

lat. *animadverto*, lenke meine aufmerksamkeit worauf; bemerke, werde gewahr, sehe.

ags. *behealdan*, to behold; s. Grein I, 87. — ebenso:

1) **dhar**, halten.

sskr. *dhṛ* mit *upa*, 'drauf halten' = merken, wahrnehmen, hören; gr. *ἀθρέω*, merke auf, nehme suchend wahr, forsche, vgl. HSchmidt, Gr. Syn. I, 270.

Ich betrachte *dhar*, halten, tragen, befestigen, als eine erweiterung von *dha*, setzen, legen, stellen, und berufe mich hierfür auf verbindungen wie RV. I, 52, 8 *ádhārayō divy ā' sū'ryam dṛçē'*, du setztest an den himmel die sonne, dass man sie schaue, einerseits; und V, 63, 7 *sū'ryam ā' dhatthō diví*, die sonne setztet ihr an den himmel, andrerseits. *dha* mit *manas*, seinen geist worauf richten, geht dem *dhṛ* mit *manas* völlig parallel. die bedeutung 'in's auge fassen' wird belegt durch RV. IX, 17, 6 *abhí vípra anūšata mūrdhán yajñásya kārávaḥ* | *dádhānāç cákšasi priyám*, in's auge fassend ihren liebling. — gibt man die abstammung des *dhar* aus *dha* zu, so wäre weiter zu prüfen, ob nicht auch

2) **dhi**, schauen,

mit letzterem verwant sei. was die formelle seite anlangt, so stünde *dhi* zu *dha*, wie *gh'i*, gähnen (altn. *gīna*, ags. *gīnan*, ksl. *zinq*), erweitert *gh'ya* (lat. *hio*, lit. *żióju*, ksl. *zijaja*, vgl. Fick I³, 576), zu *gh'a*, klaffen (sskr. *jíhītē*, er tritt weg, zd. *zazāiti*, er macht auseinander gehen, altn. *gōmr*, gaumen). rücksichtlich der bedeutung erhebt sich kein widerspruch: sskr. *dhi* heisst: 'sein augenmerk worauf richten, sinnen, nachdenken (letzteres oft in verbindung mit *manasā*: vgl. *dhṛ* in gleicher verbindung zum ausdruck von 'im herzen tragen, gedenken, sich etwas vergegenwärtigen'), wahrnehmen'; *dhi* mit *anu*: 'den sinn auf etwas richten, beobachten'; mit *ud*: 'verlangend hinaufschauen' u. s. f. neben *dhi* steht *dhya* (*dhyā́yati*, er sinnt nach, mit *ni*, er merkt, *nidhyāna-*, d. schauen, sehen, der blick), wie neben *gh'i* die erweiterung *gh'ya*. — nach alle dem darf behauptet werden, dass *dhi* mit *dha* allerdings im zusammenhange steht: es bezeichnet die richtung des geistes auf ein bestimmtes ziel, es ist nichts weiter, als ein *προςέχειν νοῦν* = *dha* mit *manas*.

3) altn. *munda*, to point with a weapon = got. *mundōn*, *σκοπεῖν*, lit. *matau*, sehe, schaue, ksl. *moštrją*, specto, gr. *ματεύω* suche, forsche.

4) germ. *tela-*, ziel, gr. *δενδίλλω*, blicke mich um, schaue auf.

b. Grundbegriff ist 'spannen'.

sskr. *yuktēna manasā*, aufmerksam.

gr. *ἀτενίζω*, sehe mit unverwantem blick: zu *τείνω*, spanne.

lat. *contemplor*, betrachte: zu lit. *tempiù*, spanne. — ebenso:

spak¹, spähen, aus *spa*, spannen.[1])

---

[1]) Aehnlich schon AWeber, K. Z. VI, 319: 'den blick festbinden'.

sskr. *spaç, paç,* zd. *çpaç,* gr. *σκέπτομαι,* lat. *specio,* ahd. *specho* u. aa.

c. Grundbegriff ist 'wahren' ('auf der hut sein' und so 'ausschauen nach').

gr. *ὁράω,* sehe, denominativum zu gr. *οὖρος,* wahrer, wächter; vgl. ahd. *gawar,* intentus, providus, circumspectus.

lat. *tueor,* hüte, wahre, nehme in augenschein, betrachte, sehe an.

d. Grundbegriff ist 'wahrnehmen'.

ksl. *bljudą, βλέπω, σκοπῶ, φυλάττω,* u. s. f. zu w. *bhudh,* vgl. gr. *πεύθομαι.*

Einzelheiten.

1) Ganz unklar ist ahd. *luogēn,* alts. *lōcōn,* ags. *lōcian.* JGrimm, Zs. VI, 4, denkt an ahd. *luog,* 'schlupfhöhle, aus der das wild schaut'; JSchmidt, Voc. II, 472, an corn. arm. *lagat,* auge. mit annahme der letzt genannten vermutung gelangt man auf *alk, alg* (vgl. s. 17), leuchten, brennen, zwei wurzeln, die in intensivischem verhältnisse zu einander stehen.

2) Für w. **dark**[1] (sskr. *dṛç,* zd. *dareç,* gr. *δέρκομαι,* sehe,[1]) altir. *airdircc,* conspicuus, Ebel, K. B. II, 166, ags. alts. *torht,* ahd. *zoraht,*[2]) clarus, hat man die kürzere wurzelform in sskr. *dṛ* mit *ā, atyā, pratyā, samā,* beachten, berücksichtigen, lit. *dýru,* gucke hervor, gaffe, erkannt. wofern Ascoli, K. Z. XII, 298, recht hat, als ursprüngliche bedeutung des sskr. verbs 'moralisch, intellectuell scheiden, spalten' (w. *dar;* vgl. *cernere*) zu betrachten, so ist diese nummer unter II einzureihen.

3) w. **vid,** sehen, hat schon Sonne (K. Z. XII, 339) mit *vid,* finden, indentificiert. denn 'der mensch der urzeit,

---

[1]) Auch 'höre': Aesch. Sieb. 104 *κτύπον δέδορκα.* — vgl. *ὁρῶ:* Soph. Oed. Col. 138 f. *φωνῇ γὰρ ὁρῶ τὸ φατιζόμενον.*

[2]) Das von Graff V, 701 angeführte ahd. *zorft* kann nicht sicher mit gr. *δρωπάζω,* sehe, verglichen werden, weil es möglicherweise aus *zorht* entstanden ist.

nur was er fand, das wilde rind, die fette trift, war sein erwerb (*vēdas*); nur was er fand, war seine wissenschaft (*vēda, οἶδα, vait*); nur was er fand, das kam ihm zur erscheinung' (gr. *εἶδον*; oft noch = ich fand: vgl. Sonne aao.).

Die reflexe sind:

a) die bedeutung 'sehen' in gr. *εἶδον*, lat. *video*, ags. *vītan* 1) sehen, 2) strafen,[1]) lit. *veizdù*, sehe.

b) die bedeutung 'wissen' in sskr. *vēda* = zd. *vaēdha* = gr. *οἶδα* = germ. *vaita* in got. *váit*, altn. *veit*, ags. *vāt*, alts. *wēt*, ahd. *weiz*. ksl. *vēmĭ*.

Mit *vid* wurzelverwant ist sskr. *vēn*, s. sehnen, verlangen (= 'ausschauen nach'), zd. *vaēn*, altpers. *vain*, sehen. es ergibt sich hieraus ein primäres *vi*, welches jedoch als verbum nicht mehr nachzuweisen ist. darf man in einer so unsicheren materie eine vermutung wagen, so wäre es die, dass jenes primäre *vi* zusammen mit dem richtungswort *vi* auf die zweizahl zurückführt. aus der grundanschauung der zwei folgt einerseits der begriff der verbindung, des antreffens, des findens: also der begriff von w. *vid*; andrerseits der der trennung: Yāska Nir. I, 3 sagt *sam ity ēkībhāvam, vy apa ity ētasya pratilōmyam*. hierzu vgl. Scherer, zGDS. 326.

Für **auge** habe ich folgende nomina gesammelt.

Zu I gehören:

1) **ark, ruk**, leuchten.

altir. *rosc*, auge, Windisch, K. Z. XXI, 427, corn. arm. *lagat*, auge, Ebel, K. B. II, 176. — sskr. *lōcana-* 1) leuchtend: 2) auge. lat. *lūmina*.[2])

2) **kas**, leuchten.

altir. *cais*, auge, Windisch, aao. s. 425. — auf reduplicierter basis beruhen sskr. *cákšas*: 1) glanz, helligkeit; 2) auge; *cákšus*, 1) strahlend; 2) auge; und zd. *cašman-*, auge.

---

[1]) Die letztere bedeutung allein in alts. *wītan*, ahd. *wīzan*. vgl. lat. *animadverto*; gr. *ἶνις*, strafe, rache, lit. *at-akis* (Bezzenberger, zGLS. s. 273), rache.

[2]) Vgl. Eur. Cycl. 633 *φῶς*; *φάεα* z. b. Od. XVI, 15.

3) **di**, leuchten.

zd. *dōithra-*, auge. — sskr. *jyō'tis*, 1) licht; 2) sehkraft und glanz des auges.

4) **sval**, leuchten.

altir. *súil*, auge, Windisch, aao.

Zu II gehören

1) **ak**, scharf sein.

gr. *ὄσσε*, *ὄμμα*. lat. *oculus*. got. *augō*, ags. *eáge* u. s. w.; über den diphthongen handeln Ebel, K. Z. VIII, 242, Grassmann IX, 23, Fick XXII, 381. lit. *akìs*, ksl. *oko*.

sskr. *ákši*, *akší*, zd. *aši*, gr. *ὀφθαλμός*; über *φθ* in letzterem vgl. Benfey, K. Z. VII, 112.

2) **dark**[1], aus *dar*, trennen, scheiden(?).

sskr. *dṛç-*, *dṛça*, *dṛçi-*, *dṛ́šṭi-*, d. sehen, d. sehkraft, auge. altir. *derc*, Windisch, aao.

Auf die frage, die jetzt sich erhebt, was denn 'leuchten' heisse, habe ich im vorigen capitel ausführlich zu antworten gesucht. sonach blieben nur noch die ausdrücke für hell, dunkel, blind zu besprechen. da die erst genannten, sofern sie nicht übertragungen aus dem gebiet des tones sind, von verben des leuchtens abgeleitet werden oder in der art und weise ihrer benennung denselben parallel gehen, so sind sie hier übergangen worden. für die zur bezeichnung des dunkels dienenden wörter sind unten[1]) alle kategorien angegeben, unter

---

[1]) Dunkel ist bezeichnet

I. als bedeckt: sskr. *kšáp*, *kšapā'*, zd. *khšap*, *khšapan-*, gr. *ψέφας*, *κνέφας*, *γνόφος*, *δνόφος*, *ζόφος* (Curt. Grdz[4]. 695). zu gr. *σκέπω*, idg. *skap*, einer erweiterung der in gr. *σκότος*, got. *skadus* liegenden w. *ska*, bedecken.

II. als getrübt: ags. *þreostru*, tenebrae, *þrosm*, vapor, fumus, *āþrysman*, caligare, alts. *thrismōn*, s. verfinstern. zu lit. *terszù*, mache unrein, beschmutze.

III. als schädigend. vgl. sskr. *dōšā'*, zd. *daoša*, zu *dus*, schädigen. — verwant sind gr. *δαύακες· θυμάλωπες*; *δαύειν· κοιμᾶσθαι*, eigentlich

die sie sich ordnen. vollständig sollen aber die ausdrücke für den mangel des gesichtsinnes angeführt werden.

Blind hat folgenden wortsinn. es ist synonym

I. mit **bedeckt.**

sskr. *ápiripta-*, beklebt, blind. — zu *rip*, kleben, schmieren.

gr. *σκνιφός*, blödsichtig. zu *σκέπω*, bedecke. vgl. Curt. Grdz.[4] 695. — ebenso ist abzuleiten

1) von w. **andh** (cf. gr. *ἐπενήνοθε*, Goebel K. Z. XI, 57): sskr. *andhá-*, zd. *añda-*, blind. vgl. lit. *jůdas*, schwarz, gr. *νυθός*, heimlich, *νόθος*, unehelich, Bezzenberger, Beitr. I, 342.

2) von w. **mu**, binden: gr. *ἀμαυρός*, schwach, dunkel, blind.

II. mit **getrübt.**

gr. *τυφλός*, blind. — zu *τύφω*, qualme.

germ. *blinda-* (got. *blinds*, altn. *blindr*, ags. alts. *blind*, ahd. *blint*). zu got. *blandan sik*, *συναναμίγνυσθαι*, altn. *blanda*, mischen, ags. *blandan*, ahd. *blantan*, Gr. II, 59. — ebenso gehört

---

'übernächtigen'; *δαῦλον· δασύ. ἡμιφλεκτον ξύλον*; *δαῦγος· δασύς.* in letzterem worte ist *γ* vertreter von *ϝ*, dieses ist aus *υ* entwickelt, wie in *Κεϝανδρος* und anderen von Bezzenberger, Beitr. IV, 322 n. besprochenen formen. — die angeführten wörter sind sämmtlich Hesych entnommen; nur *δαῦλος*, welches ein **δαῦς* vermuten lässt, findet sich auch sonst in der literatur belegt, und zwar 1) in der bedeutung von *δασύς*; 2) in der bedeutung 'heimlich, versteckt': Aesch. Hiket. 92 f. *δαυλοὶ γὰρ πραπίδων δάσκιοί τε τείνουσιν πόροι κατιδεῖν ἄφραστοι.*

IV. als **verlöschend.** ksl. *mrakŭ*, caligo, *mrŭknąti*, *σκοτίζεσθαι*, vgl. sskr. *marká-*, d. hinsterben, d. erlöschen der sonne, P. W. V. 574.

V. als **dämmerung.** ags. *glōm*, *glōmung*, crepusculum, vgl. engl. *gloom*, *gloomy*. zu ags. *glōvan*, altn. *glōa*, ahd. *gluojan*. anders Weise, Beitr. II, 287 (zu mndd. *glomen*, aufrühren).

VI. als **gefärbt.** ags. *deágol*, *deógol*, *dēgol*, ahd. *tougal*, *tougan*. zu ags. *deágan*, färben. — vgl. auch sskr. *rájas*, gr. *ἔρεβος*, got. *riqis*, altn. *rökkr* (aber die 'götterdämmerung' gehört nach Müllenhoff, Zs. XVI, 146, bloss nach Bayreuth!).

zu w. **dhval**, wirren, vgl. gr. *θολερός*, getrübt, altir. *dall*, blind, Stokes, K. B. VIII, 351.

III. mit verstümmelt, versehrt.

sskr. *kāṇá-*, durchlöchert, einäugig: *akšṇā kāṇaḥ*, auf einem auge blind. zu sskr. *kṛṇá'ti*, er verletzt. — ebenso gehört

zu **par**, vgl. Curt. Grdz.[4] 273, gr. *πηρός*, gelähmt, verstümmelt, blind.

Nach dieser übersicht habe ich noch folgende einzelheiten mitzuteilen.

gr. *ἄγχρας*, blödsichtig, *ἄκαρος*, blind, *ἀχλύς*, dunkel; lat. *aquilus*, dunkel, lit. *áklas*, blind, *apjenkù*, erblinde, Fick I[3], 474. an der etymologisierung der w. *ak*, welche als basis der genannten bildungen sich darbietet, ist Fick, K. Z. XIX, 258 verzweifelt. vielleicht findet sich eine rettung aus der verzweiflung. wir treffen neben einander die wurzelformen *ak*, *ank*; eine dritte, *nak*, liegt wol in sskr. *nákta-*, *nákti-*, zd. *nakhtru-*, gr. *νύξ*, lat. *nox*. — was die etymologie der nacht anlangt, so hat Bopp, Vgl. Gr. I[3], 276, durch seinen hinweis auf lat. *nocere* das richtige getroffen; denn die nacht schädigt. im sskr. begegnen die weiteren ausdrücke für nacht: *náç-* (?), *niç-*, *niça-*, *niçā* (Ascoli, Glottol. I, 34): wörter also, die an stelle des gutturals den spiranten aufweisen. lat. *nocere* pflegt man mit zd. *naçu-* und verwantem zu *nak*[1], verschwinden, verderben, zu stellen. gehört sskr. *nákta-*, zd. *nakhtru-* u. s. f. in der tat zu *nocere*, so muss eine doppelwurzel aufgestellt werden: *nak* und *nak*[1]. bildungen der ersteren sind sskr. *nakta-*, zd. *nakhtru-*, lit. *naktìs*, ksl. *noštĭ*; ableitungen der letzteren sskr. *niça-*, *niçā*. wie wir oben eine wurzelform *ank* belegen konnten, so existiert auch von *nak*[1], schädigen, eine nebenform *ank*[1]: sie wird belegt durch sskr. *áṃça-*, teil (verteilung des ganzen). und wie die wurzel *ank* als eine umgestaltung von *ak* sich erwies, so dürfen wir als die primärwurzel von *ank*[1] betrachten *ak*[1]: sskr. *açnā'mi*, verzehre, esse ('zerteile'). so haben wir denn zwei primärwurzeln, ein *ak* und ein *ak*[1], die beide von einer bedeutung sein müssen, aus welcher die des zerteilens, verkleinerns, schädigens abgeleitet werden kann. eine solche bedeutung ist 'scharf sein'; denn aus ihr entspringt 'schneiden', aus ihr entspringt 'schädigen'. diese aber ist ja die grundbedeutung von *ak* und *ak*[1], der fraglichen primärwurzeln. in den obigen wörtern würde demnach der begriff 'blind' mit dem begriff 'versehrt, beschädigt' sich decken: siehe oben III, und vgl. JSchmidt, Wurzel AK s. 54; der begriff 'dunkel' aber nach der analogie von sskr. *dōšā'*, nacht, dunkel (w. *dus*, schädigen), sich erklären.

ksl. *slěpŭ*, *τυφλός*, gehört wol zu lit. *apszelpimas akiu*, augenverblendung, welches man bei Nesselmann unter *szelpiu*, helfe, zu suchen hat. hierzu stellt sich noch *żilpstu*, werde dunkel, trübe, und aus altlitauischen texten bringt Bezzenberger, zGLS. s. 272, *apsulpti*, dunkel werden, *apſchelpti*, *apſchalpti*, geblendet sein, bei. weiter vermag ich das wort nicht zu verfolgen.

lat. *caecus*, altir. *caech*, got. *háihs* müssen unerklärt bleiben.

lat. *luscus*, blödsichtig. zu ahd. *lescan*, extingui, got. *lasivs*.

Corrigenda, Addenda.

S. 3, z. 16 v. o., lies *káusjais* für *kaúsjais*. dem got. *atsnarpjan* hätte ich altn. *snerpa*, to whet, to raise, to quicken, direct an die seite stellen sollen. durch got. *at* wird angedeutet, dass der bewegte gegenstand sein ziel trifft, d. h. berührt.

S 12, z. 15 v. o., ist gr. *λευρός* (im text steht *λεῦρος*) zu streichen (Beitr. IV, 332) und dafür lat. *lēvis* einzusetzen.

S. 21, z. 7 v. o., lies altn. *ylr* für *ylz*.

S. 32, z. 11 v. o., zu mhd. *swāz* vgl. gr. *ἀλο-σύδνη*. — unter die dort besprochene w. *svad* stellt Hübschmann, ein Zoroastr. L. s. 77, zd. *qāçta-*, *qāçtra-*. ich habe die letzteren nebst *qāša*, *qāšar-* zu Justis *qāš* gezogen, welches ich mir aus *qarct* entstanden dachte. die möglichkeit dieses ansatzes wird davon abhängig sein, ob die herleitung von zd. *vāçtra-* aus *vakhš* bestand hat, oder mit Roth aufzugeben ist. vgl. ahd. *waso?*

S. 38, z. 1 v. o, unter *ghar* fehlt ksl. *gorĭkŭ*, amarus.

S. 48, z. 15 v. o., lies *χεῖλος (χέλλος)*, *χελύνη* statt *χεῖλος*, *χέλλος*, *χελλύνη*.

S. 61, z. 12 v. o., lies o b j e c t statt s i n n l i c h e s m e r k m a l.

S. 167, z. 6 v. u., füge altir. *éc*, tod (Windisch, K. Z. XXII, 275), hinzu.

www.ingramcontent.com/pod-product-compliance
Lightning Source LLC
Chambersburg PA
CBHW031441160426
43195CB00010BB/810
9783743654075